T0153740

Berliner Arbeiten zur Erziehungs- und Kulturwissenschaft

Band 53

Herausgegeben von Christoph Wulf
Freie Universität Berlin
Fachbereich Erziehungswissenschaft und
Psychologie

Dörte Weyell

Kindheitserinnerungen jüdischer Deportierter

Strukturen der Erlebnisverarbeitung in qualitativer Analyse

Logos Verlag Berlin 2011

Bibliografische Information der Deutschen Nationalbibliothek

Die Deutsche Nationalbibliothek verzeichnet diese Publikation in der Deutschen Nationalbibliografie; detaillierte bibliografische Daten sind im Internet über http://dnb.d-nb.de abrufbar.

Umschlaggestaltung: Lothar Detges, Krefeld

Gestaltung & Satz des Inhalts - www.stiftundpixel.de

©Copyright Logos Verlag Berlin GmbH 2011

Alle Rechte vorbehalten.

ISBN: 978-3-8325-3034-1

Logos Verlag Berlin GmbH
Comeniushof, Gubener Str. 47,
10243 Berlin
Tel.: +49 030 42 85 10 90
Fax: +49 030 42 85 10 92
INTERNET: http://www.logos-verlag.de

1 Einleitung

Wie haben jüdische Frauen und Männer, die von den Nationalsozialisten verfolgt und deportiert worden sind, diese Zeit erlebt und wie berichten sie von diesen Erfahrungen? Was wiederum sagen die Erzählungen darüber aus, wie die Betroffenen mit den traumatischen Erlebnissen umgehen?

Diese Fragen bilden den gedanklichen Anstoß und Ausgangspunkt dieser Arbeit. Sie stellen sich vor allem angesichts der Tatsache, dass gegenwärtig eine kaum mehr überschaubare Anzahl von Oral History-Projekten und Interview-Archiven existiert, in denen Zeitzeugen und Überlebende zu ihren Erlebnissen während des Nationalsozialismus befragt werden. Vordergründiges Anliegen dieser Projekte ist es, die Erinnerungen der letzten, noch lebenden Zeitzeugen zu bewahren und sie nachfolgenden Generationen zugänglich zu machen. Dieses Bestreben ist vor allem darauf zurückzuführen, dass die Erinnerung an den Holocaust[1] seit Beginn der 1980er-Jahre eine „kritische Schwelle" (Assmann 1992, S. 51) erreicht hat. Mit diesem Begriff wird aus kulturwissenschaftlicher Perspektive die Situation bezeichnet, bei der die Zeitzeugen, für die „Hitlers Judenverfolgung und -vernichtung Gegenstand persönlich traumatischer Erfahrungen ist" (Assmann 1992, S. 51), aus einem „eher zukunftsbezogenen Berufsleben" (ebd.) heraustreten, und dem Wunsch nach Fixierung und Weitergabe ihrer Erinnerungen nachgehen. Damit wird der Übergang von der „lebendige[n – D. W.] Erinnerung" (ebd.) zu einem rein medial vermittelten Gedächtnis eingeleitet. Es geht hier also um zwei Modi der Erinnerung, die, laut Assmann (ebd., S. 50), zwei unterschiedlichen „Gedächtnis-Rahmen" entsprechen: dem kommunikativen und dem kulturellen Gedächtnis. Ein wichtiges Problemfeld kulturwissenschaftlicher Forschung stellt die Untersuchung dar, wie mit diesem tiefgreifenden Wandel umzugehen ist. Auch geht es um die Frage, in welcher Form das Gedenken und Erinnern an eine geschichtliche Katastrophe, wie sie der Holocaust markiert,

---

[1] Der Begriff ‚Holocaust' als Bezeichnung für die staatlich organisierte Ermordung der europäischen Juden während des Zweiten Weltkrieges wurde aus der griechischen Bibelübersetzung (Septuaginta) hergeleitet und ist ins Deutsche mit ‚Ganzopfer' oder ‚Brandopfer' zu übersetzen (d. h. das vollständige Verbrennen des Opfertieres). Aufgrund dieser explizit religiösen Konnotation gilt der Terminus als problematisch. Demgegenüber bezieht sich der hebräische Begriff ‚Shoah', der sich mit ‚Katastrophe, Verwüstung, Vernichtung', aber auch mit ‚Ödnis, Leere' übersetzen lässt, auf die Leiden des jüdischen Volkes. Da sich jedoch der Begriff ‚Holocaust' weitläufig in der Forschungsliteratur durchgesetzt hat, wird er in dieser Arbeit ebenfalls verwendet. Zur ausführlichen Diskussion der Begriffe siehe z. B. Münz 2004.

aufrechterhalten werden kann. Den Erinnerungsberichten der Zeitzeugen, und hier insbesondere den archivierten Audio- und Videoaufnahmen von Interviews, wird dabei eine Schlüsselrolle zugesprochen. Einen wesentlichen Bezugspunkt der wissenschaftlichen Auseinandersetzung bildet die Frage nach den Perspektiven einer medialen Vermittlung der traumatischen Erfahrungen, die anstelle der Möglichkeit einer direkten Zeitzeugenbefragungen treten soll (siehe dazu z. B. Assmann 2007; Barricelli 2009).

Andererseits finden sich auch Stimmen, die auf die Risiken von Oral History-Projekten aufmerksam machen. Die 1931 geborene Literaturwissenschaftlerin und Schriftstellerin Ruth Klüger, die als Zehnjährige von Wien nach Theresienstadt, später nach Auschwitz und Christianstadt deportiert worden ist, hat sich in vielerlei Hinsicht kritisch mit gängigen Ritualen und Kommunikationsformen der etablierten Erinnerungskultur auseinandergesetzt. Fragwürdig erscheint ihr vor allem der Umgang mit den dokumentierten Erinnerungsinterviews (siehe dazu z. B. auch Freytag 2002). In einem Essay beschreibt Klüger, warum sie selbst einst die Interviewanfrage einer Mitarbeiterin eines Oral History-Projektes ablehnte:

> Ich erwiderte, ich mag nicht, diese Interviews sind mir suspekt, man werde zum Objekt, zum ausgebeuteten Leidensobjekt. Sie darauf, mit ehrlichem Erstaunen aber auch mit unüberhörbarem Vorwurf in der Stimme, was, ich wolle kein Zeugnis ablegen? In die Defensive getrieben, verteidigte ich mich mit einem Hinweis auf ein Buch, das ich [...] geschrieben hätte, und da hätte ich ja schon Zeugnis abgelegt, das genüge doch. Sie gab sich nicht zufrieden. Eine Video-Kassette meinte sie, sei um soviel besser als ein Buch, der Gesichtsausdruck, die Gesten etc.
>
> Gerade das ist es, was mir diese Sammelwut von *oral histories* verdächtig macht. Man wird nicht zum Zeugen, sondern zum Rohmaterial. Der denkende Mensch, der dahinter steckt und sein Leben bewältigt, ist nebensächlich. Unsere Fähigkeit, Geschehenes von Erinnertem zu unterscheiden wird in Frage gestellt. Wir sind dann nur noch Dokumente, lebende Dokumente, die andere lesen und deuten müssen. Es entsteht eine Art von Zuhören, die sich völlig deckt mit ihrem Gegenteil, dem Nichtzuhörenwollen. (Klüger 1996, S. 35f. – Hervorhebung im Original)

Klüger (1996) kritisiert, dass die Erfahrungen und das Wissen der Betroffenen und deren Fähigkeit zur Bewältigung der Erlebnisse aus dem Blick geraten. Statt das Gesagte, die Erzählungen und Geschichten der Interviewten überhaupt in Erwägung zu ziehen, würden sich viele Deutungsversuche auf das konzentrieren, was nicht gesagt wird, auf das Unbewusste, auf die Gesten, den Tonfall. Der Interpret werde auf diese Weise zum „Hinterfrager" der Erinnerungen, der es besser weiß als der Zeuge. Er suche „nach Fehlern und Blößen in den Zeugenaussagen, die [...] als psycho-pathologische Gemeinsamkeiten" (ebd., S. 37) dargestellt werden können.

In Anbetracht dieser Überlegungen wird deutlich, wie wichtig es ist, eine angemessene Zugangsweise zu den Erinnerungen und gleichsam eine angemessene Perspektive auf die Opfer der Verfolgung zu entwickeln. Beides erfolgt bestenfalls über den Weg einer Auseinandersetzung mit den konkreten Erfahrungen der Überlebenden. Die Historikerin Ulrike Jureit (1999) hat darauf hingewiesen, dass sich der Gebrauch des Opferbegriffs in der Holocaustforschung teilweise als problematisch erweise. So würden

[...] diejenigen, die aus politischen, religiösen oder rassistischen Gründen im Nationalsozialismus verfolgt wurden, oft als anonyme Masse gezeigt, die allein die unfaßbare Anzahl der zu beklagenden Opfer verdeutlicht. In einer solchen Darstellung bleibt der einzelne oft nicht nur namenlos, sondern die Verfolgten erscheinen auch als homogene Gruppe, die sie nicht waren. Ein Opferbegriff, der keine Differenzierung kennt, ist zwar in einigen Kontexten hilfreich, er bleibt aber fragwürdig, da er eine gewisse Verharmlosung transportieren kann. (Jureit 1999, S. 128)

Mit Bezugnahme auf die Studien von Kosnick (1992) stellt Jureit (1999, S. 128) zusammenfassend heraus, „daß ein Denken, welches die subjektive Dimension der Verfolgungserfahrung ausblende, wie ein Schutzschild wirken könne, um uns vor der Realität des Grauens zu bewahren." Es ist Jureit zuzustimmen, dass die wissenschaftliche Auseinandersetzung mit den Erinnerungen von Überlebenden davon getragen sein muss, „ein solches Verständnis, das die Menschen pauschal als Opfer sieht, aufzubrechen" (ebd., S. 129). Besonders im Hinblick auf die Diskussion über die Gestaltung einer zukünftigen Erinnerungskultur an den Holocaust und die Möglichkeiten einer darin verankerten pädagogisch-didaktischen Arbeit mit den Zeitzeugeninterviews, erscheint es sinnvoll, der spezifischen Beschaffenheit der individuellen Erinnerungen und den Bewältigungsversuchen der Überlebenden genauer nachzugehen.

In Anknüpfung an diese Überlegungen richtet sich das zentrale Anliegen dieser Arbeit darauf, zu einer differenzierten Sichtweise auf die Opfer der Verfolgung beizutragen. Dabei werden die Erfahrungen und Erlebnisse der Betroffenen in den Mittelpunkt der Betrachtung gestellt. Die Analyse widmet sich den Kindheitserinnerungen jüdischer Deportierter. Ziel ist es, zu untersuchen, wie Menschen, die als Kinder von den Nationalsozialisten verfolgt und deportiert worden sind, diese Zeit erlebt haben und wie sie diese Erlebnisse rückblickend schildern. Welche Formen des Umgangs mit den Erfahrungen haben sie gefunden? Damit konzentriert sich die vorliegende Arbeit verstärkt auf das individuelle Erleben und die Möglichkeiten der Verarbeitung der traumatischen Erfahrungen. Die Rekonstruktion der Strukturen der Erlebnisverarbeitung ist das zentrale Erkenntnisinteresse. Folgende Forschungsfragen werden dabei an die Interviews mit Überlebenden des Holocaust herangetragen:

- Wie werden die Erlebnisse und Erinnerungen dargestellt? Gibt es bestimmte Erfahrungsbereiche, die wiederholt auftauchen und wie sind diese besetzt?
- Wie gestaltet sich der Umgang mit den belastenden Erfahrungen? Welche Perspektiven und Orientierungen zeigen sich im Hinblick auf die traumatischen Ereignisse?
- Welche Art der Verarbeitung und Bewältigung der Erfahrung wird in der Erlebnisdarstellung deutlich?

Hinsichtlich der konkreten Formen des Umgangs mit den Kindheitserlebnissen wird zudem gefragt:

- Lassen sich Erfahrungsmomente und Orientierungen identifizieren, die möglicherweise zu einer seelischen Entlastung oder Stabilisierung im Umgang mit den Erlebnissen beitragen? Gibt es diesbezüglich ein bestimmtes Darstellungsmuster oder eine Art Rhythmik?
- Finden sich in der Erlebnisdarstellung Leerstellen bzw. ‚Lücken‘ oder andere Auffälligkeiten, beispielsweise eine bestimmte Metaphorik oder ein besonderes erzählerisches Engagement des Interviewten? Welche Bedeutung kommt solchen Sequenzen im Hinblick auf die Verarbeitung der Erfahrungen zu?

Die dokumentarische Methode der Interviewinterpretation bietet hierfür einen geeigneten Zugang. Die empirische Basis bilden vier Einzelinterviews aus dem „Visual History Archive" des Shoah Foundation Institute for Visual History and Education[2] der University of Southern California (USC), zu dem die Freie Universität Berlin seit dem Jahre 2006 einen Zugang besitzt.

Der Aufbau der Arbeit gliedert sich in vier Teile: Das folgende Kapitel *Interviews mit Zeitzeugen und Überlebenden des Nationalsozialismus in wissenschaftlicher Analyse* leistet eine Einführung in die Thematik und einen Überblick über bisherige Forschungsergebnisse und Untersuchungsansätze. Neben dem Entstehungskontext entsprechender Interviewprojekte und Archive, werden dabei wissenschaftliche Zugangsweisen zu den Verfolgungserfahrungen sowie wesentliche Aspekte biographisch orientierter Fragestellungen beleuchtet.

Kapitel 3 befasst sich mit *dem Gegenstand und der Methode* der vorliegenden Arbeit. Dabei wird den Darstellungen des dokumentarischen Analyseverfahrens von Interviews, des Untersuchungsgegenstandes und der konkreten methodischen Vorgehensweise eine Einleitung zum Entstehungszusammenhang und zu den spezifischen Merkmalen des Analysematerials vorangestellt.

Im empirischen Teil, dem Hauptteil dieser Arbeit, werden *die Strukturen der Erlebnisverarbeitung* (Kap. 4) am Beispiel von vier ausgewählten Interviews des „Visual History Archive" rekonstruiert. Hinweise zur formalen Darstellungsweise der empirischen Rekonstruktion finden sich in den Vorbemerkungen des Kapitels.

Kapitel 5 widmet sich einer *Zusammenfassung der Ergebnisse*, um schließlich in Form eines *Ausblicks* mögliche Anknüpfungspunkte für Folgeuntersuchungen aufzuzeigen.

---

2 Im Allgemeinen wird die Bezeichnung ‚Shoah Foundation' als Abkürzung verwendet. Sie bezieht sich auf den bis Ende des Jahres 2005 gültigen Titel der Institution: Survivors of the Shoah Visual History Foundation. Nach dem Anschluss an die University of Southern California erfolgte die Umbenennung in ‚Shoah Foundation Institute for Visual History and Education'. In Anlehnung an Nägel (2009) wird in dieser Arbeit die Kurzform des aktuellen Titels gebraucht: Shoah Foundation Institute.

2 Interviews mit Zeitzeugen und Überlebenden des Nationalsozialismus in wissenschaftlicher Analyse

2.1 Oral History und Erinnerungsarbeit

Im Folgenden soll in einem ersten Schritt die Entwicklung der Zeitzeugen-befragung in der Oral History nach dem Zweiten Weltkrieg in Deutschland nachgezeichnet werden, um in einem zweiten Schritt den Entstehungskon-text von Interviewsammlungen zu den Themenschwerpunkten National-sozialismus und Holocaust zu beleuchten. Diese Ausführungen bilden die Einleitung zu den Kapiteln 2.2 und 2.3, die der Frage nach wissenschaft-lichen Zugangsweisen zu den Erfahrungen von Überlebenden der Konzen-trations- und Vernichtungslager nachgehen.

2.1.1 Das Zeitzeugeninterview in der Oral History

Die Befragung von Zeitzeugen fällt in den Bereich der Oral History – einem neueren Zweig der Geschichtswissenschaft, bei dem es darum geht, „die erinnerte und mündlich kommunizierte Geschichtserfahrung" (Simonis 2001, S. 425) zu erforschen bzw. als Quellenmaterial zu verwenden.[3] Oral History stellt also in erster Linie eine zeitgeschichtliche Forschungs-methode dar, bei der anhand „mündliche[r – D. W.] Erinnerungsinterviews

---

3   Die Einführung des Begriffs ‚Oral History' in Deutschland geht auf Lutz Niethammer (1980) zurück. Dieser verweist sogleich auf die bis heute anhaltende und verschieden diskutierte Definitionsproble-matik. Niethammer (ebd., S. 21) zufolge sei der englischsprachige Begriff an sich schon „unglücklich [...] und vieldeutig"; die wörtliche Übersetzung in ‚mündliche Geschichte' vermittle den Eindruck, es handle sich „um einen neuen Gesamtzugriff, um eine Methode [...], während es sich doch zunächst um eine Dokumentationstechnik handelt, die allerdings mit vielfältigen methodischen Problembe-reichen verbunden ist" (ebd., S. 22). Andere Einwände richten sich dagegen, dass die deutschen ‚Ersatz-begriffe' zwar etwas über das methodische Verfahren (‚mündlich erfragte Geschichte') aussagen, nicht jedoch die „besondere Kommunikationsstruktur oder [...] Erinnerungsbezogenheit" (Philipp 2010, S. 72) mündlicher Zeitzeugeninterviews vermitteln. Lothar Steinbach (1980) hat daher den Begriff der ‚erinnerten Geschichte' vorgeschlagen, der jedoch den wichtigen Aspekt der Mündlichkeit aus-klammert (siehe Vorländer 1990). Starr (1980, S. 27) wendet ein, dass eine ähnliche Kritik auch an dem ursprünglichen Terminus geübt werden kann. Schließlich ist das „Endprodukt der Oral History [...] weder mündlicher Natur, noch [...] Geschichte", sondern in der Regel das Transkript. Nietham-mer (1980, S. 22) empfiehlt eine Beibehaltung des „historisch gewachsenen Namens". In der vorlie-genden Arbeit werden der englische Begriff und sein deutsches Pendant synonym gebraucht.

mit Beteiligten und Betroffenen historischer Prozesse [...] retrospektive Informationen über mündliche Überlieferungen, vergangene Tatsachen, Ereignisse, Meinungen, Einstellungen, Werthaltungen oder Erfahrungen" (Geppert 1994, S. 313) gewonnen werden sollen. Der Begriff der Oral History umfasst aber auch die ‚lebendige Erinnerung', die sich aus den persönlichen oder selbst erlebten und den kommunizierten Erfahrungen der Angehörigen einer Generation bzw. einer Gruppe von Zeitgenossen zusammensetzt (vgl. Simonis 2001, S. 425).

Entgegen der häufigen Annahme, dass die Oral History ein spezifisches Instrument der Alltagsgeschichte oder einer ‚Geschichte von unten' darstellt, ist in Deutschland ein enger Bezug des Verfahrens hinsichtlich der „Erforschung und Bewältigung von Krisensituationen und Extremerfahrungen" (Barricelli 2007, S. 248) zu konstatieren, insbesondere im Zusammenhang mit der nationalsozialitischen Vergangenheit. Das Hauptforschungsfeld der ‚mündlich erfragten Geschichte' widmet sich nicht den Lebenswelten der ‚kleinen Männer und Frauen' und deren alltäglicher Routine und Verhaltensweisen. Stattdessen wird gefragt, „wie sich privates Lebensglück und die Suche nach Seelenruhe und Geborgenheit unter den Umständen einer ebendies dementierenden Diktatur verwirklichen lassen und wie jede und jeder Einzelne den Zumutungen von Terror, Angst und Krieg begegnet [...]" (ebd., S. 248f.).

Indes ist jedoch das Aufleben und die Verbreitung der Methode der Oral History in Deutschland zu Beginn der 1980er-Jahre mit einem wachsenden Interesse an der Alltagsgeschichte und damit an einer Einbeziehung subjektiver Quellen verbunden.[4] In dieser Phase üben vor allem junge Nachwuchshistoriker enorme Kritik am Paradigma der Sozialgeschichte und der historischen Sozialwissenschaft, das in den 1960er-Jahren zu einer Ablösung des klassischen Historismus geführt hatte. Den Kritikern zufolge sei dabei die ursprünglich angestrebte „Verbindung zwischen den theoriegeleiteten Struktur- und Prozessanalysen historischen Wandels und der Wahrnehmungs-, Erfahrungs- und Erlebnisebene des einzelnen [...] weitgehend nicht geglückt" (Jureit 1999, S. 21). Die Gegenbewegung zu den

---

4 Die US-amerikanische Oral History-Forschung blickt in den 1980er-Jahren bereits auf eine jahrzehntelange Tradition zurück. Im Unterschied zur deutschen Geschichtswissenschaft etablierte sich das Untersuchungsverfahren nicht auf alltagsgeschichtlicher Ebene, sondern im Hinblick auf die Erforschung politischer Entscheidungsträger. Die Ursprünge der Oral History sind demnach in einer „Elitenbiografik" (Barricelli 2007, S. 249) zu verzeichnen. Zu den Gründen des spezifischen Entwicklungsverlaufs und der späten Rezeption der Oral History in Deutschland sei verwiesen auf Jureit (1999, insbesondere S. 19-27).

abstrakt-theoretischen und strukturalistischen Erklärungsmodellen der Sozialgeschichte richtet ihre Interessen auf die Erforschung sozialer Gruppen. Im Speziellen sollen dabei die namenlosen ‚Opfer‘ der Geschichte und die Benachteiligten eine Stimme erhalten. Richtungsweisend sind die Erträge einer in den USA angesiedelten Forschungsgruppe um Lutz Niethammer. Deren überwiegend auf die Geschichte der Arbeiterkultur im 20. Jahrhundert konzentrierten Studien (so etwa das Interviewprojekt „Die Jahre weiß man nicht, wo man die heute hinsetzen soll“: Faschismuserfahrungen im Ruhrgebiet; Niethammer 1983a[5]) initiieren und prägen die theoretische und praktische Auseinandersetzung mit der mündlich erfragten Geschichte (vgl. Jureit 1999). Seit Beginn der 1990er-Jahre hat sich das Forschungsfeld der deutschen Oral History erweitert. Den inhaltlich-thematischen Schwerpunkt bilden dabei nach Barricelli (2007, S. 248f.) drei Untersuchungsfelder, die hier in der Reihenfolge ihrer Häufigkeit genannt werden: *(a)* Erfahrungen im Nationalsozialismus und im Zweiten Weltkrieg, weiterhin nationalsozialistische Verfolgung und Judenvernichtung, *(b)* die Teilhabe des Individuums an extrem beschleunigten Prozessen gesellschaftlichen Wandels und *(c)* Familiengeschichte. Barricelli (ebd.) konstatiert, dass das Forschungsinteresse bereits auf dem Themengebiet *(b)* deutlich weniger ausgeprägt sei als zu den Erfahrungen im Nationalsozialismus. Ein Anreiz für tiefergehende Untersuchungen fände sich oftmals nur innerhalb der jeweils betroffenen Parteien (Stichworte dazu lauten: ‚Arbeiterbewegung‘, ‚Frauenemanzipation‘ und ‚1968‘). Auch der Familiengeschichte würde, laut Barricelli (ebd.), außerhalb des Feldes von Krisen- und Extremsituationen verhältnismäßig wenig Bedeutung zukommen.

2.1.2 (Video-) Interviews zu Nationalsozialismus und Holocaust

Die Verlagerung des Schwerpunktes der Oral History-Forschung in Deutschland auf den Nationalsozialismus und die Kriegserfahrungen sowie der in den 1990er-Jahren einsetzende und bis heute anhaltende Boom solcher Interviewprojekte ist eng mit der ‚Aufarbeitung‘ des Holocaust verbunden (vgl. Freytag 2002).[6] Nach dem Krieg war der Großteil

---

5 Es handelt sich hierbei um den ersten von drei Bänden der Studie „Lebensgeschichte und Sozialkultur im Ruhrgebiet 1930 bis 1960“ (siehe auch Niethammer 1983b, 1985).

6 Freytag (2002, S. 202) weist in diesem Kontext darauf hin, dass in Berlin 1994 eine „Zeitzeugenbörse“ gegründet wurde, deren Aufgabe es war, die vielfältigen Anfragen von Schulen, Universitäten und

der Untersuchungen in der Bundesrepublik zur NS-Vergangenheit politik- und ereignisgeschichtlich ausgerichtet. Akten und andere schriftliche Dokumente bildeten den Hauptbestand der Quellen; der Wert subjektiver Quellen für die historische Forschung wurde bezweifelt, und hier insbesondere der von subjektiven Erinnerungszeugnissen.[7] Andererseits war die Betrachtung des Nationalsozialismus ‚von unten‘ in der westdeutschen Geschichtswissenschaft lange Zeit umgangen worden, da „innenpolitische Auseinandersetzungen um Mittäterschaft bei politisch und kulturell Verantwortlichen" vermieden werden sollten (Klingenböck 2009, S. 32; siehe dazu auch Niethammer 1980, S. 7-27).[8]

Die politikgeschichtliche Dominanz konnte erst in den 1960er-Jahren aufgebrochen werden. Dabei waren es zunächst Studien zur Sozial-, Ideologie- oder Kulturgeschichte des Nationalsozialismus (siehe v.a. Nolte 1967 u. Wehler 1976), die eine Umorientierung auslösten; später folgten erfahrungs- oder mentalitätsgeschichtliche Untersuchungen (siehe z.B. Plato 1985; Altheit/Fischer-Rosenthal/Hoerning 1990; Rosenthal 1993). Die Erweiterung der geschichtswissenschaftlichen Perspektive auf den Nationalsozialismus hat dazu geführt, dass die Aufzeichnungen der mündlich berichteten Erfahrungen der Überlebenden eine neue Bewertung erfuhren. Besonders ihre Rolle beim Eichmann-Prozess in Jerusalem 1961 trug zu einer veränderten Wahrnehmung bei. Der den Prozess beobachtende Journalist und Lyriker Haim Gouri stellte fest, dass der öffentliche Raum dazu beitrug, „die Überlebenden neu zu individuieren und aus ihrer ‚unermesslichen Anonymität' zu befreien" (Hartman 2009, S. 18). Es sollte dennoch rund 20 Jahre dauern, bis diese Beachtung über den Aspekt der juristischen Zeugenschaft und der Gewinnung von Informationen über die Täter hinausgeht. Seit Mitte der 1970er-Jahre begann sich die Auseinandersetzung mit den Erinnerungen der Opfer von Verfolgung und KZ-Haft dahingehend zu verändern, dass deren spezifische Beschaffenheit zunehmend in den Blick genommen wurde. Einen wichtigen Beitrag dazu leisteten die Kultur- und

---

Medien zu koordinieren; siehe http://www.zeitzeugenboerse.de/. (Elektronische Quellen werden in den Fußnoten mit der jeweiligen Internetadresse angegeben. Hinweise auf das Datum des Zugriffs finden sich im Literaturverzeichnis.)

7   Mit dem Begriff der Erinnerungszeugnisse in der Geschichtswissenschaft sind, laut Plato (2000, S. 7), sehr unterschiedliche Quellen gemeint, die sich in drei Hauptbereichen zusammenfassen lassen: *(a)* Selbstzeugnisse (z.B. Tagebücher, Briefe, Fotoalben, Autobiographien), *(b)* Berichte oder Einschätzungen Dritter und Zeitzeugenberichte und *(c)* Quellen in Dialogform (Audio- oder Videoaufnahmen von Interviews).

8   Zur Entwicklung in der DDR siehe z.B. Iggers (1993).

Literaturwissenschaften. Sie konnten deutlich machen, dass die Überlebenden in ihren Erinnerungszeugnissen die Grenzen des bloßen Berichterstattens überschreiten. Die Frage nach den „Dimensionen der Zeugenschaft" (ebd., S. 16) wurde aufgeworfen, wobei besonders die sprachliche Dimension (Stichwort ‚oral literature', siehe ebd., S. 17) und die Frage nach der Kommunizierbarkeit der traumatischen Erfahrungen Beachtung finden.[9] Die körperlichen wie psychischen Auswirkungen von Verfolgung und KZ-Haft waren bis dato hauptsächlich Gegenstand medizinischer und psychoanalytischer Untersuchungen (siehe Kap. 2.2). Diese entstanden in der Bundesrepublik in den 1950er-Jahren oftmals im Kontext von Begutachtungen, die zwecks sogenannter ‚Wiedergutmachungsverfahren' und zur Aushandlung von Entschädigungs- und Rentenbezügen durchgeführt wurden (vgl. Jureit 1999). Auch in diesem Bereich ist zu Beginn der 1980er-Jahre ein Umdenken zu beobachten. Die Beschreibung der Symptome und Spätfolgen bei den Überlebenden tritt in den Hintergrund. Vielmehr geht es nun um die lebensgeschichtliche Problematik, d. h. um die Frage nach dem individuellen Erleben und dem historischen Kontext, in den die Erlebnisse eingebettet sind. Sie wird zum Gegenstand wissenschaftlicher Auseinandersetzungen mit dem Nationalsozialismus. Dabei wenden sich sowohl die Geschichtswissenschaft als auch andere Disziplinen verstärkt biographischen Forschungsansätzen zu, wie die Sozialwissenschaften, die Psychologie und die Ethnologie (vgl. Sedlaczek 1999).

Diese Entwicklung spiegelt sich in dem wachsenden Bestreben wider, systematische Sammlungen der Zeitzeugeninterviews anzulegen.[10] Nachdem Niethammers Studien zur Arbeiterkultur (v.a. Niethammer 1983a, 1983b, 1985) wesentliche Impulse hinsichtlich des Einsatzes der Methode der Oral History gegeben hatten, begann man in der Bundesrepublik –

---

9 Angesichts der Nachwirkungen des Holocaust hat die ‚Typologie des Zeugens', ein Grundmodell kulturwissenschaftlicher Gedächtnisforschung (siehe Assmann 2007, S. 85-92), eine Erweiterung erfahren: Neben die drei Grundtypen von Zeugenschaft, dem juristischen, dem historischen und dem religiösen Zeugen, tritt der Überlebende in der Figur des moralischen Zeugen. Der moralische Zeuge nimmt Züge der anderen Typen in sich auf, gleichzeitig unterscheidet er sich grundlegend von ihnen. Er wird „zum Zeugen derer […], die nicht überlebt haben" (ebd., S. 88), zugleich ist in seinem Zeugnis „das Schweigen als das Nicht-sprechen-Können" (ebd.) mit eingeschlossen.

10 Es ist anzumerken, dass die Dokumentation der Berichte von Überlebenden des Nationalsozialismus bereits unmittelbar nach Kriegsende einsetzt. Zunächst fertigten vor allem die Mitarbeiter der Hilfsorganisationen in den Displaced Person (DP) Camps protokollähnliche (und oft handschriftliche) ‚Zeugenaussagen' der Opfer an (vgl. Klingenböck 2009). Der Psychologe David Boder hat im Jahr 1946 erstmals Interviews mit Überlebenden in den DP-Camps auf Tonband aufgezeichnet, transkribiert und übersetzt. Die später an die Gedenkstätte von Yad Vashem überführten Interviews sowie

oft anlässlich von Jahrestagen des Gedenkens und überwiegend auf regionaler Ebene – mit der Initiierung von Interviewprojekten mit Opfern des nationalsozialistischen Terrors und mit der Überführung der Erinnerungsberichte in eine Archivstruktur. In der Anfangszeit widmeten sich solche Projekte meist der Arbeitergeschichte und dem Widerstand, später folgten Befragungen zur Judenverfolgung und zum Holocaust. Ein Beispiel für letzteren Themenbereich ist die in den Jahren 1989/90 entstandene Sammlung der „Werkstatt der Erinnerung" in Hamburg.[11]

Die 1980er-Jahre markieren auch insofern einen Wendepunkt in der Oral History-Forschung, als durch den Einsatz der Videotechnik ein neues und wichtiges „Dokumentationsinstrument" (Klingenböck 2009, S. 32) hervorgebracht wurde. Durch die audiovisuelle Aufzeichnung erhalten die Interviews eine noch größere Intensität. Young (1997, S. 249) hat dies damit begründet, dass der Prozess des ‚Zeugnisablegens' in den Videointerviews in besonderer Weise sichtbar wird: „Wir sehen zu, wie Erfahrungen zu Sprache werden, wir beobachten den Moment, in dem die Erinnerung in Sprache verwandelt wird, nicht selten zum erstenmal". So werden die videographierten Interviews bisweilen auch als ein neues Genre neben den mündlichen Zeugnissen und den schriftlichen Autobiographien definiert (vgl. Assmann 2006b). Das erste groß angelegte Videoarchiv mit Interviews Überlebender ist das 1979 begonnene und 1981 offiziell gegründete „Fortunoff Video Archive for Holocaust Testimonies" an der Yale University, das auch als „Pionierprojekt auf dem Gebiet der Visual History" (Klingenböck 2009, S. 34) gilt.[12] Mitte der 1990er-Jahre entstand aus der Kooperation des Archivs mit dem Moses-Mendelsohn-Zentrum für europäisch-jüdische Studien der Universität Potsdam das „Archiv der Erinnerung" (siehe Gelbin/Lezzi 1998). Im Unterschied zur Interviewsammlung in Yale, deren Fokus stärker auf die Verfolgungszeit gerichtet ist, wurde bei den rund 80 Interviewpartnern die gesamte Lebensspanne dokumentiert.

---

seine traumapsychologischen Analysen (siehe Boder 1949) wurden jedoch erst in den 1990er-Jahren wiederentdeckt. Als erste und älteste Institution für die Dokumentation nationalsozialistischer Verbrechen gilt die Wiener Library, deren bereits aus den Jahren 1938/39 stammenden Aufzeichnungen bei den Nürnberger Prozessen herangezogen wurden. In den 1950er-Jahren wurde diese Sammlung fortgeführt (siehe http://www.wienerlibrary.co.uk/); zudem initiierte das israelische Parlament 1954 eine Abteilung für Zeugenberichte im Rahmen der Gedenkstätte von Yad Vashem (siehe http://www.yadvashem.org/). Zu diesen und weiteren Interviewsammlungen seit 1945 siehe Klingenböck 2009.

11 Siehe http://www.werkstatt-der-erinnerung.de/.

12 Das Archiv umfasst etwa 4000 Videointerviews, sein Leiter ist Geoffrey Hartman (vgl. Hartman 1998).

Auf diese Weise sollten die lebensgeschichtlichen Brüche der Interviewten, die im Hinblick auf die Holocaust-Erfahrung bestehen, deutlicher werden, als auch Formen des Weiterlebens mit der Erinnerung unter veränderten sozio-kulturellen Bedingungen nach der deutschen Wiedervereinigung Beachtung finden. Die Entstehungsgeschichte des „Visual History Archive" des Shoah Foundation Institute ist in demselben Zeitraum angesiedelt (siehe dazu ausführlich Kap. 3.1). Gegen Ende der 1990er-Jahre entstanden im europäischen Raum, teilweise parallel zu den Erhebungen des „Visual History Archive", weitere Initiativen zur Bewahrung der Erinnerungen der letzten, noch lebenden Zeitzeugen. Diese Projekte, die häufig an Museen und Gedenkstätten angebunden sind, befassen sich angesichts des bevorstehenden „Generationenwechsels"[13] (siehe Assmann 2006a) auch mit den Fragen der sinnvollen Vermittlung der dokumentierten Erinnerungen und machen damit auf die Versäumnisse der vorangegangenen Jahrzehnte aufmerksam (siehe z. B. Jaiser 2009; Paegenstecher 2009).

2.2 Verfolgungserfahrungen als Gegenstand wissenschaftlicher Analyse

In diesem Kapitel wird die wissenschaftliche Auseinandersetzung mit den Erfahrungen der Überlebenden der nationalsozialistischen Verfolgung beleuchtet. Dabei geht es zunächst um wichtige Begriffe, mit denen versucht wird, einen Zugang zu den Erfahrungen und Erinnerungen der Betroffenen zu eröffnen. Hieran anschließend werden die Schwerpunkte der Erforschung von Traumatisierungen durch Verfolgung und KZ-Haft dargelegt.

2.2.1 Das Trauma der Verfolgung

Angesichts der extremen Belastungssituationen und der vielfältigen Grenzerfahrungen, denen sich die Überlebenden während der Verfolgung durch

---

13 Mit dem Begriff „Generationenwechsel" ist in diesem Kontext das allmähliche Aussterben der letzten Zeitzeugen des Holocaust gemeint. Er betrifft somit die Einleitung des Übergangs von der ‚lebendigen Erinnerung' zu einem rein medial vermittelten Gedächtnis (siehe Assmann 2006a, S. 13f.).

die nationalsozialistische Gewaltherrschaft ausgesetzt sahen, geht es bei einer Analyse von Interviews mit den Betroffenen um die grundsätzliche Frage, wie es gelingen kann, diesen Erlebnissen gerecht zu werden. Jureit (1999, S. 116) weist darauf hin, dass es hinsichtlich dieser Interviewgruppe gilt, „die spezifischen sozialen und psychischen Folgen der erlebten Verfolgung mitzubedenken." Von zentraler Bedeutung ist dabei der Begriff ‚Trauma'. Das Wort stammt aus dem Griechischen und bedeutet wörtlich ‚Verletzung'. In der Medizin ist der Terminus in dieser sehr allgemeinen Bedeutung seit langem etabliert. Er bezieht sich auf eine Wunde des Körpers, erzeugt durch eine von außen kommende Kraft. Neuere und spezifischere Definitionen bzw. Konzepte sprechen von einer psychischen Verletzung, die durch eine extreme Gewalterfahrung ausgelöst wurde. Aufgrund der überdurchschnittlichen Intensität der Erfahrung (einer Reizüberflutung) und ihrer fremdartigen, identitätsbedrohenden Qualität, kann der Einzelne das Erlebnis nicht sofort hinreichend verarbeiten (vgl. Eggers 2001). Es bleibt eine Erinnerungslücke, die in der Forschung als Resultat eines psychischen Abwehrmechanismus dargestellt wird. In der Psychologie wird dieser Vorgang als „Dissoziation" beschrieben (vgl. Assmann 2007, S. 93). Jünger (1957) spricht auch von einem „Verwahrensvergessen". Eine eindeutige definitorische Differenzierung dieses Prozesses liegt bis heute nicht vor. Es wird eher allgemein formuliert, dass es sich um eine unbewusste Strategie der Abspaltung der Erfahrung handele (vgl. Eggers 2001). Zwar erfolge eine Registrierung der Ereignisse, diese können jedoch weder erinnert noch vergessen werden. Eingekapselt und in einem Zustand der Latenz bliebe das Erlebte „lange Zeit unterschwellig und unauffällig […], bis es sich durch eine Sprache der Symptome wieder bemerkbar macht" (Assmann 2007, S. 94).

Die Bezeichnungen ‚Trauma' oder ‚Traumatisierung' werden für höchst unterschiedliche Phänomene herangezogen, darunter fallen sexueller Missbrauch, kriminelle Gewalthandlungen, Kriegserlebnisse, Naturkatastrophen oder Unglücksfälle.[14] Die vorliegende Forschungsliteratur zum Trauma der Verfolgung während des Holocaust hat zum einen auf eine Reihe von gemeinsamen Merkmalen mit anderen Arten der Extremtraumatisierung hingewiesen, wie sie auch der o. g. Begriffsdefinition zu entnehmen sind.

---

14 Schreiber (2005, S. 61) weist darauf hin, dass neben extremen Erlebnissen mittlerweile auch alltägliche Krisenerfahrungen mit dem Begriff ‚Trauma' beschrieben werden, so z. B. Arbeitslosigkeit oder Mobbing. Sie kritisiert den unspezifischen Gebrauch des Begriffs, der zu einer Relativierung der Folgen von Extremtraumatisierungen beitrage.

Andererseits wurde herausgestellt, dass „das Verfolgungstrauma des Holocaust darüber hinaus durch spezifische Aspekte gekennzeichnet ist, die sowohl die Traumaerfahrung selbst als auch den späteren Bewältigungsprozeß betreffen" (Krahé 1998, S. 131). Hinsichtlich der Abgrenzung des Verfolgungstraumas von anderen Formen extremer Traumatisierung werden in der Literatur unterschiedliche Aspekte genannt (siehe z. B. Gäßler 1993), die sich nach Krahé (1998, S. 131) zu folgenden Punkten verdichten lassen:

– das Außerkrafttreten geregelter Formen des sozialen Zusammenlebens auf breiter Ebene, der Verlust der sozialen Stellung und des sozialen Ansehens sowie die umfassende Zerstörung des vertrauten Lebensumfeldes;
– das einem ungewohnten, feindseligen und hochgradig gefährlichen Umfeld Ausgesetztsein der Betroffenen, verbunden mit sozialer Ächtung und Diffamierung;
– die fehlende Unterstützung und das fehlende Mitgefühl von anderen Personen außerhalb der eigenen Bezugsgruppe; und das Fehlen jeglicher Möglichkeit, auf die Bedrohung einzuwirken bzw. ihr zu entgehen;
– die lang anhaltende Lebensbedrohung (oft über Jahre hinweg), verbunden mit der Erfahrung extremer körperlicher und seelischer Misshandlung;
– das erlebte Leid, das sich nicht auf einzelne Personen beschränkt, sondern auf die gesamte Bezugsgruppe übergreift; das Leid „erscheint sinnlos und ohne rationale Begründung", zugleich aber „absichtlich und planvoll" zugefügt (ebd.).

Für traumatische Erlebnisse der Verfolgung während des Holocaust wurde angenommen, dass sich diese so tief in das Gedächtnis eingraben würden, dass sie dort starr, aber nahezu vollständig abgelagert werden (siehe Langer 1991). Dieses Phänomen wird mit dem Terminus „flashbulb memories" (‚Blitzlicht-Erinnerungen') beschrieben (Brown 1977). Die aus der Filmanalyse abgeleitete Begrifflichkeit betrifft „Erinnerungen [...] an blitzlichtartig aufgenommene Ereignisse, die wie photographiert im Gedächtnis ihre unveränderliche Gestalt zu behalten scheinen" (Welzer 2000, S. 55). Die Wucht der vergangenen Erlebnisse, samt der damaligen sinnlichen Eindrücke und Empfindungen, wiederholt sich plötzlich und unerwartet im Moment des Erinnerns. Bei Koselleck (1995) findet sich dazu folgende Beschreibung:

Es gibt Erfahrungen, die sich als glühende Lavamasse in den Leib ergießen und dort gerinnen. Unverrückbar lassen sie sich seitdem abrufen, jederzeit und unverändert. Nicht viele solcher Erinnerungen lassen sich in authentische Erinnerungen überführen; aber wenn, dann gründen sie auf ihrer sinnlichen Präsenz. Der Geruch, der Geschmack, das Geräusch, das Gefühl und das sichtbare Umfeld, kurz alle Sinne, in Lust oder Schmerz, werden wieder wach und bedürfen keiner Gedächtnisarbeit, um wahr zu sein und wahr zu bleiben. (Koselleck 1995, S. 21)

Welzer (2000) resümiert, dass es sich hierbei um emotionale Erinnerungen handele, deren stärkere Resistenz gegenüber von Beschädigungen oder nachträglichen Veränderungen im Gedächtnis mittlerweile auch von Seiten der Neuroanatomie belegt wurde (siehe LeDoux 1998; Damasio 1999). Im Unterschied zu kognitiven Wissensbeständen können „Furchtreaktionen und Ängste, die mit traumatisierenden Erfahrungen zusammenhängen, [...] nicht nur weniger schnell verblassen, sondern mit der Zeit sogar anwachsen – ein Phänomen, das als ‚Inkubation der Furcht' bezeichnet wird" (Welzer 2000, S. 56).[15] Im Unterschied zu Langer (1991), der allgemein von einer Präsenz und Konservierung traumatischer Verfolgungserinnerungen ausgeht, unternimmt Welzer (2000) hier eine Differenzierung zwischen der Qualität emotionaler, sinnlicher Erinnerungen und derer an faktische Details. Dabei wird

[...] die mit dem Ereignis verbundene Reaktion [...] stabil oder sogar übersteigert erinnert, nicht aber die Konturen des Ereignisses selber, die vielfältige Überzeichnungen, Abweichungen oder völlige Neukonstruktionen erfahren können. Dies wiederum ist folgenreich für die *Verknüpfung zwischen emotionaler Erinnerung und erinnertem Ereignis* – denn gerade hier kann das constructive memory framework Verknüpfungen herstellen, die mit tatsächlichen Ereignissen nichts oder nur wenig zu tun haben. (Welzer 2000, S. 56 – Hervorhebungen im Original)

Im Hinblick auf die Erinnerungen der Opfer von Extremtraumatisierungen wird in diesem Zusammenhang mit zwei weiteren Termini operiert, der sogenannten „greatest fear vision" sowie dem „weapon focussing" (vgl. Schacter 1996). Damit wird mit dem erst genannten Terminus der

---

15 Zu dem Begriff der „Inkubation der Furcht" siehe LeDoux 1998, S. 219.

Beobachtung nachgegangen, dass die Betroffenen „nicht notwendigerweise das erinnern, was ihnen faktisch widerfahren ist, sondern manchmal das, wovor sie sich am meisten gefürchtet haben" (Welzer 2000, S. 56). Hieran schließt sich dann meist das Phänomen einer Aufmerksamkeitsfokussierung auf den höchsten Punkt der Bedrohung (‚weapon focus'). Allgemeiner formuliert ist davon auszugehen, dass der Schock eines Erlebnisses eine Fokussierung „einzelne[r – D. W.] Situationsmerkmale" (ebd.) nach sich zieht. Mit dieser Schlussfolgerung beginne, so Welzer, das Problem einer ‚verzerrten' oder unvollständigen Erinnerung „nicht erst bei der Aufbewahrung oder beim Abruf des erinnerten Erlebnisses […], sondern bereits bei seiner Wahrnehmung und Einspeicherung" (ebd.).[16]

Anhand der hier beschriebenen Typen von Erinnerungen wird nicht nur die nachhaltige Wirkung des Verfolgungstraumas herausgestellt, sondern auch die Schwierigkeit des Zugriffs auf die belastenden Erfahrungen. Es ist festzuhalten, dass entgegen der Annahme, die Erinnerungen an die traumatischen Erlebnisse seien „präziser, gar authentischer als in gewöhnlichen Fällen" (ebd., S. 59), eher davon zu sprechen ist, „daß diese Erinnerungen größeren Beschränkungen unterliegen als Erinnerungen an weniger belastende Ereignisse" (ebd.). Demnach würde sich, so heißt es bei Welzer (ebd.) weiter, „das konstruktive Moment des Erinnerns gerade gefahrvoller, schrecklicher und emotional belastender Situationen deutlich erhöhen."

Hinsichtlich der individuellen Erfahrungsbewältigung ist vor allem zu fragen, in welcher Art und Weise die Überlebenden versuchen, die traumatischen Erlebnisse sprachlich zu vermitteln.[17] In der Forschungsliteratur wird dazu festgehalten, dass die Betroffenen selbst oft von dem Gefühl sprechen, die Erfahrung der Verfolgung und KZ-Haft wie einen Fremdkörper in ihrem eigenen Körper zu spüren. Daher ist in Bezug auf das Trauma häufig auch die Rede von einer „verkörperten Erinnerung" (Eggers 2001, S. 603) oder einer „körperliche[n – D. W.] Gedächtnis-Wunde" (Assmann 2006a, S. 260).

---

16 Die sich hieran anschließende Frage nach der Zuverlässigkeit und Unzuverlässigkeit der Erinnerungen ist vor allem für jene von Bedeutung, die an der Glaubwürdigkeit der Zeitzeugen interessiert sind, wie etwa Jurist(inn)en oder Oral History-Forscher(innen). In der Forschungsliteratur wurde das Problem seit den 1980er-Jahren zunehmend auch in der Psychotherapie und anderen Fachdisziplinen diskutiert, ausgelöst durch die amerikanische ‚False-Memory'-Debatte (zur weiterführenden Lektüre siehe Assmann 2006a, S. 265-278).

17 Wilkens (2001, S. 22) hat kritisiert, dass besonders in der geisteswissenschaftlichen Forschungsliteratur zum Nationalsozialismus der Begriff des Traumas derart überfrachtet würde, als „handele es sich um das Unsagbare schlechthin." Er moniert in diesem Zusammenhang einen inflationären und unangemessenen Gebrauch des Begriffs.

Ähnlich hat es auch Ruth Klüger (1992) in ihrem autobiographischen Roman „weiter leben. Eine Jugend" beschrieben. Sie wehrt sich dagegen, von anderen auf eine Identität als KZ-Überlebende reduziert zu werden, denn das Trauma ‚Auschwitz' präge einen eben nicht wie die Herkunft:

> Und doch wird dieser Ort jedem, der ihn überlebt hat, als eine Art Ursprungsort angerechnet. Das Wort Auschwitz hat heute eine Ausstrahlung, wenn auch eine negative, so daß es das Denken über eine Person weitgehend bestimmt, wenn man weiß, daß die dort gewesen ist. Auch von mir melden die Leute, die etwas Wichtiges über mich aussagen wollen, ich sei in Auschwitz gewesen. Aber so einfach ist das nicht, denn was immer ihr denken mögt, ich komm nicht von Auschwitz her, ich stamm aus Wien. Wien lässt sich nicht abstreifen, man hört es an der Sprache. Doch Auschwitz ist mir so wesensfremd wie der Mond. Wien ist ein Teil meiner Hirnstruktur und spricht aus mir, während Auschwitz der abwegigste Ort war, den ich je betrat, und die Erinnerung daran bleibt ein Fremdkörper in der Seele, etwa wie eine nicht operierbare Bleikugel im Leib. Auschwitz war nur ein gräßlicher Zufall. (Klüger 1992, S. 138)

Die Autorin und Literaturwissenschaftlerin hat sich in ihrem Lebensbericht in vielfacher Weise mit den Fragen der Erzählbarkeit der Verfolgungserfahrung auseinandergesetzt, und dabei insbesondere abgewogen, inwieweit sich die Einmaligkeit der Erlebnisse darstellen lässt. Letztlich konstatiert sie ein ambivalentes Verhältnis der Sprache zum Trauma: Worte könnten das Trauma nicht in sich aufnehmen, weil weder das Spezifische, Unvergleichbare oder Einmalige der Erlebnisse in sie eingeht, noch der anhaltende Schmerz und die Schärfe jener Erinnerungen mit ihnen zu vermitteln seien. Gerade dann, wenn Klüger (1992) die eigenen Erinnerungen als besonders einschneidend erlebt hat, wird ihr die „Diskrepanz zwischen intersubjektiven Worten und subjektiver Erfahrung" (Assmann 2006a, S. 260) bewusst. Nachdem sie in ihrem Buch eine Erinnerung, die sie als die grellste und lebendigste der Lagerzeit beschreibt, zur Sprache gebracht hat, muss sie feststellen: „Ich dachte, die kann ich nicht aufschreiben, und wollte stattdessen hier einfügen, daß es Dinge gibt, über die ich nicht schreiben kann. Jetzt wo sie auf dem Papier stehen, sind die Worte dafür so gewöhnlich wie andere und waren nicht schwerer zu finden." (Klüger 1992, S. 137). Oft sei es sogar so, dass gerade die Detaillierung eines Berichts die Qualen einebne und der Zuhörer „nur aus dem Tonfall [...] das Anders-, Fremd-, und Bösartige" (Klüger 1992, S. 9) entnehmen könne. Doch trotz dieser Diskrepanzen, der vielen Barrieren und Unzulänglichkeiten der Erinnerung, so der abschließende Befund der Autorin, bedarf gerade das Trauma der Worte. Assmann (2006a, S. 260) hält hinsichtlich der von Klüger herausgearbeiteten Ambivalenz der Sprache fest, dass es auf der einen Seite „das blasse, verallgemeinernde und trivialisierende Wort, das die leere Hülle des Schreckens ist" gäbe, aber eben auch „das magische, das ästhetische, das therapeutische Wort, das wirksam und lebenswichtig ist, weil es den Schrecken bannt" (ebd.). So liest sich Klügers Text letztlich auch als ein Plädoyer, den Versuch zu wagen, über die Sprache und die Erzählungen der Betroffenen eine Annäherung an die spezifischen Formen des Umgangs mit den traumatischen Erinnerungen zu vollziehen.

2.2.2 Schwerpunkte der Traumaforschung

Die Untersuchung der Traumatisierung durch die nationalsozialistische Verfolgung und KZ-Haft hat zu einer eigenen Traumaforschung geführt, die lange Zeit überwiegend in der Medizin und der Psychoanalyse angesiedelt war. In enger Verbindung zu den Entschädigungs- und Wiedergutmachungsverfahren in der Bundesrepublik zielten solche Untersuchungen vor allem darauf, einen direkten Zusammenhang zwischen der erlittenen Verfolgung und einer körperlichen wie psychischen Gesundheitsschädigung nachzuweisen. Erst wenn eine erhebliche und anhaltende Belastung festgestellt werden konnte, hatten die Betroffenen überhaupt erst Anspruch auf eine Entschädigung (vgl. Jureit 1999). Letztlich lag es also häufig an den Überlebenden selbst, einen ‚Beweis' für ihre nachhaltige Schädigung zu erbringen.

In der damaligen Traumaforschung wurde angenommen, dass ein Ereignis erst durch die Verknüpfung mit der psychischen Realität des Betroffenen seinen traumatischen Charakter erhalten würde (vgl. ebd.). Diese Überlegung war jedoch einseitig ausgelegt worden. So galt, dass „exogene Faktoren" allein kein Trauma auslösen können, sondern dass es stets die „persönliche[- D. W.] Disposition" (ebd., S. 117) sei, die zu einer Schädigung führe. Diese Haltung ist von Reemtsma (1993, S. 42) dahingehend kritisch kommentiert worden, dass der „nationalsozialistische Terror als eine Art Belastungstest für den modernen Menschen" hingestellt worden sei. Das Grundproblem der Begutachtungspraxis ist bereits von Eissler (1963) unter dem Aufsatztitel „Die Ermordung von wie vielen seiner Kinder muß ein Mensch symptomfrei ertragen können, um eine normale

Konstitution zu haben?" auf den Punkt gebracht worden. Es bestand im Wesentlichen darin, dass die Praxis der Begutachtung einen pathologischen Blick auf die Erfahrungen der Überlebenden begründet hatte. Der Fokus richtete sich auf die Definition von Krankheitsbildern und Symptomen, wodurch das individuelle Erleben und der gesellschaftliche und historische Kontext, in den diese Erlebnisse eingebettet waren, vernachlässigt wurden (vgl. Jureit 1999).

Der von William G. Niederland (1980) eingeführte Begriff des „Überlebenden-Syndroms" („survivor syndrome") trug dazu bei, diese Sichtweise und die Beurteilung der Spätfolgen der Überlebenden zu erweitern. Im Zuge der Ausarbeitung eines umfassenden Symptomkomplexes betont Niederland die oftmals verkannte dauerhafte Tiefen- und Langzeitwirkung der traumatischen Erlebnisse. Darüber hinaus bezieht sich sein Konzept auch auf die soziale Wirklichkeit, in der die Betroffenen mit ihren Erinnerungen weiterleben. Diese wird als Ursache für spätere Symptombildungen angesehen, und nicht, wie zuvor angenommen, die prätraumatische Persönlichkeitskonstitution der Betroffenen (vgl. Jureit 1999).

Trotz dieser wichtigen Impulse wurde das Konzept des „Überlebenden-Syndroms" spätestens seit den 1980er-Jahren zunehmend kritisiert. Problematisch und missverständlich erschien dabei vor allem das in der Beschreibung der Symptombildung verankerte Phänomen der „Überlebensschuld" (vgl. Niederland 1980). Mit dem Begriff ist zunächst gemeint, dass die Betroffenen angesichts der Tatsache, dass sie selbst die Lagerzeit überstanden haben, Familienangehörige, Freunde und Mitinhaftierte hingegen ermordet wurden, von quälenden Gefühlen heimgesucht werden. Insbesondere die aufgrund ihrer jüdischen Herkunft Verfolgten müssen mit dieser Erfahrung weiterleben. Bei vielen Überlebenden wird die Frage geäußert oder angedeutet, warum sie selbst und nicht die anderen noch leben. Diese kennzeichnet einen Konflikt, „der die eigene Lebensgrundlage ständig infragestellt" (Jureit 1999, S. 124). Der Begriff der „Überlebensschuld" suggeriert nun in gewisser Weise, so Jureit weiterführend, dass es

> […] eine reale Schuld derjenigen [gäbe – D. W.], die die Lagerhaft überlebten. Es geht hier aber weder um moralische noch um juristische Schuldvorwürfe, sondern um ein auf psychischer Ebene entstehendes Schuldgefühl, dass sich bei den Betroffenen aus der Diskrepanz des selbst empfundenen Überlebenswunsches und der Unmöglichkeit, nahestehenden Personen zu helfen, speist. (Jureit 1999, S. 124)

Darüber hinaus wird von Jureit (ebd., S.118) zutreffend ausgeführt, dass mit dem Konzept eine Universalität der tiefgreifenden psychologischen Beeinträchtigung durch den Holocaust transportiert werde, die so nicht zu halten sei. Ausgegrenzt blieben sowohl die Vielfältigkeit der Verfolgungs-erfahrungen als auch die Formen des individuellen Umgangs mit ihnen. Damit werde letztlich, so Krahé (1998), auch die Möglichkeit einer Bewäl-tigung oder Überwindung der traumatischen Erfahrung ausgeschlossen.

Eine Verankerung der Traumatisierung in ihren gesellschaftlich-histori-schen Kontext bei gleichzeitiger Bezugnahme auf das individuelle Erleben bietet das Trauma-Konzept von Hans Keilson (1979). Dazu unternimmt der Autor eine Differenzierung zwischen dem traumatischen Erlebnis, dem Traumaerleben und der individuellen Traumareaktion, die wiederum in einer engen Beziehung zueinander betrachtet werden. Zudem arbeitet Keil-son (ebd.) heraus, dass bei dem traumatischen Erlebnis nicht von einem punktuellen Ereignis auszugehen ist, sondern von einer länger anhaltenden Belastungssituation. Für eine bessere Beschreibung der unterschiedlichen Formen der Belastung führt Keilson (ebd.) den Begriff der „sequentiellen Traumatisierung" ein und definiert drei grundlegende Phasen:

– die Anfangsphase der Verfolgung mit dem Beginn der Rechtsunsicher-heit, der Verschlechterung der wirtschaftlichen Lage und der Ausweitung des Terrors;
– die einsetzende Verfolgung durch die Deportation und KZ-Haft bzw. durch ein Leben im Versteck oder unter anderer Identität;
– die Befreiung aus den Lagern und das Leben in der Nachkriegszeit.[18]

Die Intensität und Art der langfristigen Folgeschäden wird nach Keil-son (ebd.) maßgeblich durch die Art der Erfahrungen in der jeweiligen Phase bestimmt. Eine besondere Relevanz erhält die letzte Phase, da für viele Überlebende die Reaktionen des Umfeldes auf ihre Berichte von der Lagerhaft eine entscheidende Erfahrung darstellen. Es zählt somit zu den grundlegenden Verdiensten von Keilson, die Frage wie ein Mensch die Ex-tremerfahrung erlebt hat und mit ihr umzugehen versucht, mit den viel-schichtigen Aspekten der Belastungssituation verknüpft zu haben.

---

18 Das Konzept der „sequentiellen Traumatisierung" wurde von Keilson ausschließlich auf die Situation jüdischer Kriegswaisen in den Niederlanden bezogen. Jureit (1999) führt jedoch an, dass sich die Beschreibungen auf einen Großteil der Verfolgten übertragen ließen.

In Abgrenzung und Weiterentwicklung zu Niederlands Konzept des „Überlebenden-Syndroms" hat sich innerhalb der Psychologie eine weitere Perspektive herausgebildet, bei der „die Reaktionsweisen und der Umgang der Überlebenden mit ihren traumatischen Erfahrungen allgemein als Abwehr-, Schutz- und / oder Anpassungsleistungen aufgefaßt [werden – D. W.], die ihnen ein Weiterleben überhaupt erst ermöglichen" (Jureit 1999, S. 120). Diese Ansätze richten sich darauf, unabhängig von der spezifischen Art des Traumas, typische Reaktionsmuster auf traumatisierende Erfahrungen zu identifizieren. Dies steht im Unterschied zu dem Konzept des „Überlebenden-Syndroms", bei dem die Spezifik der Holocausterfahrung im Mittelpunkt steht, und davon ausgehend nach einer Symptomatik gesucht wird, die für die Traumabewältigung der Überlebenden charakteristisch ist. Als richtungsweisend gilt hierbei das Modell der „posttraumatischen Belastungsreaktion" („post-traumatic-stress-disorder"; siehe Freyberge / Freyberger 1990). Die Anpassungsleistungen und Verarbeitungsmechanismen, mit denen die Betroffenen auf die traumatischen Erfahrungen reagieren, werden dabei als „Coping-Strategien" („Bewältigungsstrategien") aufgefasst.

Anhand dieser beiden empirischen Zugangsweisen ließen sich, so Krahé (1998), eine Reihe von Symptomen und psychischen Beeinträchtigungen beschreiben, die für das spätere Leben vieler Holocaust-Überlebender charakteristisch wären. Allerdings ist auch das Modell der „posttraumatischen Belastungsreaktion" nicht unumstritten. Becker (1992) führt an, dass es sich um ein Diagnosekonzept handele. Als solches konzentriere es sich auf die Folgen der Traumatisierung und eine Dokumentation langfristiger Schädigungen, wobei die traumatische Situation und das individuelle Erleben aus dem Blick gerieten.

Eine wichtige Ergänzung der Traumaforschung stellen vor diesem Hintergrund solche Arbeiten dar, die sich mit der individuellen Bewältigung des Traumas beschäftigen und – im Unterschied zu den bisher angeführten Konzepten – „konstruktive Verarbeitungsformen der Verfolgungserfahrung" (Krahé 1998, S. 139) in den Fokus rücken. Sie sind Gegenstand des folgenden Kapitels.

2.3 Biographie und Holocaust

In diesem Kapitel werden zunächst unterschiedliche Konzepte zur Bewältigung der Verfolgungserfahrungen vorgestellt, bei denen es auch darum geht, den Blick auf biographische Zusammenhänge zu richten. Im Anschluss erfolgt ein Überblick über die Ansätze bei der Analyse und Interpretation lebensgeschichtlicher Interviews mit Überlebenden des Holocaust.

2.3.1 Die Bewältigung der Verfolgungserfahrung

Neuere Untersuchungen zu den Verfolgungserfahrungen während des Holocaust befassen sich mit der individuellen Bewältigung der traumatischen Verfolgungserfahrungen. Dabei ist zwischen zwei Thematiken zu unterscheiden: *(a)* den Bewältigungsversuchen während der Verfolgungszeit und *(b)* dem Umgang mit der Verfolgungserfahrung im weiteren Verlauf der individuellen Biographie der Betroffenen. Der erste Aspekt soll hier in den Hintergrund treten.[19]

Hinsichtlich des biographischen Verlaufs geht es vor allem um die Analyse von „Bewältigungsstrategien und -ressourcen […], mit Hilfe derer vielen Überlebenden die Rückkehr zu einem als sinnvoll empfundenen Alltagsleben gelingen konnte" (Krahé 1998, S. 138f.). Kahana et al. (1989) haben dazu in standardisierten Interviews mit Überlebenden, neben den vielfach dokumentierten negativen Auswirkungen auf die körperliche und psychische Gesundheit, auch Belege für eine konstruktive Auseinandersetzung und Bewältigung der Erfahrung gefunden. Dabei identifizierten sie eine Reihe von Variablen, die sie als Ausdruck konstruktiver Bewältigungsstrategien interpretierten. Dazu gehören: „der Austausch über die Holocaust-Erfahrung mit Angehörigen und Freunden, das Zusammenleben mit einem Partner, der ebenfalls verfolgt wurde, eine altruistische Grundhaltung sowie das Gefühl, Kontrolle über das eigene Leben zu besitzen" (Krahé 1998, S. 139). Die Autoren kommen zu dem Ergebnis, dass diejenigen Befragten,

---

19 Untersuchungen zu den individuellen Reaktionen und Bewältigungsstrategien während der Verfolgung und Lagerzeit basieren auf schriftlich überlieferten Berichten und Zeitzeugeninterviews. Anhand dieser Quellen wurde untersucht, mit welchen psychologischen Prozessen sich die Verfolgten an die Bedrohungssituation anzupassen versuchten. Kahan et al. (1988) haben in diesem Kontext eine Ausdifferenzierung von drei Analyseebenen des „Coping"-Prozesses vorgenommen, die hier nur stichwortartig genannt werden können: (1) die Ebene der motivationalen Orientierung, (2) die Ebene spezifischer kognitiver und emotionaler Reaktionen und (3) die Ebene des beobachtbaren Verhaltens. In dieses Analyseschema werden unterschiedliche Überlebensstrategien eingeordnet (siehe dazu auch Krahé 1998).

die von einer konstruktiven Auseinandersetzung mit der traumatischen Erfahrung sprechen, drei Gruppen zuzuordnen seien: den „concerned survivors", den „appreciative survivors" und den „resiliant and resourceful survivors" (Kahana et al. 1989). Die erste Gruppe wird dadurch bestimmt, dass sie die positiven Auswirkungen der Erfahrung „in einem verstärkten Idealismus und Engagement für andere" verorten (Krahé 1998, S. 139). Die zweite Gruppe gibt an „den Wert ihres späteren Lebens bewußter schätzen gelernt zu haben" (ebd.). Letztgenannte kennzeichnet ein positives Bewusstsein für „die eigene Stärke und Widerstandskraft" (ebd.).

Es ist festzuhalten, dass mit dem Ansatz von Kahana et al. (1989) der doch sehr klinische Begriff des „Coping" inhaltlich gefüllt wird. Damit erhält die Frage nach den Bewältigungsstrategien einen stärkeren Bezug zu den individuellen Verfolgungserfahrungen und den späteren Lebenswegen der Betroffenen. Anderseits ist das Konzept jedoch vordergründig auf die Identifizierung unterschiedlicher Formen konstruktiver Erfahrungsbewältigung ausgerichtet. Auf diese Weise gerinnt die Analyse schnell zu einer reinen Dokumentation von Bewältigungsformen und kommt damit dem Vorgehen bei der Erfassung und Katalogisierung der Folgeschäden sowie typischer Reaktionsmuster der Betroffenen sehr nahe.

Die Arbeit von Ilka Quindeau (1995) setzt an diesem Kritikpunkt an und unternimmt aus psychoanalytischer Sicht sowohl theoretisch als auch anhand von Interviewbeispielen eine weiterführende Ausformulierung des „Coping"-Begriffs. In einer ausführlichen Interpretation von drei Erinnerungsinterviews zeigt die Autorin, wie unterschiedlich der individuelle Umgang mit Verfolgung und Deportation sein kann. Im Hinblick auf das Weiterleben mit der traumatischen Erfahrung werden zentrale „Integrationsmomente" herauskristallisiert, die unter den Stichworten „Arbeit", „Aktivität und Stärke" und „Helfen und Heilen" (siehe ausführlich ebd., S. 153-259) erfasst werden. Jureit (1999) führt in dem folgenden, längeren Zitat dazu aus, dass sich diese Momente in vielen Fällen wiederfinden ließen:

> Für viele Überlebende scheint ein Weiterleben mit den traumatischen Erfahrungen nur durch ein immenses Arbeitspensum, das sie oft bis ins hohe Alter absolvieren, möglich zu sein. Ihre Arbeit wird für sie zum zentralen Bestandteil eines Lebens nach dem Überleben. Gleichzeitig steht Arbeit auch für Leistungsfähigkeit und Produktivität und damit für Eigenschaften, die während der Verfolgung von ihnen gefordert waren und die ein Überleben überhaupt

erst zu ermöglichen schienen. Auch in der Aktivität, die Quindeau als zweites Integrationsmoment herausarbeitet, steckt das Motiv der persönlichen Stärke. Damit wird der Verfolgungserfahrung, die die Menschen extrem ohnmächtig, abhängig und hilflos gemacht hatte, eine individuelle Handlungskompetenz entgegengesetzt, die sich häufig in der Fürsorge für andere ausdrückt. Das Bedürfnis, das eigene Leben aktiv zu gestalten, korrespondiert auch mit dem Wunsch, sein Leben mit Sinn zu erfüllen und damit letztlich das eigene Leben der nationalsozialistischen Massenvernichtung zu entreißen. (Jureit 1999, S. 129)

Quindeau (1995, S. 188) stellt mit ihrer Interpretation der geschilderten Erlebnisse und Erfahrungen drei „ ‚Legitimationsmuster' des Überlebens" vor. Der Terminus betrifft laut Quindeau (ebd.) „die Plausibilisierung des (letztlich unerklärlichen) eigenen Überlebens angesichts des millionenfachen Mordens" und fungiert als strukturierendes Moment der Lebenserzählung, wird aber von Jureit (1999) als unglücklich gewählt kommentiert.

Andere Autoren, so Jureit (1999, S. 130), konnten weitere Bewältigungsformen deutlich machen, allerdings ohne sie „im Detail und anhand konkreter Lebensläufe" nachzuzeichnen. So betone beispielsweise Kaminer (1991) eher allgemein die besondere Relevanz der Gründung einer eigenen Familie für die Überlebenden der Konzentrations- und Vernichtungslager. Diese entspreche einer Form der „Wiederbelebung der durch die Verfolgung erstarrten Persönlichkeitsteile" und gleichzeitig einem „Versuch, sich wieder in eine menschliche Gemeinschaft einzubinden, die Trauer überhaupt erst möglich mache" (Jureit 1999, S. 130).

Es ist anzumerken, dass sich nur wenige Arbeiten den kollektiven Verfolgungsschicksalen einzelner Gruppen zuwenden (siehe z. B. Garbe 1993). Beate Meyer (1997) konstatiert hinsichtlich dieser Studien zumeist das Ausblenden zweier wichtiger Aspekte. Auf der einen Seite fehle die Analyse der spezifischen Bewältigungsmuster, die eine Person ausbildet. Diese würden, laut Meyer, auf der individuellen Prägung und der Gesamtheit der lebensgeschichtlichen Erfahrungen basieren, einschließlich der von Keilson (1979) als bedeutsam hervorgehobenen Interaktion in der Nachkriegszeit. Auf der anderen Seite werde die Möglichkeit eines gruppenübergreifenden Vergleichs solcher Bewältigungsmuster nicht ins Auge gefasst. Beide Ebenen fließen in Meyers (1997) lebensgeschichtliche Untersuchung mit ein.[20]

---

20 Die von Meyer (1997) analysierten Interviews wurden im Rahmen des Projektes „Hamburger Lebensläufe – Werkstatt der Erinnerung" geführt (siehe auch Kap. 2.1.2). Zum Verfolgungsbegriff des Archivs siehe Meyer (1997, S. 64).

In der vergleichenden Analyse dreier Lebensläufe geht es zum einen um den Zusammenhang zwischen den Gründen der Verfolgung und den Möglichkeiten der Erfahrungsbewältigung. Zum anderen wird die spezifische Form der Verfolgung hinsichtlich der Frage analysiert, welche Bewältigungsstrategien aus ihr resultierten. Mit den von Meyer ausgewählten Zeitzeugen sollen drei Verfolgungsgruppen repräsentiert werden: die sozialdemokratische und die jugendoppositionelle Gruppe sowie die aus ‚rassischen‘ Gründen Verfolgten (siehe dazu ausführlich Meyer 1997, S. 65-81). Anhand des Vergleichs werden von Meyer wesentliche Aspekte herausgestellt, die für die Möglichkeiten und Formen der Erfahrungsverarbeitung relevant seien. In diesem Kontext untersucht die Autorin, inwieweit es den Betroffenen möglich ist, die Gründe für die Verfolgung retrospektiv zu rekonstruieren, oder ob sich ihnen der Verfolgungsprozess als diffus darbietet. Im Hinblick auf die Lagerhaft geht es darum, ob die Betroffenen andere Gleichgesinnte und damit eine Bezugsgruppe finden konnten. Dies sei, laut Meyer, bei der Einlieferung in das Lager von besonderer Wichtigkeit. Dieser Moment wurde in der KZ-Forschung als zentrales Schockerlebnis beschrieben (siehe dazu z. B. Diner 1990). Meyer verweist dabei auf die Untersuchungen von Kepinski (1987), der zwei Aspekte nennt, die beim Eintreten in die Lagerrealität für die Häftlinge lebensrettend gewesen wären: „Unempfindlich zu werden und einen ‚Engel‘ zu finden" (Meyer 1997, S. 83). Diese Metaphorik bezieht sich bei Kempinski auf „einen Menschen oder eine Gruppe, die ihn [den Häftling – D. W.] noch als Mensch behandelten und mit deren Hilfe es ihm gelingen konnte, diesen Rest der früheren Welt zu bewahren." (Kepinski zit. nach Meyer 1997, S. 83)

Abschließend ist festzuhalten, dass der in der Forschungsliteratur zu den Verarbeitungsprozessen und der Erfahrungsbewältigung verbreitete Begriff der ‚Strategie‘ nicht unumstritten ist. Ulrike Jureit (1999, S. 130) hält diesen Terminus in mehrfacher Hinsicht für problematisch: Zum einen unterstelle er den Betroffenen „ein mehr oder weniger bewußtes Handeln" sowie „die grundsätzliche Möglichkeit, auf unterschiedliche Lebenssituationen überhaupt einwirken zu können, sie zu formen und zu gestalten." Mit dem Strategiebegriff würden „individuelle Handlungsspielräume" (ebd.) vorausgesetzt. Der Einzelne hätte zu entscheiden, welche Reaktion ihm angebracht erscheint. Damit sei seine Verhaltensweise nicht nur mit der Fähigkeit verbunden, schwierige Lebenssituationen zu bewältigen, sondern es werde gleichzeitig impliziert, dass er dieses Verhalten auch zu verantworten hätte.

Die mit dem Begriff verbundenen Schwierigkeiten werden von Jureit (1999) wie folgt auf den Punkt gebracht:

> Sie spiegeln das grundsätzliche Problem wider, durch kontextabhängige Erklärungsmodelle wissenschaftlicher Provenienz eine Lebenserfahrung einzufangen, die in einem gänzlich anderen, nämlich in einem unfreien und von Gewalt und Terror geprägten Zusammenhang steht. Mit dem Begriff ‚Strategie' wird dem individuellen Umgang mit traumatischen Verfolgungserfahrungen oft auch eine Kategorie übergestülpt, die einer ‚freien' Gesellschaft entspringt. Deren Werte und Prämissen sind aber gerade an einem Ort wie Auschwitz fundamental erschüttert worden. (Jureit 1999, S. 131)

Jureit (1999) richtet den Schwerpunkt ihrer eigenen, unter dem Titel „Erinnerungsmuster" erschienenen Arbeit darauf, das individuelle Erleben der traumatischen Erfahrungen und die Vielfalt der Bewältigungsformen anhand konkreter Lebensverläufe von KZ-Überlebenden zu untersuchen. Dazu führt die Autorin einen anderen Terminus in die Interpretation ein. Der Ausgangspunkt für die Begriffsbildung liegt in der Frage, wie das „unmittelbare Erleben der traumatischen Situation" und der „individuelle Umgang nach Kriegsende" (ebd.) zusammenhängen. Jureit (1999) zufolge stellt die autobiographische Erzählung der KZ-Überlebenden selbst eine Form des Umgangs mit dem Trauma dar, die zeigt, welchen Weg der Einzelne für sich finden musste, um mit den traumatischen Erlebnissen überhaupt umgehen und weiterleben zu können. Auch Sedlaczek (1999) verweist auf diesen wichtigen Aspekt lebensgeschichtlicher Forschung zu Verfolgung und KZ-Haft, der sich auf die Formen der erzählerischen Bewältigung der Erfahrung bezieht. Von besonderer Wichtigkeit ist bei Jureit (1999) in diesem Kontext die Frage, welche Kontinuitäten und Brüche die lebensgeschichtlichen Erinnerungen aufweisen. Damit hängt ein grundlegender Fragenkomplex zusammen. Dieser betrifft den Weg, den der Einzelne während der Lagerzeit ging oder gehen musste, und die Frage, ob sich dieser auch nach der Befreiung fortsetzte. D. h. es wird untersucht, ob sich aus der unmittelbaren Reaktion auf die Lagerzeit ein „grundsätzlicher Mechanismus" (ebd., S. 131) herausgebildet hat, um das eigene Leben zu bewältigen. Zudem wird gefragt, inwieweit es den Betroffenen dabei überhaupt möglich war, auf Lebenserfahrungen, die in der Zeit vor der Verfolgung liegen, zurückzugreifen.

Anstatt in diesem Zusammenhang von „Überlebensstrategien" zu sprechen, bezeichnet Jureit die Formen des Umgangs mit dem Trauma als einen „individuellen Weg" (zu diesem u. den folgenden Zitaten: Jureit 1999, S. 131) und die autobiographischen Erinnerungen entsprechend als „Wegbeschreibungen". Die Vorteile gegenüber den bisher gebräuchlichen Bezeichnungen liegen der Autorin zufolge darin, dass „sowohl passive als auch aktive Momente" einbezogen und die „nachträgliche Perspektive auf das Geschehen" berücksichtigt würden. Gleichzeitig komme mit dem Begriff auch eine Distanz gegenüber den „klinischen Fachbegriffen" und der damit verbundenen „Pathologisierung der individuellen Verhaltensweisen" zum Ausdruck. Letztlich stelle die Metaphorik des Begriffs einen „lebensnahen Bezug" her, der für eine Auseinandersetzung mit autobiographischen Erinnerungen notwendig erscheine.

Die Auseinandersetzung mit den Biographien der Überlebenden hat sich in den letzten 20 Jahren intensiviert. Die zunehmende Beachtung der Oral History und die wachsende Zahl von Interviewprojekten mit Zeitzeugen haben dazu beigetragen, dass sich eine wachsende Zahl von Untersuchungen der lebensgeschichtlichen Problematik von Verfolgung und KZ-Haft zuwendet. Dabei ist auch von Bedeutung, dass die Zeitzeugeninterviews eine wichtige Ergänzung zu den im Kontext von klinischen Traumastudien gewonnenen Erkenntnissen darstellen. Ihr Blick richtet sich stärker auf die individuelle Lebensgeschichte der Betroffenen, so dass die Zeit vor und nach der Verfolgung als wesentliche Bezugspunkte in die Auswertung und Analyse der Interviews mit einfließen können.

2.3.2 Ansätze biographisch orientierter Analyseverfahren

Ein Großteil der Forschungsarbeiten, die sich einer biographischen Analyse von Erinnerungsinterviews mit Überlebenden nationalsozialistischer Verfolgung widmen, richtet den Blick auf die Spuren der Extremerfahrungen in den Lebenserzählungen und Erinnerungen der Interviewten (siehe u. a. Hardtmann 1992; Jureit/Orth 1994; Rosenthal 1995; Quindeau 1995; Boll 1997; Preisler 1998; Jureit 1999; Rosemann 1999; Sedlaczek 1999). Die Annäherungen an die lebensgeschichtliche Erzählung vollziehen sich dabei meist über die Frage, inwieweit in den Biographien ‚Brüche' sichtbar werden, die die NS-Verfolgung hinterlassen hat. Diese Überlegung bildet oftmals den Ausgangspunkt für biographische Analysen, die sich den Formen des Umgangs mit den traumatischen Erlebnissen widmen. Dazu seien einige wesentliche Aspekte genannt, die in der vorliegenden Literatur zu lebensgeschichtlichen Interviews mit Überlebenden aufgeworfen werden.

Ausgehend von der Annahme, dass eine lebensgeschichtliche Erzählung einen „kohärenten Entwurf von Handlungsabläufen zum Zwecke der Klärung von kausalen und temporalen Relationen innerhalb des Erlebten" (Barricelli 2007, S. 243) darstellt, werden im Hinblick auf die Erzählungen der Überlebenden erhebliche Herausforderungen für eine kohärente ‚Gestaltung' der Lebensgeschichte konstatiert. Das Grundproblem autobiographischer Erzählungen zum Holocaust wird darin gesehen, dass angesichts des zugefügten Leides eine „narrative Sinnbildung in aller Regel nicht (mehr) möglich ist" (ebd.). Rüsen (2001) spricht in diesem Kontext von einer Sinndefizienz, die zu einer traumatischen, d. h. nicht-narrativen Erfahrung führe. Die Interviews mit Überlebenden werden daher in der Forschung auch unter dem Gesichtspunkt der „Grenzen des Sagbaren" (Pollak 1988) bzw. dem Problem der Nichterzählbarkeit von Erfahrungen behandelt (vgl. Greenspan 1992; Funkenstein 1993). Andererseits, so heißt es bei Rüsen (2001, S. 155), müsse der Holocaust als ein historisches Ereignis angesehen werden und als solches mit den „Deutungsmustern der modernen Geschichte" eine Bearbeitung erfahren: „Würden wir den Holocaust jenseits der Geschichte ansiedeln und ihm eine ‚mythische' Bedeutung zusprechen, würde er seinen Charakter als tatsächliches Ereignis mit Erfahrungscharakter verlieren." (ebd.)

Im Hinblick auf die Schwierigkeiten des Gestaltungsprozesses autobiographischer Erzählungen zu Verfolgung und KZ-Erfahrung wird auf die extreme Fragmentierung und Zerrissenheit der Lebensereignisse hingewiesen. Diese würden den Interviewten nicht nur erhebliche Anstrengungen bereiten, sondern auch eine besondere Konstruktionsleistung abverlangen. Gabriele Rosenthal (1995, S. 130) interpretiert diese Probleme als Folgen eines „zerstörten Lebenszusammenhangs"[21]. Mit diesem Begriff bezieht sich die Autorin darauf, dass der Zusammenhang zwischen einzelnen

---

21 Diese Begriffswahl erscheint diskussionswürdig. Eine kritische Auseinandersetzung mit der von Rosenthal (1995) vorgeschlagenen Terminologie kann hier jedoch nicht geleistet werden. Ebenso kann es nicht darum gehen, ihr Konzept der sequentiellen Analyse der erlebten Lebensgeschichte und der erzählten Lebensgeschichte darzulegen. Es ist jedoch mit Jureit (1999, S. 64) anzumerken, dass die Rückschlüsse, die Rosenthal von der erzählten auf die erlebte Lebensgeschichte unternimmt, „auch wenn sie ‚nur' struktureller Art wären", problematisch sind. Sie „gehen von der Annahme aus, der Interviewtext enthalte sowohl die erlebte als auch die erzählte Lebensgeschichte, die sich als zwei voneinander zu trennende Einheiten sequenzanalytisch herauspräparieren ließen. Der Interpretierende kennt aber nur die Erzählung, sie allein ist Gegenstand des Textes [...]." Siehe dazu ausführlich Jureit 1999, S. 60-71.

Lebensphasen (dies betrifft die Zeit vor, während und nach der Verfolgung) in der Erzählung nur schwer hergestellt werden kann. Zudem ließen sich, laut Rosenthal, auch erhebliche Brüche innerhalb einzelner Lebensphasen beobachten, so dass die Erfahrungen dem Biographen oftmals nur noch „in einzelnen Bruchstücken, Bildern und Stimmungen" (ebd., S. 121) zugänglich wären.

Angesichts der Fragmentierungen, Brüche und Sprachlosigkeiten rücken biographische Forschungsansätze die spezifisch erlebte Lebensgeschichte der Betroffenen in das Zentrum der Betrachtung. Mit diesem Vorgehen ist häufig auch eine kritische Auseinandersetzung mit einem undifferenzierten Opferbegriff in der Traumaforschung verbunden. Die Einwände richten sich allgemein formuliert dagegen, die Opfer der Verfolgung als „eine homogene Gruppe" anzusehen, „deren Mitglieder alle unter ähnlichen psychischen und somatischen Störungen zu leiden haben, die im Überlebens-Syndrom zusammengefaßt sind" (Rosenthal 1995, S. 130).

Viele Arbeiten konzentrieren sich darauf, zu untersuchen, welche Funktion das autobiographische Erzählen für die Betroffenen einnimmt, und richten ihren Blick insbesondere auf die in den Interviews geleistete „Identitätsarbeit" (Sedlaczek 1999, S. 64; siehe auch z. B. Preisler 1998). Auch bei Sedlaczek (1999) steht dabei der ‚Bruch' in der Biographie der Betroffenen im Vordergrund der Analyse. Der Autor richtet sein Erkenntnisinteresse auf den „zeitübergreifenden Charakter und Stellenwert der Erfahrung von Verfolgung und Konzentrationslager" (ebd., S. 66), insbesondere im Hinblick auf die sozialen Beziehungen der Überlebenden sowie auf die Eingliederung und das Weiterleben in der jeweiligen Gesellschaft. Von besonderer Wichtigkeit ist in diesem Kontext für Sedlaczek die ‚Sprache' der Interviewten. Es wird gefragt, welche Formen der erzählerischen Bewältigung in der Darstellung der Lebensgeschichte sichtbar werden. Dies betrifft auch Überlegungen zu einer leitlindernden oder heilenden Wirkung der Lebenserzählung (siehe dazu auch Rosenthal 1995, S. 173-185).

Bei der erzählerischen Bewältigung geht es Sedlaczek (1999) um die Herausarbeitung von Erzählmustern, die Aufschluss geben sollen über die wesentlichen Strukturen des biographischen Erzählens. Sedlaczek (ebd.) nennt in Anlehnung an Schröder (1992) vier zentrale Strukturmerkmale, die bei der Auswertung lebensgeschichtlicher Erzählungen der Überlebenden als Anhaltspunkte weiterführender Interpretationen dienen können: *(a)* das Erzählmuster des ‚Ordnens am roten Faden', *(b)* die Struktur der Leitlinie, *(c)* die Erzählfigur der Abschweifung sowie *(d)* die Erzählfigur der

Aussparung (siehe ausführlich Sedlaczek 1999, S. 76-80). Die Interviewanalyse konzentriert sich auf die Darstellungsstruktur der Lebensgeschichte.

Dies betrifft vor allem die Art und Weise, wie die einzelnen Erzählmuster und -figuren miteinander verwoben werden. Hinsichtlich der Erfahrungsbewältigung wird dann beispielsweise untersucht, welche übergreifende Erzählstruktur das Interview aufweist und welche Themen innerhalb dieser Struktur eine besondere biographische Relevanz erhalten.

3 Gegenstand und Methode

3.1 Das „Visual History Archive" des Shoah Foundation Institute

Um zu einem besseres Verständnis für die spezifischen Besonderheiten des empirischen Materials zu gelangen, wird den Ausführungen zum Untersuchungsgegenstand und zur methodischen Vorgehensweise eine längere Einleitung über die Rahmenbedingungen, d. h. Entstehungskontext, Thematik und Erhebungsverfahren sowie Erschließungsmöglichkeiten und Anliegen des „Visual History Archive" des Shoah Foundation Institute vorangestellt. Dies hat zum Zweck, den Entstehungszusammenhang des Datenmaterials zu beleuchten und die Transparenz wichtiger Aspekte, die „den Prozeß des Erzählens, Erinnerns und Tradierens mitgestalten" (Gelbin/Lezzi 1998, S. 19), zu gewährleisten. Hieran anschließend folgt eine kurze Zusammenfassung zum gegenwärtigen Stand der wissenschaftlichen Einbettung des Projektes an der Freien Universität Berlin.

3.1.1 Die Rahmenbedingungen des Archivs

Entstehungskontext und Erhebungsprozess
Das 1994 gegründete „Visual History Archive"[22] gehört zu den späten Oral History-Projekten zum Nationalsozialismus und ist gleichzeitig das umfangreichste historische Videoarchiv. Mit nahezu 52.000 Videointerviews aus 56 Ländern, vornehmlich jedoch aus Nord- und Südamerika sowie Europa, in 32 Sprachen geführt,[23] hat es in dieser späten Phase – die aus erinnerungstheoretischer Perspektive auch als „kritische Schwelle" oder „floating gap" (Assmann 1992, S. 48-51) zwischen dem kommunikativen und dem kulturellen Gedächtnis bezeichnet wird – eine ganz neue Dimension der

---

22 Aus der Selbstdarstellung des Archivs geht hervor, dass der Begriff ‚Visual History' im Zusammenhang mit dem „Visual History Archive" des Shoah Foundation Institute analog zu dem Begriff der ‚Oral History' gebraucht wird. In diesem Sinne steht der Begriff für die videogestützte Form der Methoden der Oral History (vgl. http://www.vha.fu-berlin.de). Eine kritische Auseinandersetzung mit dem Gebrauch des Begriffs im Hinblick auf die didaktischen Zielstellungen des Instituts bietet der Beitrag von Barricelli (2007, S. 237f.).

23 Für detaillierte Informationen zu diesen Angaben vgl. http://www.vha.fu-berlin.de.

Dokumentation und Archivierung persönlicher Erinnerungen eröffnet. Das von dem Regisseur Steven Spielberg initiierte Projekt entstand unter dem Eindruck der Dreharbeiten zu dem Film „Schindlers Liste" in Krakau. Spielberg zufolge wurden die Überlegungen zu einem derart umfassenden Projekt durch die Begegnung mit polnischen Überlebenden des Holocaust angeregt, die den Wunsch geäußert hatten, ihre Lebensgeschichte vor der Kamera zu erzählen. Die aus diesem Anliegen hervorgegangene gemeinnützige Organisation Survivors of the Shoah Visual History Foundation setzte sich zum Ziel, die persönlichen Erinnerungen und Biografien möglichst vieler zu diesem Zeitpunkt noch lebender „Holocaust survivors and witnesses"[24] in Form von Videointerviews zu dokumentieren. Schon der Name der Stiftung verweist auf den Fokus der Archivierung: „Die Dokumentation der Lebensberichte jüdischer Überlebender" (Nägel 2009, S. 186). So sind etwa 90% der Interviews mit jüdischen Überlebenden des Holocaust geführt worden. Zu den interviewten Gruppen der Verfolgten gehören aber auch Sinti und Roma, politisch Verfolgte, Zeugen Jehovas, „Euthanasie"-Opfer und Homosexuelle; daneben gibt es eine geringe Zahl anderer Zeitzeugen wie Helfer, Befreier und Beobachter späterer Kriegsverbrecherprozesse. Die Erhebungsphase der Interviews erstreckte sich von 1994 bis 1999 und konnte mit Hilfe eines umfangreichen Teams aus regionalen Koordinatoren und ehrenamtlichen Interviewern realisiert werden.[25]

Die Interviewsituation
Für die hier vorliegende Arbeit ist vor allem die Frage nach der Interviewsituation und der Methodik der Interviewführung interessant. Dazu ist festzuhalten, dass die ehrenamtlichen Interviewer in drei- bis viertägigen Workshops zu den geschichtlichen Hintergründen und zu Interviewtechniken geschult wurden. Die Interviews fanden möglichst in der häuslichvertrauten Umgebung des Interviewpartners statt. Zum Abschluss des Gesprächs konnten diese ihre Familienangehörigen mit ins Bild holen und

24 Vgl. die Selbstdarstellung „The Archive: collecting testimonies" unter http://college.usc.edu/vhi/scholarship/archival_access/collecting. Barricelli (2009, S. 234) verweist in diesem Zusammenhang auf „eine interessante semantische Verschiebung zwischen dem Englischen und Deutschen". Es geht dabei um „die Unterscheidung zwischen ‚survivor' und ‚witness' einerseits gegenüber dem indifferenten Gebrauch des Wortes ‚Zeitzeuge' (das wiederum nicht wortwörtlich ins Englische übersetzt werden kann) andererseits."

25 Somit sind die Interviews in einen spezifischen erinnerungskulturellen Kontext eingebettet: Mitte der 1990er-Jahre, so Nägel (2009, S. 187), „gibt es ein vergleichsweise großes öffentliches Bewusstsein über den Holocaust und die Holocausterinnerung ist in vielen Ländern institutionalisiert."

private Fotos oder Dokumente filmen lassen.[26] Vor dem Interview fand
jeweils ein Vortreffen statt, bei dem gemeinsam mit dem Interviewer ein
40-seitiger Fragebogen zum biographischen Hintergrund der Gesprächspartner ausgefüllt und die Modalitäten der Urheberrechte der Aufzeichnungen geregelt wurden.[27] Die schriftliche Datenbasis sollte den Interviewern die Möglichkeit geben, sich individuell auf die Gespräche vorzubereiten
und darüber hinaus die spätere Katalogisierung des umfangreichen Archiv-
bestandes erleichtern. Die Fragesteller wurden dazu angehalten, die Kriterien halboffener, nicht standardisierter lebensgeschichtlicher Interviews zu
berücksichtigen und in den Gesprächen die Erfahrungen der Interviewten
während der Vorkriegs-, der Kriegs- und der Nachkriegszeit aufzugrei-
fen. Das Ansehen mehrerer Videozeugnisse macht jedoch sichtbar, dass in
den meisten Fällen eine viel weitreichendere Strukturierung und zum Teil
auch Fragmentierung der Interviews stattfindet. Ein Großteil der Interviewer orientiert sich dabei an den sogenannten „Interviewer Guidelines" des
Shoah Foundation Institute.[28] Auch wenn die dort formulierten Beispiel-
fragen nur eine Orientierungshilfe darstellen und nicht als Interviewleit-
faden konzipiert waren (vgl. Nägel 2009, S. 187), wird erkennbar, dass das
Institut eine möglichst einheitliche chronologische Ordnung der Interviews
angestrebt hat, bei der bestimmte Oberthemen oder ‚Erfahrungsbereiche'
abgedeckt werden sollten.[29]

In den Videointerviews spiegelt sich dies insofern wider, als die Interviewer in Momenten, in denen die Interviewten die Chronologie ihrer

26 Im Unterschied dazu beinhaltete das Interview-Konzept des 1995 begonnenen „Archivs der Erinnerung" am Moses-Mendelsohn Zentrum für europäisch-jüdische Studien" der Universität Potsdam
eine Verlagerung der Interviewsituation an einen nicht privaten Ort: einen eigens eingerichteten
Studioraum an der Universität. Ziel war es zum einen, ein neutrales Setting zu schaffen, das „offen
ist auch für tiefliegende Erinnerungen" und gleichzeitig „die über das Individuelle hinausgehende
Wichtigkeit der Lebensgeschichten" zu unterstreichen. Zum anderen liegt in der „ästhetische[n –
D. W.] Reduktion" auch eine „Konzentration auf den Interviewpartner" (Gelbin/Lezzi 1998, S. 26).

27 Die Urheberrechte liegen bei der Shoah Foundation. Das Archiv ist nur für bestimmten Institutionen
und ausschließlich zu Lehr- und Forschungszwecken nutzbar (vgl. Kap. 3.1.2).

28 Die Leitlinien für die Interviewer (Fassung von 2007) sind zu finden unter: http://www.vha.
fu-berlin.de/media/pdf/vha_interviewer_guidelines.pdf. Auffällig sind die „z. T. entwaffnend prag-
matisch und unkonventionell akzentuierten" (Apel 2008, Abschnitt 2) Hinweise, wie etwa die Emp-
fehlungen zum Kleidungsstil der Interviewer („conservative, professional, and comfortable", Interviewer Guidelines, S. 4).

29 In den Leitlinien wird den Interviewern beispielsweise auch nahegelegt, die durch den alle 30 Minu-
ten notwendigen Kassettenwechsel entstehenden Pausen zu nutzen, „to give the interviewee encou-
ragement, and to point out topics that may have been omitted and topics that will be covered in the
next tape" (Interviewer Guidelines 2007, S. 13). Zum technischen Aspekt ist anzumerken, dass die
Interviews auf 30-minütigen Betacamp SP Videobändern aufgezeichnet wurden; nach Angaben des
„Visual History Archive" das Standardformat im Erhebungszeitraum.

Lebenserzählung verlassen oder sie aufzubrechen versuchen, oftmals intervenieren. Bei den für die vorliegende Arbeit analysierten Interviews fällt besonders auf, dass sich die Interviewer häufig in die Rolle eines ‚Ermittlers‘ hineinbegeben, indem sie die Erzählungen mit wiederholten Nachfragen zu den exakten Zeitpunkten und Ortsangaben unterbrechen. Dieses Vorgehen führt zu schier absurden und eigentlich unzumutbaren Situationen: So wird Elisabeth S. (siehe Kap. 4.5) etwa von der Interviewerin gefragt, wie ihre Adresse im Lager Theresienstadt gelautet habe. Diese Rolle der Interviewer wird noch dadurch unterstützt, dass eine längere Eingangsphase des Interviews damit verbracht wird, obligatorische Lebensdaten der Gesprächspartner abzufragen, und zwar auf dem höchst umständlichen Wege der Buchstabierung der Eigen- und Ortsnamen. Zugespitzt formuliert erinnert diese Vorgehensweise an eine polizeiliche Verhörsituation. Nicht alle Interviewten reagieren in solchen Momenten so souverän und selbstsicher, wie es in den hier ausgewerteten Fällen überwiegend zu beobachten ist. Dem Betrachter begegnen Interviews, so Apel (2008),

> […] in denen die Gesprächspartner, von ihren Erfahrungen nach wie vor gepeinigt, keine begnadeten Erzähler sind, sie keine konsistenten Geschichten abliefern, sich nur fragmentarisch erinnern können; in denen auf hartnäckig gestellte Fragen eifriger Interviewer keine Antworten folgen – Interviews in denen es schmerzt, wenn man sie sich ansieht, und die die Betrachter frustriert zurücklassen. (Apel 2008, Anschnitt 4)

Die Entscheidung gegen einen professionellen Interviewerstab erfolgte vor dem bereits erwähnten Hintergrund, zu einem solch späten Zeitpunkt möglichst viele der noch lebenden Zeitzeugen zu erreichen und deren Erinnerungen zu dokumentieren. Die mit dieser Zielsetzung verbundenen Maßnahmen waren seit Beginn des Projekts in den 1990er-Jahren Gegenstand kritischer Einwände, insbesondere hinsichtlich eines Vergleichs mit anderen Oral History-Projekten und Videoarchiven. Die Bedenken richten sich gerade in der Anfangszeit auf „die Frage des Einflusses von Quantität auf Qualität und darauf wie Spielberg mit seinem ambitiösen Zeitplan dem individuellen Überlebenden und seiner Umgebung gerecht werden kann" (Hartman 1998, S. 41f.). Es entstand der Vorwurf, der organisierte Massenmord würde zur Massenware gemacht und die persönliche Trauer der Opfer unzulässig pädagogisiert und sentimentalisiert werden (vgl. Marek / Schmitz 1999). Mit Blick auf das einzelne Ergebnis, die Videografie, bleiben insbesondere die Haltung der Interviewer und der Umgang mit den Zeitzeugen diskussionsbedürftig. Da jedoch das primäre Anliegen der vorliegenden Arbeit in der produktiven Beschäftigung mit Fragen nach dem Wie der Erinnerung und Erzählungen sowie des Umgangs mit Erfahrungen hinsichtlich NS-Überlebender liegt, wird die Interviewführung im Folgenden nur insofern berücksichtigt, als sie für das methodische Vorgehen der dokumentarischen Interpretation der Interviews relevant ist (siehe dazu Kap. 3.2.3 u. Kap. 3.2.4).[30]

Die Erschließungsmöglichkeiten
Den wesentlichen Bestandteil einer Auseinandersetzung mit dem Archivbestand stellt der Auswahlprozess des Analysematerials dar, so dass im Folgenden die Erschließungsmöglichkeiten des „Visual History Archive" skizziert werden sollen.

Bei einer durchschnittlichen Interviewlänge von 2,5 Stunden (in einzelnen Fällen ist sie wesentlich länger, bis zu 17 Stunden; vgl. Nägel 2009, S. 187) würden für eine komplette Sichtung des gesammelten Datenmaterials etwa 120.000 Stunden, d. h. über 13 Jahre benötigt (vgl. Baricelli 2007, S. 235). Dementsprechend aufwendig sind sowohl die digitale Archivierung als auch die systematische Erschließung des Materials gestaltet; beide machen die zentralen Innovationen des Projektes aus. Zwar sind die Interviews weder übersetzt noch transkribiert,[31] doch das Katalogisierungs- und Indexierungssystem sowie mehrere Suchfunktionen ermöglichen gleichwohl einen differenzierten Zugang zum Bestand des Archivs. So kann zum einen mit Hilfe der Verknüpfung bestimmter Kriterien, wie personenbezogener Daten (z. B. Geburtsort, Geschlecht und Sprache des Interviews) und allgemein-biographischer Eckpunkte (z. B. Name des Ghettos oder einer Widerstandsgruppe) nach einzelnen Video-Interviews oder ‚Interview-Gruppen'[32] gesucht werden. Zudem gibt es einen aus

---

30 Zu den Aspekten der Interviewführung und der Diskussion um den wissenschaftlichen bzw. pädagogischen Wert des Archivmaterials siehe Apel 2008; Schuler 1998; Broder 1999.

31 Gegenwärtig ist jedoch geplant, im Rahmen des seit 2008 laufenden Projektes „Zeugen der Shoah. Das Visual History Archive in der schulischen Bildung" an der Freien Universität Berlin, die rund 900 deutschsprachigen Interviews als Grundlage für eine Volltextsuche zu transkribieren sowie ausgewählte fremdsprachige Interviews ins Deutsche zu übersetzen. Vgl. dazu Brauer / Wein (2010) sowie die zugehörige Projektwebsite unter http://www.zeugendershoah.de/.

32 So ermöglicht etwa die Verknüpfung der biographischen Suchkriterien innerhalb der neun sog. „experience groups", also z. B. der „Jewish survivors", die Suche nach allen, in deutscher Sprache geführten, Interviews mit ehemaligen weiblichen Häftlingen des Lagers Theresienstadt. Zu den Katalogisierungs- und Indexierungsrichtlinien vgl. http://www.vha.fu-berlin.de.

50.000 (englischen) Schlagworten bestehenden und eigens für das Archiv entwickelten Thesaurus. Neben Orts- und Eigennamen (darunter Ghettos, Lager, Gefängnisse, Behörden und NS-Größen) kann dort gezielt nach unterschiedlichen ‚Erfahrungsbereichen' (wie „sense of time in the camps", „decision to hide" oder „Holocaust and / or war-related dreams") innerhalb der einzelnen Videos gesucht werden. Die Interviews wurden dazu in einminütige Segmente bzw. Sprechpassagen unterteilt, die mit den entsprechenden Schlagworten oder einer thematischen Definition verknüpft sind.

Diese Quellenerschließung bietet sicher viele Ansatzpunkte für das Erstellen unterschiedlicher Untersuchungsansätze, insbesondere im Rahmen vergleichend angelegter Analysen. Sie verleitet jedoch auch dazu, „das Interview auf ein Angebot für handliche, passende Zitate zu reduzieren und es wie einen ‚Steinbruch' zu benutzen" (Apel 2008, Abschnitt 2). Daher bleibt festzuhalten, dass die „langwierige und anspruchsvolle Annäherung an die Biographie und das Relevanzssystems des Erzählers" (ebd.) immer im Vordergrund einer fundierten Analyse zu stehen haben.[33]

Überlegungen zum Anliegen des Shoah Foundation Institute
Abschließend soll ein weiterer wesentlicher Diskussionspunkt um das „Visual History Archive" umrissen werden. Es geht dabei um das pädagogische Selbstverständnis des Shoah Foundation Institute. Um die Nachhaltigkeit des Projektes zu sichern, wurde die Stiftung im Jahre 2006 an die University of Southern California in Los Angeles angegliedert. Im Zuge dieser Überführung in einen universitären Kontext erhielt die Stiftung „den neuen, programmatischen Namen" (Barricelli 2007, S.237) ‚USC Shoah Foundation Institute for Visual History and Education'. Das mit diesem Titel verbundene Anliegen besteht darin, neue und langfristige Perspektiven hinsichtlich der wissenschaftlichen Erforschung des Holocaust sowie insbesondere einer Vermittlung der Interviews – „die bedeutungssicher als ‚testimonies' bezeichnet werden" (Barricelli / Brauer / Wein 2009, S.2) – im Rahmen von Unterrichts- und Ausbildungsprojekten zu eröffnen. Im Hinblick auf die Bewahrung der dokumentierten Erinnerungen formuliert das Shoah Foundation Institute aktuell folgendes Statement: „To overcome prejudice, intolerance, and bigotry – and the suffering they cause – through

---

33 Kritische Reflektionen der umfangreichen Erschließungsmaßnahmen des Archivs finden sich auch in den Beiträgen von Freytag (2007, S.204ff.) und, insbesondere hinsichtlich geschichtsdidaktischer Fragestellungen, bei Barricelli (2007, S.246f.).

the educational use of the Foundation's visual history testimonies."[34] Zwar stehen die Organisatoren des Archivs, so Barricelli, mit ihrem Anliegen „einer verstärkten Aufgabenzuweisung an die elektronisch unterstützte ‚mündlich erfragte Geschichte'" (Barricelli 2007, S. 238) nicht alleine da, doch angesichts der weit gesteckten pädagogischen Ziele des Shoah Foundation Institute sollte zunächst die „Substanz [des Archivs – D. W.], d. h. die Interviews, ihre Gestalt und Aussagekraft bzw. –absicht" (Barricelli/Brauer/Wein 2009, S. 3; vgl. auch Freytag 2007) einem kritischen Blick unterzogen werden. Nicht zuletzt bleibt in diesem Zusammenhang generell zu klären, „wo sich die Anschlussstellen für die Alltagspraxis der Schule befinden" (Barrcelli 2007, S. 239).

3.1.2 Das „Visual History Archive" an der Freien Universität Berlin

Bei der Diskussion um das „Visual History Archive" geht es grundlegend um die Fragen, in welcher Weise das umfangreiche Archivmaterial langfristig erschlossen werden kann und wie die Besonderheiten lebensgeschichtlicher Erzählungen und videografierter Erinnerungen, speziell beim Einsatz im Schulunterricht, zu berücksichtigen und zu vermitteln sind. Um konkrete Ansatzpunkte und Konzepte sowohl für geschichtsdidaktische Modelle als auch eine interdisziplinär ausgerichtete Forschung bemüht sich gegenwärtig ein wissenschaftliches Mitarbeiterteam an der Freien Universität Berlin. Seit Ende des Jahres 2006 gibt es eine Lizenzvereinbarung mit dem Shoah Foundation Institute, die der Berliner Universität einen vollständigen Zugriff auf das Material des 'Visual History Archive' ermöglicht. Um die Persönlichkeitsrechte der Interviewten zu wahren, kann das Archiv nur in bestimmten Institutionen und ausschließlich für Lehr- und Forschungszwecke genutzt werden.[35] Es ist anzumerken, dass das Archiv an der Freien Universität Berlin von Beginn an nicht einem bestimmten Fachbereich zugeordnet wurde, sondern zentralisiert von dem Center für Digitale Systeme (CeDiS), dem Kompetenzzentrum für E-Learning und Multimedia der Freien Universität Berlin, sowohl technologisch als auch inhaltlich betreut wird. Hinsichtlich der Arbeit mit den Interviews lassen

---

34 Vgl. dazu „Preserving the Archive – Video about the Institute's preservation effort" unter http://college.usc.edu/vhi/preservation.

35 Neben einigen Universitäten in den USA verfügt in Europa nur die Freie Universität Berlin über einen Vollzugriff auf das Archiv. Jedoch besitzt eine zunehmende Zahl von Forschungs- und Bildungseinrichtungen Teillizenzen (vgl. Barricelli/Brauer/Wein 2009).

sich drei zentrale Säulen ausmachen: *(a)* die universitäre Lehre, *(b)* Forschungsvorhaben und –projekte und *(c)* die schulische Bildungsarbeit. In der universitären Lehre wird das Archivmaterial „disziplin- und themenübergreifend" (Nägel 2009, S. 189) genutzt. So werden über den Rahmen regulärer Lehrveranstaltungen an der Freien Universität Berlin hinaus, laufend Projekte und Veranstaltungen mit dem 'Visual History Archive' organisiert.[36] Zudem werden wissenschaftliche Arbeiten zu den Videointerviews durch ein Beratungs- und Schulungsangebot konzeptionell und organisatorisch unterstützt. Die überwiegende Zahl der Forschungsarbeiten ist dabei, so konstatiert Nägel (2009), im Bereich der historischen Quellenarbeit angesiedelt. Zukünftig wird angestrebt, auch umfassendere wissenschaftliche Auseinandersetzungen anzuregen, wie etwa eine Analyse der Entstehungszusammenhänge und Formen individueller und kollektiver Erinnerungen. Der Einsatz des Archivs umfasst darüber hinaus das Gebiet der schulischen Bildung, womit eine didaktische Aufbereitung des Materials verbunden ist. Im Mittelpunkt steht das 2008 initiierte Projekt „Zeugen der Shoah. Das Visual History Archive in der schulischen Bildung"[37], das sich vor allem mit der Entwicklung eines Ergänzungsangebotes der Web-Plattform des Archivs und entsprechender Unterrichtsmaterialien und -szenarien befasst.[38]

3.2 Interview und dokumentarische Methode

In diesem Kapitel werden die theoretischen Grundlagen und das methodische Vorgehen der vorliegenden Arbeit zu den Strukturen der Erlebnisverarbeitung in den Kindheitserinnerungen jüdischer Deportierter vorgestellt. Dabei werden erst die Grundzüge der dokumentarischen Methode

---

36 So etwa im Sommer 2009 ein interdisziplinär angelegter Workshop mit dem Titel: „Wer zeugt für den Zeugen?" Perspektiven medial vermittelter Zeugenschaft zur Shoah: Workshop zur Einführung in die wissenschaftliche Arbeit mit Videografien aus dem Visual History Archive. Zu dieser und aktuellen Veranstaltungen vgl. o. g. Website der Freien Universität Berlin.

37 Das Projekt wird durch die Stiftung Deutsche Klassenlotterie Berlin gefördert. Die Zusammenarbeit erfolgt mit verschiedenen Fachdidaktikern sowie dem Landesinstitut für Schule und Medien Berlin-Brandenburg (LISUM). Vgl. die Projektwebsite unter http://www.zeugendershoah.de.

38 Für die interessierte Leserin oder den interessierten Leser sei an dieser Stelle auf die weiterführenden Darstellungen des „Visual History Archive" an der Freien Universität Berlin in den bereits zitierten Beiträgen von Nägel (2009) und Barricelli (2007) sowie bei Barricelli / Brauer / Wein (2009) verwiesen.

der Interpretation skizziert, um dann das Auswertungsverfahren und die Arbeitsschritte bei der Interviewanalyse aufzuzeigen. Im Anschluss werden der Untersuchungsgegenstand und die daraus resultierende Vorgehensweise bei der Auswahl der Interviews aus dem „Visual History Archive" genauer erörtert. Unter Berücksichtigung der methodologischen und methodischen Eckpunkte geht es abschließend um den Prozess der Analyse der Erlebnisdarstellung und -bewältigung mit Hilfe der dokumentarischen Methode.

3.2.1 Grundzüge der dokumentarischen Methode

Die Auswahl der Methode zur Interviewauswertung erfolgte dem Erkenntnisinteresse entsprechend an den Strukturen der Erlebnisverarbeitung in den Kindheitserinnerungen jüdischer Deportierter. Dabei bezieht sich die zentrale Fragestellung auf zwei wesentliche Aspekte: die Erfahrungen sowie die Perspektiven und Orientierungen der Interviewten.

Zum einen sind die Erfahrungen Gegenstand der Analyse, von denen die Interviewten berichten. D. h. es soll untersucht werden, welche Erlebnisse im Zuge der Darstellung eine besondere biographische Relevanz gewinnen. Von besonderen Interesse ist zum anderen die Perspektive der Überlebenden auf die persönlichen Erfahrungen: Wie werden die Erlebnisse dargestellt und strukturiert und welche Orientierungen zeigen sich im Zusammenhang mit der Darstellung der Erfahrung?

Mit der dokumentarischen Methode der Interpretation bietet sich die Möglichkeit, den Zusammenhang von Orientierungen und Erfahrungen zu rekonstruieren. Auf diese Weise entsteht ein Zugang nicht nur zum reflexiven, sondern auch zum impliziten, handlungsleitenden Wissen der Akteure (vgl. Bohnsack / Nentwig-Gesemann / Nohl 2007b). Die dokumentarische Methode geht zurück auf Karl Mannheim (1964, 1980) und die Ethnomethodologie. Ralf Bohnsack hat in Anknüpfung an Mannheims Wissenssoziologie und in kritischer Auseinandersetzung mit Harald Garfinkel (1967) seit Mitte der 1980er-Jahre die Weiterentwicklung der dokumentarischen Methode zu einem Verfahren der rekonstruktiven Sozialforschung[39] vorangetrieben (siehe u. a. Bohnsack 1997, 2001, 2008; Bohnsack / Nentwig-Gesemann / Nohl 2007a). Ursprünglich herangezogen zur Interpretation von Gruppendiskussionen (siehe Bohnsack 1989) hat die dokumentarische

---

39 Zur Abgrenzung rekonstruktiver Verfahren der empirischen Sozialforschung von hypothesenprüfenden Verfahren siehe die Einführung von Bohnsack (2008).

Methode inzwischen vor allem in den Sozial- und Erziehungswissenschaften ein breites Anwendungsfeld gefunden. Sie dient dabei „der Rekonstruktion der praktischen Erfahrungen von Einzelpersonen und Gruppen, in Milieus und Organisationen, gibt Aufschluss über die Handlungsorientierungen, die sich in der jeweiligen Praxis dokumentieren und eröffnet somit einen Zugang zur Handlungspraxis" (Nohl 2009, S. 8). Die Anwendung der dokumentarischen Interpretation speziell auf narrative Interviews – und somit, im Gegensatz zur Gruppendiskussion, zumindest primär auf die Artikulation individueller Erfahrungen und Orientierungen[40] – wurde bisher am prägnantesten von Arnd-Michael Nohl (2009) ausgearbeitet, so dass sich die Ausführungen zur methodischen Vorgehensweise dieser Arbeit im Wesentlichen auf sein Konzept beziehen.

Methodologische Leitdifferenz
Grundlegend für das Auswertungsverfahren der dokumentarischen Methode ist die Unterscheidung zwischen zwei Sinnebenen, der *immanenten* und der *dokumentarischen* (zu den folgenden Ausführungen vgl. Mannheim 1964, S. 91-154).

(1) Die *immanente Sinnebene* bezieht sich auf die Frage, *was* geschildert wird, sprich auf das was *thematisch* geschildert wird. So lassen sich die Erfahrungsberichte von Menschen auf ihren expliziten, wörtlichen Sinngehalt hin untersuchen. Davon abzugrenzen ist jedoch der subjektiv gemeinte, „intentionale Ausdruckssinn" (ebd.). Im Unterschied zum immanenten Sinngehalt geht es dabei nicht um die allgemeine Bedeutung eines Textinhalts oder einer Handlung (daher auch „Objektsinn", ebd.), sondern um die Absichten und Motive des Erzählenden.

(2) Die *dokumentarische Sinnebene* ist darauf zu beziehen, was sich in dem Gesagten über das Individuum *dokumentiert*. Den Bezugspunkt bildet die Frage nach dem *Wie*: Wie ist ein Text und die in ihm geschilderte Handlung konstruiert? In welchem *Rahmen* wird das Thema oder eine Problemstellung behandelt, d.h. in welchem „Orientierungsrahmen"

---

40 Sekundär zielt auch das narrative Interview auf „spezifische Erfahrungen des Kollektiven" (Bohnsack 2008, S. 182). Für weitergehende Ausführungen dazu und zu den Unterschieden von Gruppendiskussion und narrativem Interview siehe ebd., S. 113-121.

(Bohnsack 2008, S. 135)? Diese Ebene nimmt also die Herstellungsweise, den (für die interviewte Person typischen) „modus operandi" (ebd., S. 60) der Schilderungen in den Blick. Im dokumentarischen Sinngehalt ist nach Mannheim (1964, S. 109) der „gesamtgeistige ‚Habitus'"[41] einer Person angesiedelt.

Atheoretisches Wissen und konjunktive Erfahrung

> Die sozialwissenschaftlichen Interpret(inn)en im Sinne der Mannheim'schen Wissenssoziologie gehen [...] nicht davon aus, dass sie *mehr* wissen als die Akteure oder Akteurinnen, sondern davon, dass letztere selbst nicht wissen, was sie da eigentlich alles wissen, somit also über ein implizites Wissen verfügen, welches ihnen reflexiv nicht so ohne weiteres zugänglich ist. (Bohnsack/Nentwig-Gesemann/Nohl 2007b, S. 11 – Hervorhebung im Original)

Das vorangestellte Zitat soll auf die spezifische Beobachterhaltung der dokumentarischen Interpretation hinweisen. Diese Haltung ist dadurch gekennzeichnet, dass das Wissen der Akteure selbst als „empirische Basis" (Nohl 2009, S. 51) der Analyse bestehen bleibt, gleichwohl die dokumentarische Interpretation sich von deren eigenen „Sinnzuschreibungen" (ebd.) ablöst.[42]

---

41 Karl Mannheim führt den Begriff des Habitus am Beispiel von Kunstwerken ein. Dabei wird die dokumentarische Sinnebene als Ausdruck oder Dokument eines „substantiellen Wesens", d. h. die „Gestalt" oder der „Charakter" (Mannheim 1970, S. 119) des schöpferischen Subjektes und gleichzeitig des Kunstwerkes verstanden. Der Blick auf das Dokumentarische ist dabei „ein Suchen nach Bestätigung, nach ‚homologen', dasselbe dokumentarische Wesen bekundenden Momenten", d. h. auch „eine Ergänzung eines Bruchstückes durch hinzukommende weitere Bruchstücke" (ebd., S. 121). Der Kunsthistoriker Erwin Panofsky (1980, S. 93) bezeichnet diese Sinnschicht auch als „Wesenssinn". Pierre Bourdieu (1994) wiederum, der die systematische Ausarbeitung des Habitusbegriffs innerhalb der Soziologie geprägt hat, greift Panofskys Überlegungen dazu auf.
    Die dokumentarische Interpretation zielt auf die Erfassung des individuellen oder kollektiven „Habitus", der in Bohnsacks Terminologie in Anlehnung an Mannheim auch als „Orientierungs-*rahmen*" bezeichnet wird (vgl. Bohnsack/Nentwig-Gesemann/Nohl 2007, S. 15 – Hervorhebung im Original). Im Folgenden werden diese beiden Begriffe im Sinne von Bohnsack gebraucht.

42 Die dokumentarische Interpretation zielt also darauf, „einen Zugang zur Wirklichkeit zu finden, die weder jenseits des Akteurswissen als objektiv definiert wird noch sich im subjektiv gemeinten Sinn der Akteure (dem ‚intentionalen Ausdruckssinn' nach Mannheim) erschöpft. Die dokumentarische Methode leistet hier einen Beitrag zur Überwindung dieser Dichotomisierung zwischen subjektivem und objektivem Sinn" (Nohl 2009, S. 50f.; siehe auch Bohnsack/Nentwig-Gesemann/Nohl 2007).

Dieses Vorgehen impliziert einen Bruch mit dem Common Sense. Gefragt wird nicht danach, *was* die gesellschaftliche Realität in der Perspektive der Akteure *ist*, [...] [sondern – D.W.] danach, *wie* diese in der Praxis *hergestellt* wird." (Bohnsack / Nentwig-Gesemann / Nohl 2007b, S. 12 – Hervorhebung im Original).

Voraussetzung für eine derartige dokumentarische Interpretation ist die Unterscheidung zwischen einem reflexiven oder theoretischen Wissen und einem handlungsleitenden oder inkorporierten – und nach Mannheim (1980) *atheoretischen* Wissen. ,Atheoretisch' deshalb, weil wir in unserer Handlungspraxis über dieses Wissen verfügen, ohne es jedoch verbal, d. h. in alltagstheoretischen Begrifflichkeiten, zur Explikation bringen zu müssen (vgl. Nohl 2009). Auch wenn wir versuchen können, die eigene Handlungspraxis aus einer Distanz heraus zu betrachten und sie zu explizieren, so ist dies in den uns vertrauten Milieus in der Regel völlig unnötig. Denn das atheoretische Wissen ist nicht nur mit der Handlungspraxis von Einzelpersonen verbunden, es greift auch auf ganze Gruppen über, d. h. dieses Wissen „verbindet Menschen, beruht es doch auf einer gleichartigen Handlungspraxis und Erfahrung" (ebd., S. 11). Mannheim (1980) spricht daher auch von einem verbindenden, einem konjunktiven Wissen und von konjunktiven Erfahrungsräumen, die Menschen miteinander teilen. Demgegenüber steht das kommunikative oder auch kommunikativ-generalisierende Wissen.

Die Differenzierung eines kommunikativen (gesellschaftlichen) und eines konjunktiven (milieuspezifischen) Wissens verweist auf die Doppelstruktur alltäglicher Verständigung (vgl. dazu Bohnsack 2001). Am Beispiel des Begriffs ,Familie' wird dies bei Bohnsack deutlich: So gibt es auf der einen Seite eine öffentliche, gesellschaftliche oder auch ,wörtliche' Bedeutung des Begriffs, da wir alle über ein Wissen um die Institution Familie verfügen. „Eine [...] andere Bedeutung erhält der Begriff ,Familie' für diejenigen, die Gemeinsamkeiten einer konkreten familialen Alltagspraxis miteinander teilen" (ebd., S. 330). Es zeigt sich, dass der methodische Zugang zu ,allgemeinen' Wissensbeständen, die über unterschiedliche Gruppen und Individuen unserer Gesellschaft hinweg existieren, unproblematisch ist. So können wir beispielsweise rechtliche Definitionen des öffentlichen Familienbegriffs ohne große Schwierigkeiten abfragen (vgl. ebd.). Das konjunktive, atheoretische Wissen wird jedoch nur dann zugänglich, wenn sich die Interpret(inn)en mit der konkreten Handlungspraxis der Akteure vertraut machen. Dies gelingt nicht nur auf dem Wege der direkten Beobachtung, sondern auch durch Erzählungen und Beschreibungen (vgl. Bohnsack / Nentwig-Gesemann / Nohl 2007b).

3.2.2 Dokumentarische Interviewinterpretation, komparative Analyse und Typenbildung

Den Ausgangspunkt der Analyse bildet die bereits erwähnte Differenzierung von immanenter und dokumentarischer Sinnebene und der damit verbundene „Wechsel der Analyseeinstellung vom Was zum Wie" (Bohnsack / Nentwig-Gesemann / Nohl 2007, S. 12). Dieser Trennung entsprechen auf der Ebene der Forschungspraxis zwei Arbeitsschritte: *(a)* der formulierenden und *(b)* der reflektierenden Interpretation. Während die formulierende Interpretation „vollständig im Rahmen des Interpretierten verbleibt, dessen thematischen Gehalt sie mit neuen Worten formulierend zusammenfasst" (Nohl 2009, S. 9) und nach Ober- und Unterthemen gliedert, wird in der reflektierenden Interpretation rekonstruiert, *wie* ein Thema bearbeitet wird und wie die Akteure ihre Wirklichkeit herstellen (siehe ausführlich Bohnsack 2008, S. 134-139; Nohl 2009, S. 46-54). Hierbei geht es sowohl um die formale Konstruktion als auch um die semantische Ebene von Interviews. Beiden Aspekten wird in der dokumentarischen Interviewinterpretation Rechnung getragen. Die Analyse der formalen Struktur erfolgt auf der Grundlage der Textsortentrennung, wie sie in der Narrationsstrukturanalyse von Fritz Schütze (1983, 1987) entwickelt worden ist.[43] Bezüglich der Semantik greift die dokumentarische Interpretation dann auf ihre eigenen Mittel der komparativen Sequenzanalyse zurück (vgl. Nohl 2009).

Bei der Rekonstruktion des Orientierungsrahmens kommt der komparativen Analyse von Anfang an eine zentrale Bedeutung zu. Im Bestreben der dokumentarischen Methode liegt es vor allem, die Standortgebundenheit der Interpret(inn)en zu überwinden. Die Interpretation des Datenmaterials soll also nicht allein vor dem Hintergrund unseres eigenen (impliziten und expliziten) Alltagswissens erfolgen, sondern auch vor dem Vergleichshorizont anderer Fälle. Zudem lässt sich die Art und Weise wie ein Thema bearbeitet wird, im Vergleich mit anderen Fällen, in denen dasselbe Thema abgehandelt wird, leichter herausarbeiten. Erst dann kann es

---

43 Grundlegend für diesen Schritt der dokumentarischen Interviewinterpretation ist die von Schütze entwickelte Unterscheidung von Erzählung, Beschreibung und Argumentation (siehe dazu ausführlich: Kap. 3.2.3).

gelingen einen Orientierungsrahmen „in konturierter und *empirisch über-prüfbarer* Weise" (Bohnsack 2009, S. 383 – Hervorhebung im Original) herauszukristallisieren.

Im Hinblick auf das forschungspraktische Vorgehen bedeutet dies, dass die Interpret(inn)en auf dem Wege einer komparativen Sequenzanalyse zunächst die Aufgabe haben, „über eine Abfolge von Handlungssequenzen oder von Erzählsequenzen zu Handlungen hinweg Kontinuitäten zu identifizieren" (Nohl 2009, S. 51). Ziel ist es, die „implizite Regelhaftigkeit von Erfahrungen und den in dieser Regelhaftigkeit liegenden dokumentarischen Sinngehalt, d. h. den Orientierungsrahmen dieser Erfahrung zu rekonstruieren" (ebd.).[44]

Im Fortgang der komparativen Sequenzanalyse erfolgt eine Kontrastierung mit anderen empirischen Fällen, d. h. die Interviews werden daraufhin verglichen, in welcher Art und Weise die Interviewten dasselbe Thema bearbeiten. Das gemeinsame Thema fungiert als tertium comparationis, als das den Vergleich strukturierende Dritte (vgl. Nohl 2009). Die komparative Analyse dient dabei nicht nur der Validierung, sondern auch – quasi als dritter Arbeitsschritt – der Bildung von Typen, insbesondere der Generierung mehrdimensionaler Typologien, die eine Generalisierung der Ergebnisse ermöglichen (vgl. Bohnsack / Nentwig-Gesemann / Nohl 2007a; Bohnsack 2008).

Wird in der komparativen Analyse zunächst (wie in der hier vorliegenden Arbeit) nur ein themenbezogenes tertium comparationis (also beispielsweise die Frage, wie die Interviewten von ihrer Deportationserfahrung erzählen) angewandt, so lassen sich aus den rekonstruierten Orientierungsrahmen sinngenetische Typen bilden (vgl. Nohl 2009). Hingegen ist für eine mehrdimensionale soziogenetische Typenbildung eine komplexere komparative Analyse die Voraussetzung: Hier wird der Entstehungsprozess und die Genese des modus operandi in den Blick genommen, d. h. es geht darum, die sozialen Zusammenhänge aufzuklären, innerhalb derer die sinngenetisch entwickelten Typen stehen (vgl. ebd.). In der nachfolgenden Tabelle sind die einzelnen Arbeitsschritte zusammengefasst.

---

44 Zur Unterscheidung von (konjunktiven) Orientierungs*rahmen* und (kommunikativen) Orientierungs*schemata* siehe Bohnsack (1997).

Tabelle 1: Stufen und Zwischenstufen der dokumentarischen Interpretation von Interviews (aus Nohl 2009, S. 45)

Stufen	Zwischenstufen
Formulierende Interpretation	Thematischer Verlauf und Auswahl zu transkribierender Interviewabschnitte
	Formulierende Feininterpretation eines Interviewabschnittes
Reflektierende Interpretation	Formale Interpretation mit Textsortentrennung
	Semantische Interpretation mit komparativer Sequenzanalyse
Typenbildung	Sinngenetische Typenbildung
	Soziogenetische Typenbildung

3.2.3 Gegenstand der Untersuchung und Analysematerial

Das Erkenntnisinteresse dieser Arbeit richtet sich darauf zu untersuchen, wie jüdische Frauen und Männer, die als Kind von den Nationalsozialisten verfolgt und deportiert worden sind, diese Erfahrungen erlebt und verarbeitet haben. Diese Fragestellung soll anhand ausgewählter Interviews des „Visual History Archive" untersucht werden. Gegenstand dieser Arbeit sind die Perspektiven der Überlebenden auf die persönlichen Erlebnisse, insbesondere die Strukturen der Erlebnisverarbeitung, d. h. es soll beleuchtet werden, welche Art der Erfahrungsverarbeitung und -bewältigung in den Interviews stattfindet. Die dokumentarische Methode der Interviewinterpretation – dies sollte in den vorangestellten theoretischen Ausführungen deutlich werden – eignet sich in besonderer Weise für eine Analyse der Formen der Erfahrungsbewältigung. Dies hängt damit zusammen, dass sie die Art und Weise der Themenbearbeitung, d. h. den Orientierungsrahmen der Erfahrung in den Blick nimmt.

An dieser Stelle soll mit Przyborski (2004) noch einmal kurz zusammengefasst werden, worauf sich der Begriff der *Orientierung* in der Terminologie der dokumentarischen Methode bezieht:

Orientierungen [bezeichnen – D. W.] Sinnmuster, die unterschiedliche (einzelne) Handlungen strukturieren, hervorbringen. Sie sind Prozessstrukturen, die sich in homologer Weise in unterschiedlichen Handlungen, also auch Sprechhandlungen, ebenso wie in den Darstellungen der Handlungen reproduzieren. Diese Sinnmuster sind in die Handlungen eingelassen und begrifflich-theoretisch nicht gefasst. Sind z. B. in der Metaphorik von Erzählungen und Beschreibungen [...] gegeben. (Przyborski 2004, S. 55)

In diesen Ausführungen wird erneut deutlich, dass für einen empirischen Zugang zu den Strukturen der Erlebnisverarbeitung und die Art des Umgangs mit den Erfahrungen, der Blick auf die Handlungspraxis der Informanten bzw. auf die Darstellung dieser Handlungen zu richten ist. Die Rekonstruktion der Handlungspraxis dient dazu, die dieser Praxis zugrunde liegenden „Orientierungen" oder „Sinnmuster", welche die Handlungen strukturieren, herauszuarbeiten. Hier geht es wie bereits ausgeführt um die Frage nach dem *Wie*, d. h. um den für die interviewte Person typischen modus operandi der Schilderung, der Aufschluss geben kann über die Form der Auseinandersetzung und Bewältigung der Erfahrung.

Im Zentrum der hier vorliegenden Analyse stehen demzufolge jene Interviewpassagen, in denen die Interviewten ihre Erlebnisse und die Erfahrungen „unmittelbarer Handlungs- und Geschehensabläufe" (Nohl 2009, S. 48) während der Verfolgung erzählen oder beschreiben. Das Analyseverfahren der dokumentarischen Methode lehnt sich dabei an die von Schütze (1987) entwickelte Ausdifferenzierung unterschiedlicher Textsorten (Erzählungen, Beschreibungen, Argumentationen) an.[45] Den zentralen Bezugspunkt in seinem Konzept des biographischen Interviews bilden die sogenannten „Stegreiferzählungen" (Schütze 1987, S. 195). Diese liegen nach Kallmeyer und Schütze (1977) aufgrund der Dynamik ihrer Zugzwänge[46] besonders nahe an den Erfahrungen des Erzählers. Denn, so Nohl (2009, S. 48) zusammenfassend: „Gerade weil er seine Erzählung komplettieren (in ihrer Gestalt schließen), kondensieren und detaillieren muss, verstrickt sich der Erzähler in den Rahmen seiner eigenen Erfahrungen und lässt damit in

---

45 Zusammenfassend ist hinsichtlich der einzelnen Textsorten festzuhalten, dass *Erzählungen* durch eine Darstellung von Handlungs- und Geschehensabläufen (mit Anfang und Ende und einem zeitlichen Verlauf) geprägt sind. In *Beschreibungen* werden in der Regel wiederkehrende Handlungsabläufe oder feststehende Sachverhalte geschildert. *Argumentationen* umfassen (alltags-)theoretische Zusammenfassungen zu Motiven, Gründen oder Bedingungen des eigenen oder fremden Handelns. Davon zu unterscheiden sind *Bewertungen*, in denen evaluative Stellungnahmen zu eigenem oder fremden Handeln erfolgen (vgl. Schütze 1987; siehe auch Nohl 2009, Kap. 2).

46 Es lassen sich nach Kallmeyer und Schütze (1977) drei „Zugzwänge des Erzählens" unterscheiden: Der „Detaillierungszwang", der „Gestaltschließungszwang" sowie der „Relevanzfestlegungs- und Kondensierungszwang".

den Erzählungen einen tiefen Einblick in seine Erfahrungsaufschichtung zu." Schütze (1987) konstatiert hier also einen engen Zusammenhang zwischen erzählter und erlebter Erfahrung.[47]

Hingegen gilt für die argumentativen und bewertenden Teile narrativer Interviews, dass die Beforschten dort „vor allem der Kommunikationssituation und dem Gesprächscharakter des Interviews selbst Rechnung [tragen – D. W.]" (Nohl 2009, S. 48), da sie hier gegenüber dem Interviewer die Motive und Gründe für Handlungs- und Geschehensabläufe explizieren und theoretisieren oder zu diesen evaluativ Stellung nehmen. Da die Forschenden und die Erforschten meist unterschiedlichen Milieus angehören und den Erfahrungsraum nicht teilen, müssen die Interviewten auf allgemeine, d. h. gesellschaftlich geteilte, kommunikative Wissensbestände zurückgreifen: „Ein solches [...] Wissen ist notwendiger Weise abstrakt und damit von der Handlungspraxis abgehoben" (ebd.).[48]

Wie in Kapitel 3.1 erwähnt, sollten die in dieser Arbeit untersuchten Interviews aus dem Bestand des „Visual History Archive" ursprünglich nach dem Konzept lebensgeschichtlicher Interviews angelegt werden. Tatsächlich entsprechen sie den Regeln narrativer und biographischer Interviews, wie sie von Schütze (1983) und Rosenthal (1995) entwickelt worden sind, nur in höchst unterschiedlicher Weise und zumeist sehr unzureichend. So fehlt nicht nur die von Schütze (1983) entwickelte Gliederung in die drei Abschnitte Eingangserzählung, narrativer Nachfrageteil und argumentativbeschreibender Frageteil, sondern es ist auch zu beobachten, dass die Interviewer in erheblichem Maße Eingriffe in den Interviewverlauf vornehmen. Dies hat zur Folge, dass den biographischen Relevanzen der Beforschten nicht genügend Raum eingeräumt wird und dementsprechend die oben

---

47 Gleichwohl gilt als allgemeines Postulat der qualitativen bzw. rekonstruktiven Sozialforschung, dass – so Nohl – „diese Erfahrung stets in die Haltung der Erzählenden eingebunden und insofern ‚konstruiert' [ist – D. W.]. Es ist also nie die ‚Wirklichkeit', sondern stets eine Erfahrung, die erzählt wird" (Nohl 2009, S. 48).

48 Grundsätzlich kommt es jedoch im narrativen Interview zu einem Zusammenspiel bzw. einem Ineinandergreifen der unterschiedlichen Textsorten, das auf die genannten „Zugzwänge des Erzählens" (Kallmeyer / Schütze 1977) zurückzuführen ist. Meist stehen Erzählungen, Beschreibungen, Argumentationen und Bewertungen dabei in (u. U. mehreren ineinander verschachtelten) „Vordergrund-Hintergrund-Verhältnis[sen –D. W.]" (Nohl 2009, S. 28) zueinander. Dominieren in einem Interview bspw. Argumentationen, so bedeutet dies nicht, dass diese für eine Analyse wertlos sind. Auch hier kann die dokumentarische Interpretation greifen, indem der Blick auf die Herstellungsweise gerichtet wird, d. h. auf die Frage wie der Interviewte eine bestimmte Handlungsweise rechtfertigt oder bewertet. Darüber hinaus kann auch auf die Mittel der Gesprächsanalyse der dokumentarischen Methode zurückgegriffen werden, die mit ihren Kategorien für die Analyse der Diskursorganisation dem Gesprächscharakter solcher Interviews umfassend Rechnung tragen kann (siehe dazu Przyborski 2004).

beschriebene Stegreiferzählung mit der Dynamik ihrer Zugzwänge nur selten zum Tragen kommt. Die Chance, die strukturierenden Regeln der Verfolgungserfahrung rekonstruieren zu können, ist somit stark eingeschränkt (vgl. Rosenthal 1995).

Die anfängliche Herausforderung der vorliegenden Arbeit bestand also darin, in dem umfangreichen Bestand des Archivs nach Interviews zu recherchieren, in denen sich trotz der erheblichen Eingriffe seitens der Interviewer ausführliche erzählende Textpassagen finden lassen, die für die dokumentarische Interviewinterpretation und eine komparative Analyse geeignet sind. Mit Blick auf die enorme Anzahl der Interviews musste diesem Auswahlprozess jedoch zunächst ein geeigneter ‚Leitfaden' vorangestellt werden, um die Zahl der Suchergebnisse eingrenzen zu können. Da die Recherche und Auswahl der Interviews die grundlegenden Arbeitsschritte eines jeden Forschungsvorhabens mit dem „Visual History Archive" darstellen – sie treten quasi an die Stelle des eigenen Erhebungsverfahrens – soll im Folgenden die Vorgehensweise der hier vorliegenden Arbeit exemplarisch nachgezeichnet werden:[49]

– Um ein umfassendes sprachliches Verständnis der Interviews in dieser Arbeit zu gewährleisten, wurde im ersten Schritt die Suche auf die ausschließlich in deutscher Sprache geführten Interviews mit jüdischen Überlebenden begrenzt, und zwar auf diejenigen, die zum Zeitpunkt des Interviews in Deutschland, Österreich oder der Schweiz ansässig waren.
– Der weitere Fokus des Vorgehens richtete sich auf das Alter der Interviewten zum Zeitpunkt der Verfolgung. Gemäß dem mit der Forschungsfrage verbundenen Interesse an den Erinnerungen jüdischer Frauen und Männer, die als Kind verfolgt worden sind, konzentrierte sich die weitere Recherchearbeit auf die 1931 und später Geborenen, so dass die Interviewten zu Kriegsende jünger als 14 Jahre alt waren.[50] Auf diese Weise

---

49 Bei der gesamten Recherche wurde auf die „biographische Suchoption" des Archivs zurückgegriffen (vgl. Kap. 3.1.1).

50 Von einer Definition des Kindheitsbegriffs wird an dieser Stelle abgesehen, da es in erster Linie darum geht, die Zahl der Suchergebisse zu beschränken. Im Hinblick auf die Altersbegrenzung zu Kriegsende sei auch verwiesen auf Lezzi (2001). In ihrer Studie zu literarischen „Kindheitsautobiographien zur Shoah" heißt es, dass eine derartige Grenzziehung „tendenziell willkürliche Züge [aufweist – D. W.], da […] je nach Herkunftsort die Verfolgung zu unterschiedlichen Zeitpunkten einsetzte […]. In Deutschland zogen sich Diskriminierung und Verfolgung bekanntermaßen über zwölf Jahre hin, so daß beispielsweise die 1922 geborene Inge Deutschkron ihre Erinnerungen *Ich trug den gelben Stern* (1978) als Autobiographie der Kindheit und Jugend gestalten konnte" (ebd., S. 2 – Hervorhebung im Original).

wurde die anfängliche Gesamtzahl von rund 900 deutschsprachigen Interviews auf 68 Fälle reduziert.

– Das weitere Vorgehen bestand in einer stichprobenartigen Sichtung einzelner Interviews, bei der vor allem darauf geachtet wurde, dass sich in weiten Teilen ausführliche und vergleichbare Erzählpassagen über die Verfolgungserfahrungen finden lassen, mit einer vergleichsweise geringfügigen Strukturierung seitens der Interviewer.

3.2.4 Die dokumentarische Interpretation von Interviews aus dem „Visual History Archive"

Für die Analyse der Strukturen der Erlebnisverarbeitung bei jüdischen NS-Opfern wurden anhand der im vorhergehenden Kapitel dargelegten Kriterien Interviews mit drei weiblichen (geb. zwischen 1936 und 1938) und einem männlichen Überlebenden (geb. 1931) aus Deutschland und Österreich ausgewählt. Die empirische Rekonstruktion wurde dabei auf der Ebene einer sinngenetischen Typenbildung der dokumentarischen Interpretation angelegt.

Da die bei biographischen Interviews übliche vollständige Transkription der Eingangserzählung bei den Interviews des „Visual History Archive" entfällt, ging es im ersten Arbeitsschritt um die Identifizierung geeigneter Vergleichspassagen, in denen die Interviewten sich mit ihren Erlebnissen während der NS-Verfolgung auseinandersetzen. Dazu wurde der „thematischen Verlauf" (Bohnsack 2008, S.135) der Interviews nachgezeichnet (siehe Anhang A). Dieser Arbeitsschritt gilt als erster Teil der formulierenden Interpretation und hat zum Ziel thematisch abgeschlossene ‚Passagen' des Interviews mit Zeitangaben und Anmerkungen zu formalen Merkmalen, wie z.B. Metaphorik, Unterbrechungen und Steigerungen, (vgl. Nohl 2009, S.66-72) zu erfassen.

Im zweiten Schritt wurden die zu transkribierenden und zu interpretierenden Passagen ausgewählt. Dabei sind für das Analyseverfahren der dokumentarischen Methode drei Kriterien von besonderer Wichtigkeit, gleichwohl nicht immer alle zum Tragen kommen können (vgl. Nohl 2009, S.46): *(1)* Die Relevanz der Themen in Hinblick auf die Ausgangsfragestellung, *(2)* die thematische Vergleichbarkeit, d.h. es werden Themen berücksichtigt, die in weiteren Fällen gleichermaßen behandelt werden und *(3)* Passagen mit einer hohen narrativen Dichte, sogenannte „Fokussierungsmetaphern"

(Bohnsack 2008, S. 123f.). Die Wahl der Passagen orientierte sich hinsichtlich der Forschungsfrage zunächst an dem Thema der Verfolgungserfahrungen. Dabei zeigte sich, dass in den hier ausgewählten Interviews Themen wie ‚das Eintreffen des Deportationsbescheides' bzw. ‚der Moment der Abholung' als auch ‚der Verlauf der Deportation' von allen Interviewten nicht nur gleichermaßen behandelt, sondern auch sehr ausführlich und detailliert erzählt wurden. Diese Passagen sollen deshalb zum Gegenstand der reflektierenden Interpretation werden.

Im Anschluss erfolgte die Transkription dieser thematischen Abschnitte. Die Aufzeichnung und Verschriftlichung der Interviews stellen bereits erste Reduktionsschritte dar (vgl. Loos / Schäffer 2001, S. 55ff.). Da sich alle weiteren Arbeitsschritte auf das so erzeugte Datenmaterial beziehen, ist die Transkription „in diesem Sinne also bereits Interpretation" (ebd., S. 55). Um eine möglichst authentische Darstellung der Äußerungen der Interviewten zu gewährleisten, wird auf sogenannte „Transkriptionszeichen" (ebd., S. 56) zurückgegriffen. Die Transkription im Rahmen dieser Arbeit orientiert sich an den Transkriptionsrichtlinien nach Bohnsack, Nentwig-Gesemann und Nohl (2007a; siehe auch Anhang B). Bei der Darstellung der Analyseergebnisse werden im Folgenden auch die konkreten Interviewpassagen wiedergegeben. Damit wird die m.E. notwendige Transparenz der vorliegenden Arbeit hergestellt, d. h. die einzelnen Interpretationsergebnisse und die daraus abgeleiteten Erkenntnisse werden intersubjektiv nachvollziehbar und überprüfbar.

Nach der Transkription der Passagen setzt der nächste Schritt der formulierenden Interpretation ein, die thematische Gliederung der transkribierten Passagen mit der Ausdifferenzierung von Oberthemen (OT), Unterthemen (UT), Unter-Unter-Themen (UUT) und ggf. Unter-Unter-Unter-Themen (UUUT) (vgl. Przyborski 2004; Bohnsack / Schäffer 2007). Da dieses Verfahren relativ wenig Raum einnimmt und dem Leser zudem einen ersten prägnanten Blick auf die Vergleichspassagen eröffnet, wird es für alle Passagen wiedergegeben. Demgegenüber wird die formulierende Interpretation der Passagen hier nicht vorgestellt, sie kann jedoch im Anhang C nachvollzogen werden. Es folgt die Darstellung der reflektierenden Interpretation. Dabei sollen sowohl die Orientierungen als auch wichtige Rahmenkomponenten der Erfahrungsräume (vgl. Bohnsack 2008), innerhalb derer die Interviewten das Thema der Verfolgung und Deportation behandeln, herausgearbeitet werden. Konkret werden dabei „negative und positive Gegenhorizonte" und deren „Enaktierungspotentiale" (ebd., S. 136) ins Auge gefasst.[51]

Nach dem Abschluss der Fallanalysen geht es im Fortgang der Analyse, bei der sinngenetischen Typenbildung, zunächst darum Gemeinsamkeiten der Fälle herauszustellen. Im Zuge einer fallübergreifenden komparativen Analyse werden die rekonstruierten Orientierungsrahmen nun also zu einer Klasse von Orientierungen *abstrahiert* (Generierung der ‚Basistypik'; vgl. Nentwig-Gesemann 2007, S. 294). Ganz konkret wird danach gefragt, inwiefern ein „homologes Muster" (ebd.) des Umgangs mit der Deportationserfahrung gefunden werden kann. Im Anschluss erfolgt eine Spezifizierung dieses Typus. Bei der fallübergreifenden komparativen Analyse der Deportationserzählungen geht es nun nicht mehr primär um die Gemeinsamkeiten der Fälle, sondern um die Ausarbeitung der Kontraste zwischen ihnen. Dieser Schritt der Analyse folgt also „dem Prinzip des Kontrasts in der Gemeinsamkeit" (Bohnsack 2007, S. 236). Die empirische Rekonstruktion wird mit einer Fallkontrastierung abgeschlossen, die zeigen soll, in welchen *unterschiedlichen* Orientierungsrahmen die interviewten NS-Überlebenden die Grenzerfahrungen bearbeiten.

Nohl (2009) hat in seiner Ausarbeitung der dokumentarischen Interviewinterpretation darauf hingewiesen, inwiefern die Durchführung der sinngenetischen Typenbildung nur in Bezug auf *ein* Thema – hier also die Erfahrung der Deportation – und die unterschiedlichen Orientierungsrahmen, die sich in den Interviews hierzu zeigen, problematisch ist. Nohl bezieht sich dabei auf Luhmann (1988) und konstatiert, dass eine solche Forschungsarbeit durch die „Einseitigkeit des Ausgangsproblems" (Luhmann zit. nach Nohl 2009, S. 59) und damit durch die Standortgebundenheit der Forschenden geprägt ist. Erst die vergleichende Interpretation weiterer Interviewpassagen, so Nohl (2009, S. 59), führe zu einem entsprechenden „Korrektiv", mit dem „neue Gesichtspunkte eingeführt" würden.

Der Einbezug weiterer Textpassagen in die empirische Rekonstruktion würde jedoch den Rahmen dieser Arbeit sprengen. Um dennoch zumindest ansatzweise Aspekte aufzuzeigen, die über das ‚Ausgangsproblem' hinausweisen, sollen in der vorliegenden Arbeit einige Anknüpfungspunkte einer

---

51 Mit Enaktierungspotential ist hier „die Einschätzung der Realisierungsmöglichkeiten" (Przyborski 2004, S. 56) der Orientierungen gemeint. Hinsichtlich der Gegenhorizonte hält Przyborski (ebd.) fest: „Zum einen gibt es positive Ideale, die eine Richtung, einen ‚positiven Horizont' anzeigen, auf den eine Orientierung zustrebt." Eine Orientierung kann sich aber auch von einem „negativen Gegenhorizont" abgrenzen, d. h. das „eine Richtung, eine Entwicklung, ein Ausgang abgelehnt" wird.

weiterführenden komparativen Analyse herausgearbeitet werden. Auf der Ebene der reflektierenden Interpretation geschieht dies dadurch, dass auf andere Interviewabschnitte desselben Interviews verwiesen wird, in denen sich in der Art und Weise der Themenbearbeitung Parallelen zu den rekonstruierten Orientierungen oder Rahmenkomponenten der Interviewten dokumentieren.[52]

Zudem konnte in den Fällen der drei weiblichen Interviewten, die zum Zeitpunkt der Deportation zwischen vier und sechs Jahre alt waren, jeweils eine weitere geeignete Vergleichspassage hinzugezogen werden. Diese bezieht sich ebenfalls auf die Verfolgungserfahrung, im Speziellen auf konkrete Erlebnisse im Anschluss an die Deportation. Allerdings zeigt sich gerade in diesen Passagen eine intensive Auseinandersetzung mit dem Thema der Familie, wobei insbesondere die Haltungen und das Handeln der eigenen Mütter im Zusammenhang mit den erlebten Grenzsituationen aufgeworfen werden.[53]

Im Hinblick auf die Dimension der Analyse ist abschließend festzuhalten, dass durch das empirische Material Gemeinsamkeiten der Fälle innerhalb *einer* (Erfahrungs-) Dimension herausgearbeitet werden können (jener der Deportation), die zu *einer* Typik abstrahiert werden. Eine Ausweitung dieser Bedeutungsdimension hinsichtlich der Gesamtperson des Interviewten und seiner Biographie würde bedeuten, dass wir ihm eine „totale Identität" (Garfinkel 1976; vgl. auch Goffman 1967) als ehemaligen ‚KZ-Häftling' zuschreiben.[54]

Die sinngenetische Typenbildung kann nicht deutlich machen, inwieweit die rekonstruierten Orientierungsrahmen beispielsweise an geschlechts-, milieu-, bildungs- oder alters-, d. h. entwicklungsspezifische Dimensionen gebunden sind. Dies eingehend zu untersuchen, wäre Gegenstand der

---

52 Es geht hierbei vor allem darum, Anknüpfungspunkte weitergehender Analysen aufzuzeigen. Diese Textstellen können daher nicht eingehend hinsichtlich ihres dokumentarischen Sinngehalts interpretiert werden. Die thematischen Verläufe der Interviews im Anhang A geben die Möglichkeit, die thematische und zeitliche Abfolge der entsprechenden Passagen nachzuvollziehen.

53 Eine thematisch vergleichbare Passage ist in dem Interview mit dem 1931 geborenen, und damit zum Zeitpunkt der Deportation bereits 13 Jahre alten Helmut S. nicht zu finden. Hier deuten sich erste Unterschiede hinsichtlich der Erfahrungsdimensionen an. Dieser Aspekt wird im Rahmen des Ausblicks dieser Arbeit (Kap. 5) wieder aufgegriffen.

54 Es geht hierbei um das Problem der Stigmatisierung. Im Sinne von Garfinkel bedeutet dies, „dass ein Element einer sozialen Identifizierung, einer sozialen Identität [...] zum übergreifenden Rahmen der sozialen Identität wird, von dem alles andere erklärt, d. h. kausal abgeleitet wird" (Bohnsack 2008, S. 257; siehe dazu auch die zugehörige exemplarische Bildinterpretation, S. 249-257).

soziogenetischen, der ‚erklärenden' Typenbildung (vgl. Bohnsack 2007, S. 237). Sie richtet den Fokus auf die Frage „in welchen sozialen Zusammenhängen und Konstellationen die typisierten Orientierungsrahmen stehen" (Nohl 2009, S. 58) und geht dem Entstehungsprozess und der Genese des modus operandi nach. Erst auf diesem Wege lassen sich die Heterogenität und die Mehrdimensionalität der Fälle herausarbeiten, die eine Generalisierung des einzelnen Typus erlauben. Die Frage, inwiefern die herausgearbeiteten Kontraste in den Orientierungsrahmen der interviewten NS-Überlebenden als Ausgangspunkt einer mehrdimensionalen Analyse dienen können, soll im Ausblick dieser Arbeit (Kap. 5) bedacht werden.

4 Empirische Rekonstruktion: Strukturen der Erlebnisverarbeitung

4.1 Vorbemerkungen

Die zu Beginn der jeweiligen Fallanalyse vorgestellte Kurzbiographie des Interviewten wurde anhand der persönlichen Angaben in dem Videointerview sowie der im „Visual History Archive" erhobenen biographischen Daten rekonstruiert. Sie umfasst die wichtigsten Lebensstationen der Gesprächspartner in der Zeit vor, während und nach der Verfolgung. Dabei ist zu berücksichtigen, dass der Umfang der Informationen zu den einzelnen Familienmitgliedern und Verwandtschaftsverhältnissen sowie dem persönlichen Werdegang in der Nachkriegszeit in den einzelnen Interviews sehr unterschiedlich ausfällt. Die Aufbereitung der biographischen Eckpunkte hat zum Ziel, die Familienkonstellation der Interviewten und ihre individuelle Verfolgungsgeschichte herauszustellen und damit zu einem besseren Verständnis der hier anschließenden Deportationserzählungen beizutragen. Die Fallanalysen (Kap. 4.2 bis 4.5) sind daher so aufgebaut, dass die Kurzbiographien zu den entsprechenden Transkripten überleiten.

Die Wiedergabe der Transkripte orientiert sich an der, in den Nutzungsbedingungen des „Visual History Archive" empfohlenen Zitierweise. Diese beinhaltet den Namen der interviewten Person, Datum und Ort des Gesprächs und, für das Wiederauffinden der ausgewerteten Passagen, die Nummer des Interviews sowie Zeitangaben und Segmentnummern.[55] Diese Richtlinien schreiben keine Anonymisierung der Protagonisten und Schauplätze vor. Allerdings werden in der vorliegenden Arbeit die Nachnamen der Interviewten abgekürzt und die persönlichen Angaben in den Transkripten sowie in den Kurzbiographien weitgehend anonymisiert. Dies hat den Grund, dass eine Autorisierung der Transkription und der rekonstruierten Biographien durch die Interviewten selbst nicht möglich ist. Von der Anonymisierung ausgenommen werden solche Angaben, die für den Nachvollzug der individuellen Verfolgungsgeschichte von Bedeutung sind (wie

---

55 Vgl. dazu die Nutzungsbedingungen des „Visual History Archive" unter: http://www.vha.fu-berlin.de/.

etwa die Stationen der Verfolgung und Deportation oder andere, öffentlich bekannte Personen, insbesondere aus dem Kreis der Täter).[56]

Im Anschluss an die Transkripte folgt die thematische Gliederung der Passagen, an die im Rahmen dieser Arbeit unmittelbar die reflektierende Interpretation angefügt wird. Nach Abschluss der Fallanalysen werden die Ergebnisse der reflektierenden Interpretationen in ihren wesentlichen Punkten zusammengefasst und verdichtet (Kap. 4.6). Es geht dabei um die Darstellung der zentralen Orientierungen und anderer wichtiger Rahmenkomponenten (negative und positive Gegenhorizonte) und – damit verbunden – einen ersten Überblick über die Strukturen der Erlebnisverarbeitung in den interpretierten Passagen. Auf diese Weise wird eine Überleitung zur komparativen Analyse und zur Typenbildung geschaffen (Kap. 4.7).[57]

---

56 Zu den Transkriptionsrichtlinien und der Vorgehensweise bei der Maskierung der im Text genannten Namen siehe Anhang B.

57 Eine Fallbeschreibung, in der „die Gesamtgestalt des Falles zusammenfassend charakterisiert" (Bohnsack 2008, S. 139) wird, kann im Rahmen dieser Ausarbeitung nicht geleistet werden. Die empirische Rekonstruktion konzentriert sich daher auf die komparative Analyse und die hieran anschließende Typenbildung. Damit folgt diese Arbeit auch einer Entwicklung, die sich in neueren Untersuchungen auf Basis der dokumentarischen Methode abzeichnet: „Im Zuge einer stärkeren Orientierung an der komparativen Analyse und damit an generalisierungsfähigen Ergebnissen […] ist die Fallbeschreibung (mit ihrer starken Bindung an den Einzelfall) […] in den Hintergrund getreten zugunsten der Typenbildung" (ebd., S. 141).

4.2 Fallanalyse *Susanne T.*

4.2.1 Biographisches Kurzprofil

Susanne T. wird 1937 als jüngste Tochter einer Schauspielerin und eines Rechtsanwalts in Berlin geboren. Ihre Eltern – die Mutter ist Halbjüdin, der Vater Jude – bemühen sich 1939 in den Niederlanden um eine Emigration nach Amerika. Susanne T. und ihr zehn Jahre älterer Bruder können ihnen noch im selben Jahr mit einem Kindertransport des Roten Kreuzes nach Amsterdam folgen. Von dort aus wird die Familie im Mai 1943 gemeinsam in das Sammel- und Durchgangslager Westerbork deportiert. Der Mutter war es vor der Deportation gelungen bei der deutschen Besatzungsbehörde in Den Haag einen Antrag auf „Arisierung" zu stellen und damit eine Überprüfung ihrer Abstammungsverhältnisse einzuleiten. Nachdem sie in einer eidesstattlichen Erklärung behauptete, ihr leiblicher Vater sei nicht der jüdische Ehemann ihrer Mutter gewesen, musste sie sich mit ihrer Tochter Susanne einer rassebiologischen Untersuchung unterziehen.[58] Der amtliche Bescheid über die Einstufung als „Arierin" erreicht die Mutter jedoch erst nachdem sie bereits sechs Monate lang in Westerbork interniert ist. Da die Ehe der Eltern von nun an als „Mischehe" gilt, wird der jüdische Ehepartner vorläufig von der Deportation zurückgestellt und die Familie erhält die Erlaubnis nach Amsterdam zurückzukehren. In den folgenden Monaten mischen sich Mutter und Tochter immer wieder unter die nichtjüdische Bevölkerung, während es dem Vater und dem Bruder gelingt sich bis zur Befreiung im Mai 1945 in der gemeinsamen Wohnung versteckt zu halten. Susanne T. berichtet, dass ihre Mutter während der Internierung auf Anweisung des Lagerkommandanten Konrad Gemmecker gemeinsam mit Kurt Gerron[59] und anderen deutsch-jüdischen Emigranten sowie niederländischen Künstlern an den Theateraufführungen im Lager Westerbork mitgewirkt hat. Als Schauspielerin genoss sie im Lager gewisse

---

58 Ein solcher Antrag auf „Arisierung" brachte den Betroffenen in der Regel einen gewissen Zeitaufschub; wer sich in einem Abstammungsverfahren befand, wurde zunächst nicht deportiert. Die Entscheidungen über Zweifelsfälle bei jüdischer Abstammung traf der Leiter der Hauptabteilung Inneres der deutschen Verwaltung der besetzten Niederlande, Hans Georg Calmeyer. Unter den Betroffenen wurde dieses Verfahren bald auch als „calmeyern" bezeichnet (vgl. Meyer 1999, S. 146f.; Castan/Schneider 2003). Nach den Angaben von Susanne T. pflegten ihre Eltern nach dem Krieg persönlichen Kontakt zu Calmeyer (vgl. Interview Susanne T., Tape 2: 00:42-2:32 Min.).

59 Kurt Gerron (geb. 1897) galt als prominenter Berliner Schauspieler und Regisseur. Als Jude in die Niederlande emigriert, wird er 1943 von der Gestapo verhaftet und in Westerbork interniert. 1944 erfolgt gemeinsam mit seiner Frau der Weitertransport nach Theresienstadt, im Herbst desselben Jahres wird Kurz Gerron in Auschwitz ermordet.

Privilegien, sie war von der Arbeit freigestellt und konnte mit ihrer Familie eine eigene Unterkunft beziehen.[60] Im Mai 1947 kehren die Eltern mit ihrer Tochter nach Berlin zurück, während der ältere Bruder nach Amerika emigriert. 1970 heiratet Susanne T., sie bekommt 1972 eine Tochter und sechs Jahre später einen Sohn. Mit ihrer Familie lebt sie weiterhin in Berlin und ist politisch engagiert; zum Zeitpunkt des Interviews ist sie 58 Jahre alt.

Die folgenden zwei Interviewpassagen finden sich im ersten Drittel des etwa eineinhalbstündigen Interviews. Nachdem der Gesprächseinstieg durch die Abfrage biographischer Rahmendaten geprägt ist, folgt auf eine biographisch orientierte Nachfrage der Interviewerin zu den frühesten Kindheitserinnerungen erstmals eine detaillierte Erzählung seitens der Interviewten. Hier kommt Susanne T. sehr rasch auf ihre Erinnerungen an die Deportation und die besondere Rolle ihrer Mutter zu sprechen. Da sich die Orientierungen der Interviewten in dieser Auseinandersetzung mit der Mutter entfalten, wird für die reflektierende Interpretation eine weitere, kurz darauf folgende Passage herangezogen, in der die Frage nach dem Status der Mutter, diesmal innerhalb der Lagerstrukturen, erneut aufgeworfen wird.

---

60 Zu den Theateraufführungen im Lager Westerbork siehe auch Ziegler (2006, v.a. S. 140-144).

4.2.2 Transkript

Nummer des Interviews: 15998
Datum, Ort: 21.06.1996, Berlin   Gesamtdauer: 81 Min.

Text: T., Susanne | Tape 1: ca. 06:53-11:40 Min. | Segmentnummer: 7-12

Thema der Passage: Die Deportation (Länge: ca. 5 Min.)

1	Y:	Was sind ihr frü:hsten Erinnerungen als Kind;
2	T:	(1) Meine frühsten Erinnerungen sind die: beengten Wohnverhältnisse in
3		Amsterdam; (1) also ich würde mal sagen als ich (.) drei Jahre war; (.) wir
4		haben (2) ständig bis wir eine kleine Wohnung hatten die Wohnung wechseln
5		müssen; (.) und diese Unruhe das:=eeh kann ich erinnern dass wir immer eine
6		andere Umgebung hatten was mich oft irritiert hat; (.) was ehm mein Bruder
7		bestätigt hat; (1) diese Erinnerungen die (.) eeh verschieben sich mit dem was
8		mein Bruder tatsächlich erinnert; ob ich das nun wirklich erinnere das weiß
9		ich nich; (.) weil sich die Bilder von meinem Bruder dazwischen geschoben
10		haben; (.) aber die ehm (2) die wirklich: (1) das sind ja immer so Punkte es
11		sind ja keine Sequenzen an die man sich erinnert; das sind tatsächlich die: (.)
12		die ersten Male; die Deportation nach=ins Lager das sind Dinge; da war ich
13		fünf; an die ich mich ganz genau erinnere; (.) weil wenn Sie das alles so
14		ausführlich hören wollen; weil an diesem Tag in Amsterdam ein wunderbarer
15		Maitag; (.) am Sonntag; die Stadtausgangssperre war verhängt; die Deutschen
16		hatten Ausgangssperre verhängt; und haben (.) alle Juden (.) die letzten Juden
17		aus Amsterdam; deportiert; (.) un=es fuhren also große (.) Lautsprecherwagen
18		durch die Straßen; (.) die also die Holländer aufforderten in den Häusern zu
19		bleiben und gleichzeitig alle Juden raus schrien (1) u:nd die Holländer hingen
20		an den Fenstern und guckten zu; (.) ich muss das leider so sagen; und es kam
21		die deutsche (.) Wehrmacht, Landser ganz normale in die Wohnung gestürmt
22		und haben uns abgeholt (.) und dann durften wir and das ist meine (.)
23		Eindruck Straßenbahn fahren was uns sonst verboten war; also ich bin da zum
24		ersten Mal in meinem Leben Straßenbahn gefahren; (.) und wir sind dann zu
25		einem ‚Sammelplatz‘ gebracht worden; wo eine entsetzliche Aufregung und
26		Hitze herrschte; (.) und das kann ich genau erinnern; und dann (.) kam die
27		wirklich (.) bis heute nachhaltige Erinnerung an den Transport im
28		Viehwagen; die zwei Tage; oder drei;
29	Y:	⌐ °Wann war das,°
30	T:	⌐ Das war im Mai
31		1943;
32	Y:	⌐ °Könn Sie bitte weiter (.) das beschreiben;°
33	T:	⌐ Also wi:r sin- warn erst auf

34	einem Sammelplatz in Amsterdam (2) ich weiß nicht wie der hieß; (2) und
35	dort wurde man ähnlich wie man das ja aus diesem Schindlerfilm kannt=warn
36	da überall diese Tische aufgestellt, auf denen man sich registrieren lassen
37	musste; (.) u:nd meine Mutter die also (.) jedes Mal wenn sie zu irgendeiner
38	neuen Registrierung da vorstellig werden musste sagte; (.) sie wäre überhaupt
39	ganz falsch hier weil sie ja Arierin wär; (3) was eine falsche Behauptung war
40	aber sie war so blond und so schön dass jeder ihr das erstmal von vom
41	Aussch- Außen(.)ansicht abnahm; dann ihr be- sagte; naja, sie könnte ja da
42	bleiben dann müsste sie die Judensau womit mein Vater gemeint war ebend
43	stehen lassen; (1) und das is etwas was ich also genau erinnere weil (.) diese
44	Art von eeh (2) das: war mir alles neu; (.) die Angst die (.) Bedrohung (.) die
45	Unruhe das eeh is mir sehr genau in Erinnerung; aber das hat ja (.) alles gar
46	nichts bewirkt wir sind dann zusamm mit (.) 68 Personen warn immer in so
47	einem Viehwagen; wurden wir also in einen Viehwagen (.) eeh geschoben (.)
48	und es warn einige ganz prominente auch in Berlin heute noch bekannte
49	Schauspieler dabei; (1) Kurt Gerron (.) fällt mir jetzt ein °vielleicht falln mir
50	die andern auch noch ein,° und ich kann mich sehr genau erinnern als Kind
51	war für mich das Allerschlimmste das heißt in einer Ecke von dem Waggon
52	(.) also sozusagen für die Notdurft ein Eimer stand; (.) Erwachsene ich kann
53	mir das heute denken könn sich eher darüber hinwegsetzen; aber ein Kind das
54	also gerade (.) also Schamgefühl oder so entwickelt ich konnt das gar nicht
55	fassen ja, dass man sich da in eine Ecke setzen musste; (.) u:nd das ging
56	bestimmt zwei Tage (.) u:nd ich kann mich auch noch erinnern dass bei jedem
57	Halt; das war sehr heiß (2) wir also an diese Waggontür eeh=eeh schlugen die
58	bloß so einen Spalt offen war un=dann wurde tatsächlich aufgemacht; (.) und
59	meine Mutter stand da: (2) in ihrer blonden Schönheit und hat dann die
60	Landser gefragt sie möchte Wasser holen, und es ist ihr auch jedes Mal
61	erlaubt worden; und sie hat also diesen Waggon verlassen mit zwei Eimern
62	und ging Wasser holen; (.) und ich kann mich eben deshalb genau dran
63	erinnern weil sie nie:: schnell zurück kam; (.) jedenfalls erschien es meinem
64	Vater so; und=er war jedes Mal voll Pa:nik (.) dass sie nich wieder
65	auftauchen könnte; aber;- (.) das sind also die Erinnerungen; (1)

Text: T., Susanne | Tape 1: ca. 16:28-19:03 | Segmentnummer: 17-20

Thema der Passage: Eindrücke aus dem Lager Westerbork
(Länge: ca. 2:30 Min.)

66	Y:	Was ham sie gegessen,
67	T:	└ Also (.) das weiß ich auch nicht; aber ich weiß mein

68   Vater und mein Bruder mussten arbeiten; (1) meine Mutter musste proben;
69   die musste dort ja Theater spielen auf Weisung des (.) Lagerkommandanten;
70   und ich hätte eigentlich (1) wie das in jüdisch- immer unter jüdischen
71   Menschen üblich is in eine Art Schule geh:n (1) also die Kinder wurden
72   zusammengezogen und ich hätte da hingehen müssen und ich weiß dass ich
73   da immer ausgerissen bin; da war ich nie:; und bin frei in diesem Lager,
74   rum(.)gestreunt; aber wenn sie drüber gelesen haben wissen sie ja dass dieses
75   Lager gar nich so groß war; (.) nich wahr, in der in der Ausdeh:nung (.) was
76   mich eeh (.) was ich ebend heute erst weiß damals kam's mir natürlich riesig
77   vor; aber es war ebend begrenzt; (1) ich bin sogar aus dem Lager
78   rausgegangen und durfte das Büro des Lager(.)kommandanten besuchen weil
79   meine Mutter dort eine (.) herausragende Stellung als (1) angebliche Arierin
80   hatte; (1) **denk ich mir** //mhm// ich weiß dass ich im in dem L- im Büro des
81   Lagerkommandanten war=da lag sein Hund, (.) den durft ich streicheln; da
82   hab ich Obst bekommen von der Sekretärin; (.) ich @sehe auch noch@ (.)
83   diese (.) der hatte so eine was man heute Musiktruhe nennt; die stand da die
84   hat mich natürlich fasziniert; das sind aber immer alles solche ((schmatzt))
85   Schlaglichter; (.) ich hab auch das Gefängnis dort besucht hab mich mit dem
86   holländischen Polizisten der da (.) nochmal innerhalb des Lagers (.) also das
87   Gefängnis bewachte sozusagen angefreundet von dem bekam ich (.) Weißbrot
88   mit Zucker (1) eine Delikatesse; das sind alles Dinge an die ich erinnere; (1)
89   ich bin auch: (.) mal in diese Küche geraten wo da gekocht wurde für die
90   Menschen und ich hab entdeckt das werd ich auch nie: vergessen; wie
91   plötzlich (.) aus einer Bo:denlucke die frisch::- eeh gewaschenen **Mohrrüben**
92   **rauskam und nach unten wieder verschwanden** und ich bin mit einem
93   Topf gegangen und hab also (1) für uns Mohrrüben ehm=geklaut sozusagen
94   das sind alles ehm (2) Schlaglichter; ich war bei den Premieren wenn meine
95   Mutter spielen musste; ich sa:ß in der ersten Reihe in solchen Fouteuilles sa:ß
96   die SS; (.) dahinter durfte sich das: eeh (2) die zur Deportation schon
97   rausgestellten Ju:den (.) vergnügen; und da saß ich und habe mich mit andern
98   (1) eeh amüsie:rt? (.) denn das warn alles tolle Schauspieler die da auftraten;
99   das=is ähnlich wie es auch in Ghetto gezeigt wird in diesem (.) Theaterstück;
100   (1) °mhm° (1)

4.2.3 Thematische Gliederung

Thema der Passage: Die Deportation

OT: Die Beschaffenheit der persönlichen Erinnerungen

UT:	1-10	Früheste Kindheitseindrücke
UUT:	1-6	Die Unbeständigkeit der äußeren Umstände
UUT:	6-10	Abgleich mit den Erzählungen des älteren Bruders und Infragestellen der eigenen Erinnerung
UT:	10-31	Abgrenzen der Erinnerung an „nachhaltige" (27) Erfahrungen
UUT:	10-14	Die grundsätzliche Struktur der Erinnerungen
UUT:	14-28	Impressionen vom Tag des Abtransportes
UUT:	29-31	Zeitliche Einordnung der Deportation

OT: Das unkonventionelle Verhalten der Mutter und die Erfahrung des Transportes im Viehwagen

UT:	32-45	Konfrontation mit dem Registrierungspersonal
UUT:	32-37	Die Registrierungsszenerie mit Verweis auf den „Schindlerfilm" (35)
UUT:	37-43	Die Behauptung der Mutter, „Arierin" (39) zu sein und die Reaktion des Wachpersonals
UUT:	43-45	Die ungewohnte „Art" (44) des Wachpersonals als bleibender Eindruck
UT:	45-55	Erinnerung an die prekäre Situation im Inneren des Waggons
UUT:	45-50	Verweis auf die mitdeportierten berühmten Schauspieler
UUT:	50-52	„Das Allerschlimmste" (51) in der Erinnerung aus Sicht des Kindes
UUT:	52-55	Der Versuch, sich „heute" (53) in die Wahrnehmung als Kind hineinzudenken
UT:	55-65	Erinnerungen an zentrale Momente der Deportation
UUT:	55-58	Die Waggoninsassen machen sich bemerkbar
UUT:	58-62	Das Auftreten der Mutter vor den Landsern und die Erlaubnis, Wasser zu holen
UUT:	62-65	Die lange Abwesenheit der Mutter und die panische Reaktion des Vaters
UUT:	65	Abschließende Bestandsaufnahme zu den Erinnerungen

Thema der Passage: Eindrücke aus dem Lager Westerbork

OT: Bestandsaufnahme der Erinnerungen an die Zeit im Lager

UT:	66-69	Fehlende Erinnerung an sachliche Details und Verweis auf die unterschiedlichen Tätigkeiten der Familienmitglieder
UT:	70-77	Susanne T.s eigenständige Aktivitäten
UUT:	70-74	Ausreißen und Bewegungsfreiheit innerhalb des Lagers
UUT:	74-77	Die räumliche Wahrnehmung des Lagers als Kind und Verweis auf nachträglich erworbenes Wissen

OT: Die Privilegien der Familie im Lager

UT:	77-85	Die Erlaubnis, die Lagergrenze zu übertreten
UUT:	77-80	Besuche im Büro des Lagerkommandanten und Vermutungen über den besonderen Status der Mutter bei der Lagerleitung
UUT:	80-84	Impressionen vom Büro des Lagerkommandanten
UUT:	84-85	Erinnerungen sind „Schlaglichter" (85)
UT:	85-100	Weitere erinnerte Episoden
UUT:	85-88	Susanne T.s freundschaftliche Beziehung zu einem Mitglied des Lagerpersonals
UUT:	89-93	Ein außergewöhnliches Erlebnis im Lageralltag
UUT:	94-100	Das Theaterspiel der Mutter im Lager
UUUT:	94-97	Die Zusammensetzung des Theaterpublikums
UUUT:	97-100	Feststellung einer gelösten Atmosphäre und „tolle[r – D. W.] Schauspieler" (98)

4.2.4 Reflektierende Interpretation

Thema der Passage: Die Deportation

1	**Exmanente Frage**[61] **nach den frühesten Kindheitserinnerungen**
2-28	**Beginn einer ausführlichen Erzählung und abstrahierende Beschreibung (6-10)**

Auf die exmanente Frage erzählt Susanne T. von den wechselhaften Wohnverhältnissen und einer dadurch bedingten Unruhe in der Familie, die sie als Kind irritiert haben. Die Tatsache, dass ihr älterer Bruder diese Eindrücke bestätigte, veranlasst Susanne T. zu der Überlegung, inwiefern es sich um ihre *eigenen* Erinnerungen handelt. Fest steht für sie, dass es im Laufe der Zeit zu einer Überlagerung der Erinnerungen gekommen ist, indem sich „die Bilder" (9) des Bruders „dazwischen geschoben haben" (9f.). Im Zuge dieser abstrahierenden Beschreibung (6-10) nimmt Susanne T. gleich zu Beginn des Interviews eine kritische Haltung gegenüber ihren eigenen Erinnerungen ein. Hierin dokumentiert sich, dass sie grundlegende Schwierigkeiten des autobiographischen Erinnerns und Erzählens reflektiert hat. Daraus ergibt sich später auch ein gewisses Spannungsverhältnis zur Interviewerin, die – wie in nachfolgenden Passagen noch deutlicher wird – ihre Fragen immer wieder nach konkreten Sachverhalten (z. B. „Was haben sie gegessen," oder „Bitte beschreiben sie:, wie ihre tägliche Routine aussah;[62]) richtet und damit eine quasi ‚ermittelnde' Haltung einnimmt, die dem Erinnerungsverständnis von Susanne T. zuwiderläuft.

Im Anschluss beginnt Susanne T. eine andere Art bzw. Qualität der Erinnerung von den zuvor beschriebenen Erinnerungsbildern abzugrenzen ((„aber die ehm (2) die wirklich:", 10)), weist aber

---

61 Zwar ging es in der vorhergehenden Passage um die Kindheitserinnerungen an die Großeltern, diese Thematik wurde allerdings exmanent eingebracht und von Susanne T. nur sehr knapp ausgeführt.

62 Zitiert aus der Passage: *Eindrücke aus dem Lager Westerbork*, Tape 1: 16:28-21:25 Min.

zuvor auf ein strukturelles Merkmal menschlicher Erinnerungen hin. Damit knüpft sie an die vorangegangene Argumentation an und ergänzt sie um eine zeitliche Komponente: Es „sind ja immer so Punkte es sind ja keine Sequenzen an die man sich erinnert;" (10f.). Die anschließende Begründung der detaillierten Erinnerung an die Deportation („**weil**", 13) wird mit einer kurzen Anrede der Interviewerin unterbrochen („wenn sie das alles so ausführlich hören wollen;", 13f.). Es scheint zunächst so, als würde sie sich deren Zustimmung einholen wollen. Doch ohne auf eine Antwort oder zumindest ein Hörersignal von der Interviewerin zu warten, fährt Susanne T. fort. Trotz der Bezugnahme auf die Erwartungshaltung der Interviewerin bleibt Susanne T. also bei ihrer ausführlichen Erzählung. Die Anmerkung zeigt einen Kontrast zum bisherigen Verlauf des Interviews auf, der über eine protokollartige Abfrage biographischer Daten der Interviewten nur selten hinausging. Es dokumentiert sich hier ein sehr souveräner Umgang mit der Interviewsituation, der im Hinblick auf die Diskrepanzen zwischen Interviewerin und Interviewten im weiteren Verlauf immer wieder zum Tragen kommt.

Susanne T. nimmt nun die Begründung wieder auf („**weil**", 14) und elaboriert die wichtigsten und eindrucksvollsten Erinnerungs-„Punkte" (10) von der Abholung aus der Wohnung bis zur Ankunft auf einem ‚Sammelplatz'. Die Erzählung folgt der zeitlichen Abfolge der Ereignisse, im Vordergrund stehen aber unterschiedliche Impressionen des Tages, wie die Atmosphäre in Amsterdam und die Reaktionen der Holländer auf die Abtransporte der deutschen Juden, die als einzelne Erinnerungsbilder aneinandergereiht werden. Susanne T. beendet diese Darstellung mit einem ergebnissichernden Schlusskommentar[63] („das kann ich genau erinnern;"; 26). Es folgt eine Überleitung („und _dann_", ebd.) zu der bereits angekündigten Erinnerung an den Transport im Viehwagen, die sie als eine „_wirklich_ (.) bis heute _nach_haltige Erinnerung" (27) von dem bisher Gesagten abhebt.

---

63 Siehe dazu Lucius-Hoene/Deppermann 2004, S. 111.

29-31   **Sachfrage nach dem Zeitpunkt der Deportation und Sachantwort**

32   **Aufforderung zur Fortsetzung einer Beschreibung durch die Interviewerin**

32-45   **Beginn einer ausführlichen Erzählung mit eingelagerten Beschreibungen (33-37; 39-41) und einer abstrahierenden Beschreibung (43-45)**

Nach der eher unpräzisen Aufforderung der Interviewerin „das" (32) weiter zu beschreiben, beginnt Susanne T. detailliert von der zuvor nur kurz erwähnten Ankunft auf einem ‚Sammelplatz' in Amsterdam zu erzählen. Sie stützt ihre Beschreibung des Settings auf einen bekannten und drei Jahre vor dem Interview erschienenen Holocaustfilm. Dies lässt zum einen darauf schließen, dass über das Medium Film bereits eine Auseinandersetzung mit der persönlichen Verfolgungsgeschichte stattgefunden hat. Zum anderen kann Susanne T. hier davon ausgehen, dass das angesprochene Filmsetting einem Großteil der Zuhörer und möglicherweise auch der Interviewerin bekannt bzw. vertraut ist.

Vor dem Hintergrund dieser Szenerie berichtet Susanne T., wie ihre Mutter bei der Registrierung zum wiederholten Male darauf bestand „Arierin" (39) zu sein, um mit dieser „falschen Behauptung" (ebd.) einer Deportation zu entgehen. In der zugehörigen Beschreibung tritt das auffällige äußere Erscheinungsbild der Mutter („so blond und so schön", 40) in den Vordergrund. Durch diese „Außen(.)ansicht" (41) erscheint die Mutter wie aus der Situation ‚herausgehoben', was sich in ihrem offensiven und selbstsicheren Auftreten vor dem nicht konkreter bestimmten Registrierungspersonal bestätigt. Dass es sich hierbei auch für Susanne T. um eine ‚herausgehobene' Erinnerung handelt, dokumentiert sich darin, dass sie das Gegenüber der Mutter zitiert und auf den für sie ungewohnt vulgären und antisemitischen Sprachgebrauch aufmerksam macht („die Juden**sau**", 42). Dass Susanne T. in der anschließenden abstrahierenden Beschreibung (43-45) zunächst die Worte fehlen („diese Art von eeh", 43f.), bestätigt diese Annahme und weist auf die emotionale Zuspitzung hin. Das Neue, so kommentiert sie diese Situation, lag vor allem in der „Angst", der „Bedrohung" und „Unruhe" (44f.).

45-55   Fortsetzung der Erzählung, Beschreibung (50-52) mit eingelagerter Bewertung (51) und Beginn einer Argumentation (52-55)

Die vorangegangene Erzählung wird von Susanne T. letztendlich damit kommentiert, dass alle Bemühungen der Mutter erfolglos blieben und die Familie nun gemeinsam mit anderen Juden in einen „Viehwagen (.) eeh geschoben" (47) wurde. Mit dem expliziten Hinweis auf die mitdeportierten prominenten Berliner Schauspieler (48ff.) dokumentiert sich, dass das künstlerisch-kreative Umfeld der schauspielenden Mutter ein wichtiges Themenfeld darstellt. Dies wird auch dadurch evident, dass sie auf dieses Thema hernach immer wieder zu sprechen kommt.

Susanne T. beginnt ihre Beschreibung des Inneren des Waggons mit einer Authentizitätsmarkierung („ich kann mich sehr genau erinnern als Kind war für mich das Allerschlimmste", 50f.) und macht damit deutlich, dass sie nun von einer weiteren Steigerung innerhalb der ohnehin „nachhaltige[n – D.W.]" (27) Erinnerung an die Deportation zu sprechen beginnt. Hier deutet sich wiederum an, dass eine Reflektion und Auseinandersetzung mit den traumatischen Erfahrungen stattgefunden hat. In der zugehörigen Argumentation greift Susanne T. auf ihren gegenwärtigen Erkenntnisstand zurück. Sie versucht die Ursachen für ihre Fassungslosigkeit zu ergründen und bezieht sich dabei auf entwicklungstypische Besonderheiten eines fünfjährigen Kindes.

55-65   Fortsetzung der Erzählung mit eingelagerter Beschreibung (59) und abstrahierender Beschreibung (65)

Anschließend geht Susanne T. auf den Verlauf des Transportes ein. Sie schildert, wie sich die Insassen im Waggon vor dem Wachpersonal bemerkbar machten und die unerwartete Tatsache, dass die Türen des Waggons „tatsächlich" (58) geöffnet wurden. In der darauf folgenden Szene hat die Mutter – wie auch schon bei der vorangegangenen Registrierung – einen herausragenden, man möchte fast sagen ‚hell erleuchteten‘ Auftritt. In der Beschreibung von Susanne T. erscheint sie als ein engelsgleiches Wesen („stand <u>da:</u> (2) in ihrer <u>blonden Schönheit</u>", 59). Interessant ist hier, dass die Mutter als ein (überlebenswichtiges) Verbindungsglied zwischen den Insassen, zu denen auch Vater und Tochter gehören, und einer nicht näher definierbaren Außenwelt fungiert. Was in der Zwischenzeit ‚dort draußen‘ passierte, stellt in Susanne T.s Erinnerung eine ‚Leerstelle‘ dar, die sich auch rückblickend nicht schließen lässt. Ihre Erzählperspektive beschränkt sich daher auf die Situation im Inneren des Waggons. Hier tritt dann auch der Vater, der bisher nur am Rande der Erzählung auftauchte, in den Vordergrund. Als einprägsames Erlebnis kennzeichnet Susanne T. dessen Besorgnis und panische Reaktion während der Abwesenheit der Mutter. Es ist zu vermuten, dass er mit dem offensiven Agieren der Mutter, ihrem ‚Alleingang‘ in dieser Situation, nicht einverstanden war. Susanne T. bricht in diesem Zusammenhang eine mit „aber;-" (65) eingeleitete und möglicherweise weiterführende Erzählung ab. In diesem Abbruch und dem zusammenfassenden Befund „das sind also die Erinnerungen;" (ebd.) dokumentiert sich implizit, dass die einzelnen autobiographischen Erinnerungen, so wie sie im Gedächtnis für sich allein stehen (als „Punkte", 10; oder wie es später heißt „<u>Schlaglichter</u>", 85), auch in der Darstellung bzw. Erzählung der Lebensgeschichte unkommentiert für sich stehen können und müssen. Susanne T. schlägt auf diese Weise einen Bogen zu den eingangs erwähnten erinnerungstheoretischen Reflektionen.

Thema der Passage: Eindrücke aus dem Lager Westerbork

66-69 Immanente Sachverhaltsfrage, abstrahierende Beschreibung (67) und Beginn einer ausführlichen Erzählung (67ff.)

In der immanenten Sachverhaltsfrage dokumentiert sich die eingangs erwähnte ‚ermittelnde‘ Haltung der Interviewerin, die auf konkrete Sachverhalte, Daten und organisatorische Abläufe gerichtet ist. In der Abwehr dieser Haltung ((„Also (.) <u>das weiß</u>

<u>ich auch nicht;</u>", 67)) dokumentiert sich Susanne T.s Orientierung an einem Erinnerungsmodell, das durch eine assoziative Aneinanderreihung unterschiedlicher Erinnerungsmomente gekennzeichnet ist. Dies schließt auch ein, Lücken bzw. ‚Leerstellen' in der Erinnerung, wie sie etwa die nicht abschließend zu klärende Rolle der Mutter darstellt, zu akzeptieren. Das Adverb „also" als Rahmenschaltelement deutet darauf hin, dass hier trotz der vorhandenen Diskrepanzen zwischen Interviewerin und Interviewten eine weiterführende Darstellung bzw. Erzählung eingeleitet werden soll. Susanne T. bezieht sich nunmehr nicht auf die Sachverhaltsfrage der Interviewerin, sondern allgemein auf Erlebnisse im Lager Westerbork, an die sie sich erinnern kann – wie etwa die unterschiedlichen Tätigkeiten der Familienmitglieder. Die Ausführungen konzentrieren sich dabei auf die schauspielerische Tätigkeit der Mutter. Trotz der vielen Unklarheiten wird also nicht ausgeschlossen, das außergewöhnliche Verhalten und die Rolle der Mutter in dieser ‚Ausnahmesituation' immer wieder explizit zu thematisieren: Soweit wie es die Erinnerungen eben zulassen, versucht Susanne T. zum Kern der Thematik vorzudringen. Der Hinweis auf die Anweisung des Lagerkommandanten (69) kann als ein solcher Versuch gewertet werden, die Rolle der Mutter innerhalb des Lagers etwas präziser herauszuarbeiten und einzuordnen.

70-77 Fortsetzung der Erzählung und abstrahierende Beschreibung (74-77)

Susanne T. beginnt nun, ihre eigenen Aktivitäten im Lager genauer zu beleuchten. Sie erzählt, dass sie sich der jüdischen Schuleinrichtung entzogen hat und „<u>frei in diesem Lager rum</u>(.)gestreunt" (73f.) ist. Im Zuge einer abstrahierenden Beschreibung verweist sie auf die Diskrepanz zwischen der räumlichen Begrenzung des Lagers und der räumlichen Wahrnehmung als Kind. Hier dokumentiert sich eine Verknüpfung von erinnerter Wahrnehmung und nachträglich erworbenem Hintergrundwissen.

77-85   Fortsetzung der Erzählung, Argumentation (78-80) und abstrahierende Beschreibung (84f.)

Im Fortgang der Erzählung präzisiert Susanne T. ihre eigenständigen Aktivitäten im Lager. Der erwähnte Bewegungsspielraum erstreckte sich nicht nur über das gesamte Lager, sondern ging über die Lagergrenzen hinaus, und beinhaltete „sogar" (77) die Erlaubnis, das Büro des Lagerkommandanten zu besuchen. In einer eingelagerten Argumentation versucht sie, dieses Privileg zu erklären. Sie nennt die Mutter mit einer „herausragenden Stellung als (1) angebliche Arierin;" (79). In dem nachgeschobenen „**denk ich mir**" (80) dokumentiert sich jedoch noch einmal sehr deutlich, dass die Position der Mutter innerhalb der Lagerstrukturen, insbesondere ihr persönlicher Kontakt zum Lagerkommandanten, eine ,Leerstelle' in der Erinnerung markiert. Diese kann – so wie es auch aus der Deportationsbeschreibung hervorgeht – nicht abschließend geschlossen werden. In einer späteren Passage über die Tagebuchaufzeichnungen eines Mithäftlings in Westerbork[64] tritt diese Problematik noch klarer hervor:

> T: […] und da kommt meine Mutter auch vor, (1) das ist natürlich=eeh (3) se::hr (.) bewegend; und da:: hab ich also gelesen (.) den Satz dass meine Mutter die Einzige der einzige Mensch::: dem der Lagerleiter je die Hand gegeben hat, (1) Herr Gemmecker; war Louise M.; das stand bei Herrn (Anonymus); °nu bitte; was immerdas heißen mag. (1) ja.° (2) aber sicher dadurch dass er glaubte dass meine Mutter Arierin war; (4) [Passage: Westerbork, Tape 1: 26:00-26:35 Min.]

Die Erzählung setzt sich fort mit der Nennung weiterer prägnanter Erinnerungsmomente im Büro des Lagerkommandanten. Auf der Suche nach einer adäquaten Bezeichnung für die Art der individuellen Erinnerungen bringt sie abschließend den Begriff „Schlaglichter" (85) hervor.

---

64 Laut der Schilderung von Susanne T. ist zu vermuten, dass es sich hierbei um den holländisch-jüdischen Journalisten Philip Mechanicus handelte, der über neun Monate hinweg, vom 28. Mai 1943 bis zur letzten Eintragung am 28. Februar 1944 ein Tagebuch über das Lagerleben in Westerbork verfasste. Mechanicus wurde von Westerbork über Bergen-Belsen nach Auschwitz deportiert und dort vermutlich im Oktober 1944 ermordet, vgl. dazu März (1994).

85-100 **Fortsetzung der Erzählung mit eingelagerten abstrahierenden Beschreibungen (88, 94)**

Susanne T. schildert weitere ‚schlaglichtartige‘ Erinnerungsmomente, die als einzelne Bilder assoziativ aneinandergereiht werden. Die Themen Bewegungsspielraum und Privilegien schwingen weiterhin mit, wenn Susanne T. von außergewöhnlichen Erlebnissen im Lager berichtet (ihre Freundschaft mit einem holländischen Polizisten des Lagergefängnisses, 85-88; die Entdeckung der Mohrrüben in der Lagerküche, 89-93). Hier wiederholt sich ein ‚Erinnerungsmuster‘, das sich in den vorangegangenen Sequenzen dokumentiert hat: Auf die einzelnen Erinnerungsmomente folgt ein ergebnissichernder Schlusskommentar ((„alles Dinge an die ich erinnere, 88"; „alles ehm (2) Schlaglichter", 94)), der der Interviewerin bzw. dem Zuhörer die spezifische Beschaffenheit der Erinnerung permanent vor Augen führt.

In der letzten Erinnerungssequenz dieser Passage (94-100) kommt Susanne T. auf das Theaterspiel der Mutter im Lager zurück. Die Ambivalenz der Situation auf den Premierenveranstaltungen wird durch die Aneinanderreihung von Eindrücken („amüsier:t?", „tolle Schauspieler", 98) vermittelt und mit dem Verweis auf ein bekanntes Theaterstück der Nachkriegszeit („Ghetto", 99) belegt. Auch dieses Erinnerungsbild steht für sich und bedarf in Susanne T.s Erzählung keiner weiteren Kommentierung.

4.3 Fallanalyse *Helmut S.*

4.3.1 Biographisches Kurzprofil

Helmut S. wird 1931 als ältester Sohn seiner Mutter in Frankfurt am Main unehelich geboren. Der Vater ist ein verheirateter jüdischer Kollege, mit dem die Mutter in einem jüdischen Haushalt beschäftigt ist. Sie selbst ist ebenfalls Jüdin, lässt den leiblichen Vater jedoch nicht namentlich in der Geburtsurkunde verzeichnen und heiratet kurz nach der Geburt einen nichtjüdischen Angestellten der Ford-Werke. Da alle Bemühungen des Stiefvaters um eine Adoption scheitern, gilt Helmut S. gemäß der Nürnberger Gesetze von 1935 als „Volljude", während seine um 1933 und 1944 geborenen Halbschwestern als „Halbjüdinnen" eingestuft werden. Die Mutter tritt zum Katholizismus über und lässt auch Helmut S. katholisch taufen, die Kinder werden christlich erzogen. 1936 emigriert die Verwandtschaft mütterlicherseits nach Amerika, doch die Mutter fühlt sich aufgrund ihrer Ehe mit einem Nichtjuden in einer geschützten Position. Helmut S. besucht von 1938 bis zur Zwangsauflösung 1941 die jüdische Schule im Philanthropin. Im selben Jahr, 1941, muss er aufgrund seines Status in das jüdische Waisenhaus im Röderbergweg 81 umsiedeln, er kann jedoch – dank dem Einsatz des Stiefvaters – einer Deportation entgehen und 1943 nach der Schließung des Waisenhauses vorerst zur Familie zurückkehren. Da die Mutter unterdessen zur Zwangsarbeit in einer Großwäscherei verpflichtet wurde, hält sich Helmut S. tagsüber größtenteils allein in der Wohnung auf. Im Februar 1945 wird Helmut S. gemeinsam mit seiner Mutter mit einem der letzten Transporte aus Frankfurt am Main nach Theresienstadt deportiert,[65] wo der damals 13-Jährige zur Zwangsarbeit in einer Schreinerei verpflichtet wird. Mutter und Sohn überleben die Lagerhaft und kehren nach der Befreiung von Theresienstadt im Sommer 1945 in ihre Heimatstadt

---

65 Es ist anzumerken, dass die Deportationen im Herbst 1942 in vielen deutschen Städten – eine Ausnahme bildete Berlin – nahezu abgeschlossen waren. Dies galt auch für Frankfurt am Main, der Stadt mit der zweitgrößten jüdischen Gemeinde in Deutschland, in der die Deportation der „Volljuden" im September 1942 nahezu abgeschlossen war (vgl. Kosmala 2005, S. 140f.). Nach der vom Reichssicherheitshauptamt (RSHA) befohligten „Fabrik-Aktion" im Februar 1943, einer umfassenden Großrazzia im Reichsgebiet, „lebten Ende März 1943 in Deutschland nur noch 31.800 Juden, die meisten von ihnen in ‚Mischehen'" (Gruner 2005, S. 58). Erst zu Beginn des Jahres 1945 „befahl das RSHA schließlich, die noch existierenden ‚Mischehen' zu zerreißen und die jüdischen Partner zu deportieren" (ebd., S. 59). Die Betroffenen mussten sich in der ersten Februarhälfte in den Großstädten zu den Deportationen einfinden. Die letzten Deportationen fanden im März 1945 statt, bei denen „noch einmal mehr als 2.600 Menschen, aus dem Reich und aus Wien in das KZ Theresienstadt" verschleppt wurden, „bevor die Verantwortlichen diese Transporte wegen der absehbaren Kriegsniederlage abbrachen" (ebd.).

zurück. Zu seinem privaten und beruflichen Werdegang nach dem Krieg macht Helmut S. keine konkreten Angaben. Er erzählt am Ende des Interviews von seinem damaligen Wunsch, Koch zu werden und nach Paris auszuwandern – doch die Familie bleibt in Frankfurt und Helmut S. verwirft seine Pläne, nicht zuletzt aufgrund der zwangsweise abgebrochenen Schullaufbahn. Zum Zeitpunkt des Interviews ist er 65 Jahre alt.

In der nachfolgenden Passage setzt sich Helmut S. mit dem Moment des Abtransportes und der Deportation auseinander. Diese Passage findet sich am Anfang der zweiten Hälfte des ca. eineinhalbstündigen Interviews. Nachdem die Interviewerin im Verlauf des Gesprächs schon mehrmals auf die Deportation von Mutter und Sohn zu sprechen kommen wollte, beginnt Helmut S. auch in dieser Passage erst auf die erneute und letztlich insistierende Nachfrage hin, auf die konkreten Ereignisse einzugehen. Im Fokus der Erzählung stehen dabei zunächst die formalen Abläufe, die Helmut S. sehr detailliert aufschlüsselt. Seine persönliche Situation gerät erst in den Blick, als er davon berichtet, wie sich ihm während des Transportes im Viehwagen plötzlich die Möglichkeit bietet, einen aktiven Moment zu gestalten.

4.3.2 Transkript

Nummer des Interviews: 24724

Datum, Ort: 11.12.1996, Frankfurt/Main   Gesamtdauer: 85 Min.

Text: S., Helmut | Tape 2: ca. 16:09-20:16 | Segmentnummer: 45-49

Thema der Passage: Die Deportation (Länge: ca. 4 Min.)

58	Y:	Wie war das für ihre Eltern das muss ja furchtbar gewesen sein,
59	S:	∟ Ja es
60		war=eeh es war überhaupt eeh=eeh wenn man so will er war Arier meine
61		Schwester war nur Halbjüdin; die bekamen immer ihre normalen
62		Lebensmittelkarten, (.) un meine Mutter und ich wir bekamen
63		Lebensmittelkarten mit J drauf; (1) des war also immer nur (.) vielleicht (.)
64		n Drittel von dem was die andern bekamen; es war ja alles reglementiert;
65		(.) Kartoffeln un Brot und Butter alles war reglementiert; (2) nur was mer
66		eben so eeh vielleicht (.) durch Bekannte die n Garten hatten (.) (da ma)
67		Gemüse oder was kaufen konnte des gab ja es wurde ja alles den Soldaten,
68		(.) eeh zur Verfügung gestellt; un in der Heimat gab's ja net mehr viel;
69		auch auch normale Leute (.) die kein J drauf ham die ham schon
70		gehungert; (2)
71	Y:	Ich mein auch dass (.) für ihren Vater muss ja auch ne Welt
72		zusammengebrochen sein als sie dann doch eeh: wegmussten
73	S:	∟ wegmussten
74		(1) das war ganz schlimm (.) das war für ihn ganz ganz schlimm (1) der is
75		ex- der is gar nit mit zum Ostbahnhof; des konnnt der net des war
76		unmöglich; ich glaub der Mann der wär (.) der hätt ein umgebracht; (3)
77		hab gesagt geh a- Mutter hat zum gesagt geh auf deine Arbeit, (2) °un es
78		wird schon gut wern;° (2) ja dann sind mer weg dann ham wer uns da
79		morgens getroffen, (.) mussten mer hin (2) zum Ostbahnhof; mussten mer
80		uns in Reih und Glied stellen; (3) ich glaub meine Schwester war sogar mit
81		(1) glaub ich; (3) und da standn vielleicht noch (.) hundertzwanzich Leude
82		oder in etwa (.) vielleicht warns hundertv- also ich glaub vier oder fünf (.)
83		Waggons warns (.) Viehwaggons (1) richtige Viehwagen, (1) nichts drin
84		kein Stroh kein ga::rnichts (1) und da wurdn wer dann auf die:se einzelnen
85		Waggons verteilt
86	Y:	∟ Und zu wievielt warn sie ungefähr im-
87	S:	∟ Ich kanns ihnen
88		net sagen aber-
89	Y:	∟ U:ngefähr;
90	S:	∟ Vierzich fufzich warn wer bestimmt; zwischen
91		vierzich un fufzich warn wer bestimmt; (.) und ich hab dann eeh mich in

92	son Eck gesetzt und hab noch n Taschenmescher @Taschenmesser@
93	dabeigehabt (.) und da war n <u>Astloch</u>; des hab ich mit dem Messer <u>ra:us</u>;
94	denn die Türen wurdn zugemacht, konnst net raus war stockdunkel drin; (.)
95	und mit dem mit dem Messer hab ich <u>das Astloch rausgestoßen</u> und da hab
96	ich immer (.) am Astloch geguckt wo wir sind; (.) hab dem ganzen
97	Waggon immer erzählt jetz sin wir in **Bebra** (.) wir warn in **Leipzig** (.)
98	**Dre:sden** (.) **Plauen** (.) **Ausig** hab denen die ganzen Namen vorgelesen;
99	(.) un da warn wir vier oder fünf Tage unterwegs; (.) wir sind <u>am Tag über</u>
100	oft gestanden <u>stun::denlang</u> (.) un es wusst keiner warum; (1) un dann (.)
101	eines Tages stand uns gegenüber ei:n (.) Militärtransport (.) die hattn am
102	Tag natürlich Vorrang; (1) am Tag warn die Luftangriffe nicht so stark (.)
103	sin die abends gefahrn eeh die sind am Tag gefahrn un wir am Tag eeh un
104	wir nachts

105	Y:	└ Sie haben vier Tage gebraucht bis Theresienstadt;
106	S:	└ Vier Tage;
107	Y:	└
108		Sind sie denn zwischendurch mal <u>raus</u>gelassen worden,
109	S:	└ Es wurd mal
110		aufgemacht natülich denn (3) <u>alle</u> alles wurde in dem in dem eeh eeh
111		Waggon gemacht; <u>gegessen</u> (.) un die Notdurft verrichten alles; (.) <u>konnt</u>
112		<u>keiner raus</u>, (1) es wurd mal aufgemacht (.) un auch wieder mal zu; un
113		wieder zu (1) un dann wars ma (.) bisschen es war ja <u>kalt war ja es war ja</u>
114		<u>Februar?</u> (.) <u>war ja kalt;</u> und je weiter wir nach Osten kam (.) umso kälter
115		wurd des; (.) <u>warn wir froh dass zu war,</u>
116	Y:	└ Könn sie sich noch an die Leute
117		erinnern mit denen sie da gefahrn sind,
118	S:	└ Kaum (2) ich war d- ich war das
119		einzige Kind; (.) warn <u>lau:der alte Leute</u>; (.) die ham=ham die=ham
120		<u>stu:ndenlang</u> geweint; (1) und (.) <u>gebetet</u>; und wieder gebetet und wieder
121		geweint; <u>stu:ndenlang</u> (3) naja; und auch <u>müde</u> warn se auch (.) wenich
122		gegessen; war der Körper schwach un schlapp; (2) war- s is (.) also diese
123		vier Tag des war <u>sehr sehr unangeneh-</u> also des war schon net schön; des-
124		(.) furchtbar; (2)

4.3.3 Thematische Gliederung

Thema der Passage: Die Deportation

OT: Die Lebensumstände der Familie vor der Deportation

UT:	58-70	Die Lebensmittelversorgung der Familie und allgemeine Versorgungsengpässe
UUT:	58-64	Der Status des Stiefvaters und die Kategorisierung der Lebensmittelkarten
UUT:	64-70	Prioritäten bei der Versorgung in den Kriegsjahren
UT:	71-78	Die Situation des nichtjüdischen Stiefvaters
UUT:	71-72	Themenfestlegung
UUT:	73-78	Die spannungsgeladene Situation der Verabschiedung und der Versuch der Mutter, zu beruhigen

OT: Der Transport im Viehwagen

UT:	78-91	Der gemeinsame Abtransport von Mutter und Sohn
UUT:	78-85	Formale Abläufe des Abtransportes
UUT:	86-91	Die Anzahl der Mitinsassen im Waggon
UT:	91-98	Die Bewahrung der Orientierung
UUT:	91-95	Ein selbstgeschaffener ‚Lichtblick' im Inneren des Waggons
UUT:	95-98	Die Möglichkeit, den Verlauf des Transportes räumlich zu verorten
UT:	99-124	Schaffung zentraler Orientierungspunkte im Verlauf der Deportation und Erinnerung an die Mitdeportierten
UUT:	99-115	Spezifisches Wissen über die formalen Abläufe
UUUT:	99-103	Rekonstruktion der Transportabläufe
UUUT:	105-106	Die Dauer des Transportes
UUUT:	107-115	Das Öffnen der Waggontüren und weitere zeitliche und räumliche Verortung des Transportes
UUT:	116-122	Als einziges Kind unter „lau:der alte Leute" (119)
UUT:	122-124	Versuch eines Resümees der Erinnerung

4.3.4 Reflektierende Interpretation

Thema der Passage: Die Deportation

58	**Immanente Nachfrage durch die Interviewerin mit eingelagerter Bewertung**
59-70	**Beginn einer abstrahierenden Erzählung (59-64) und Argumentation (64-70)**

Helmut S. stimmt der an die Frage der Interviewerin angehängten Bewertung („das muss ja furchtbar gewesen sein,", 58) zwar zu, verlagert jedoch den thematischen Schwerpunkt ihrer Frage. Er macht sich die Interviewerfrage quasi zu eigen, indem er an die eingelagerte Bewertung anknüpft und sie auf die schwierigen Rahmenbedingungen, die sich in einem knappen „es war überhaupt" (60) andeuten, überträgt. Dabei rückt die Situation des Stiefvaters insofern besonders in den Blick, als dass seine Einstufung gemäß der ‚rassischen' Gesetzgebung hervorgehoben wird („wenn man so will <u>er war Arier</u>, ebd.). Seine wichtige Schutzfunktion für die jüdische Ehefrau und den jüdischen Stiefsohn wird dahingehend präzisiert, dass die alltagspraktische Relevanz der Kategorisierung aufgegriffen wird (Zuteilung unterschiedlicher Lebensmittelrationen).

Es dokumentiert sich hier, dass Helmut S. die schwierigen Lebensumstände und die innerfamilialen Beziehungsgeflechte anhand formaler Kriterien zu beschreiben versucht. Wie der Lebensalltag der Familie und die emotionale Belastung angesichts der drohenden Deportation ausgesehen haben, bleibt schemenhaft. Helmut S. geht an dieser Stelle dann auch unmittelbar dazu über, die allgemeinen Versorgungsengpässe während des Krieges zu erörtern ((„auch auch normale Leute (.) die kein J drauf ham die ham schon gehungert;", 69f.)). Helmut S. stellt so sein detailliertes Wissen über die zeitgeschichtlichen Hintergründe in den Vordergrund und begründet die biographische Erfahrung, indem er sie in den entsprechenden Kontext einordnet. Es dokumentiert sich hierin das Bestreben von Helmut S. den ‚Überblick' zu bewahren und die persönlichen Erlebnisse auf diese Weise ‚in den Griff‘ zu bekommen und zu ordnen.

71-72   Erzählgenerierende Bewertung durch die Interviewerin

Die Interviewerin lenkt den thematischen Fokus zurück auf die Perspektive des Vaters und die bevorstehende Deportation. In der Äußerung „Ich mein auch" (71) dokumentiert sich eine von dem zuvor Gesagten abweichende Erwartungshaltung. Was in der ersten Nachfrage als „furchtbar" (58) beschrieben wurde, wird nun mit der Äußerung „muss ja auch ne Welt zusammengebrochen sein" (71f.) präzisiert. Die Erwartungshaltung besteht also darin, dass die emotionale Steigerung der Situation thematisiert werden soll.

73-85   Bewertung (73-76) und Beginn einer Erzählung (77-85)

Helmut S. stimmt der Bewertung der Interviewerin zu und greift die von ihr angesprochene Gefühlssteigerung des Stiefvaters auf ((„das war ganz schlimm (.) das war für ihn <u>ganz ganz schlimm</u> (1)", 74)). Die emotionale Zuspitzung in der Situation des Abschieds wird dann jedoch nur knapp, mit zwei bezeichnenden Details, beschrieben: der gänzlichen Verzweiflung des Stiefvaters („der hätt ein umgebracht", 76) und den Versuchen der Mutter, zu beruhigen („°un es wird schon gut wern;°", 77). Nach einer kurzen Pause wendet sich Helmut S. mit einer narrativen Wiederaufgriffs-floskel[66] („ja dann sind mer weg", 78) nun den formalen Aspekten der Deportation zu („morgens getroffen"; „zum Ostbahnhof"; „in Reih und Glied stellen"; 79f.). Die Erinnerung an die persönlichen Umstände fließt in dieser Erzählung nur in einer vagen Formulierung mit ein ((„ich glaub meine Schwester war sogar mit (1) glaub ich;", 80f.)). Der thematische Fokus bleibt auf die formalen Abläufe und die äußeren Gegebenheiten gerichtet, die Helmut S. sehr präzise und ausführlich zu rekonstruieren versucht (81-85).

---

66 Siehe dazu Schütze 1987, S. 146.

86-91   Sachfrage, abgebrochene Antwort von Helmut S., weitere Sachfrage und Sachverhaltsdarstellung (Beschreibung, 90f.)

Die unmittelbar anschließenden Frage nach der Anzahl der Waggoninsassen hätte eine vertiefende oder weiterführende Darstellung auslösen können („Ich kann's ihnen net sagen aber-", 87f.). Sie wird jedoch durch die erneute und insistierende Nachfrage der Interviewerin („U:ngefähr;", 89), abgebrochen. Auf die wiederholte Nachfrage antwortet Helmut S. knapp, indem er seine Vermutungen über die Zahl der Insassen äußert.

91-98   Beginn einer ausführlichen Erzählung mit eingelagerter Beschreibung (93f.)

Ohne noch einmal an die zuvor geschilderten Ereignisse am Bahnhof anzuknüpfen, berichtet Helmut S. nun von den Geschehnissen im Inneren des Waggons. Dieser unvermittelte Einstieg kommt einer Fokussierung gleich, die sich dahingehend bestätigt, dass die nun folgende Sequenz von einem besonders engagierten Erzählstil gekennzeichnet ist.

Anders als bei Susanne T. ist es hier nicht die Mutter, die durch ihr mutiges Auftreten in Erscheinung tritt, sondern es ist Helmut S. selbst. Beiden gelingt es – wenn auch auf unterschiedliche Weise – aus dem dunklen, abgeschlossenen Waggon eine Verbindung zur Außenwelt herzustellen und beide fungieren dabei für ihre Mitinsassen als wichtige Verbindungsglieder. Helmut S.s Erzählung konzentriert sich auf das Ergreifen einer spontanen Handlungsmöglichkeit im Waggon: „und ich hab dann eeh mich in son Eck gesetzt [...] und da war n Astloch des hab ich mit dem Messer ra:us;", 91-93). Wenn auch die äußeren Gegebenheiten eigentlich keinen Handlungsspielraum mehr zulassen („Türen wurdn zugemacht, konnst net raus war stockdunkel drin;", 94), gelingt es ihm doch die wenigen Möglichkeiten zu nutzen. Das herausgestochene Loch in der Wand des Waggons ist in diesem Sinne eine Art der ‚Grenzüberschreitung'. Der auf diese Weise gewonnene ‚Lichtblick' wird sogleich zu einem ‚verlängerten' Blick, indem Helmut S., das was er sieht, an die anderen Insassen weitergibt.

Wie wichtig dieses selbstinitiierte Handeln ist, dokumentiert sich darin, wie Helmut S. sich selbst zitiert: Der Wechsel ins Präsens („jetz sin wir", 97) und die laute, stakkatohafte Artikulation der Ortsnamen (97f.) verleihen der Vergangenheit nicht nur eine wahrnehmbare Präsenz, sondern sie unterstreichen auch, dass er in dieser Situation eine ‚herausragende' Rolle unter den Insassen einnahm („hab dem ganzen Waggon immer erzählt [...] hab denen die ganzen Namen vorgelesen", 96-98). Helmut S. hebt damit hervor, dass er sich diesen aktiven Moment, den ‚Lichtblick' in einer ausweglosen Situation eigenständig erarbeitet hat. Es dokumentiert sich hier, dass persönliche Selbständigkeit und Autonomie in der Orientierung von Helmut S. einen enorm hohen Stellenwert einnehmen. Der Blick nach draußen ermöglicht ihm eine konkrete Ortsmarkierung und eröffnet zugleich einen minimalen Handlungsspielraum. Es gelingt ihm also in doppelter Hinsicht die Bewahrung seiner Orientierung.

Die hier angesprochene Orientierung an Selbständigkeit und Autonomie zeigt sich auch in einer erinnerten Episode aus der Zeit vor der Deportation. Helmut S. berichtet in dieser Passage von seinem 13. Geburtstag, der mit der Geburt der zweiten Schwester zusammenfiel. Die Eltern vergaßen den Geburtstag ihres ältesten Sohnes, was Helmut S. wie folgt zusammenfasst:

S: [...] naja des (.) @ging ja alles@ ok; war ja alles gut; aber war schon irgendwie ne Enttäuschung; ich hab also in diesen in diesen Jahren nur Enttäuschungen gehabt mehr der weniger; Ausnahme warn halt so meine Kinobesuche; <u>war ganz toll</u>; dass ich mit dem Stern (.) im (1) in dem Revers (.) unter- unterm Revers immer wieder mal ins Kino gehen konnte; des war toll; (3) naja; (.) [Passage: *Geburt der zweiten Schwester*, Tape 2: 8:55-9:16 Min.]

Den herausragenden Erlebnissen dieser Jahre, den heimlichen Kinobesuchen, lag das Übertreten eines Verbots zugrunde. Das Betreten des Kinosaals wird somit ebenfalls zu einer Form der äußeren ‚Grenzüberschreitung'. Diese ‚Alleingänge' boten für Helmut S. einerseits Abwechslung im Alltag und andererseits einen Ausgleich der „Enttäuschungen" jener Jahre. Es wird deutlich, dass er sich nicht nur seinen persönlichen Freiraum bewahrt hat, sondern auch einen Rückzugsort, an dem er sich – wenn auch nur für einen kurzen Moment – den beklemmenden Lebensumständen entziehen konnte.

99-103 Beginn einer abstrahierenden Erzählung

Unmittelbar im Anschluss an diese Darstellung wendet sich Helmut S. dem zeitlichen Verlauf des Transportes zu. Auch in diesem Zusammenhang wird ein wichtiger Orientierungspunkt thematisiert: die Begegnung mit einem Militärtransport. Helmut S. verschafft sich und der Interviewerin einen Überblick der Situation, indem er sein Orientierungswissen über die spezifischen Abläufe und die unterschiedliche Rangfolge der Transporte detailliert aufschlüsselt. Auf diese Weise erhalten die Ereignisse dann eine logische Ordnung. Hier dokumentiert sich zum einen, dass es Helmut S. auch in dieser Situation gelingt, den ‚Überblick' und damit die Orientierung zu bewahren. Zudem wird deutlich, dass ein solch übergeordneter Blick die persönliche Erfahrungen ‚greifbarer' werden lässt. Auf diese Weise kann das Erlebte letztlich auch leichter erzählt werden.

105-106 Immanente Sachverhaltsfrage und Bestätigung des Sachverhalts

Die Interviewerin greift die von Helmut S. bereits erwähnte ungefähre Dauer des Transportes („vier oder fünf Tage", 99) auf. Sie begrenzt den Transport nun jedoch auf „vier Tage" (105) und lässt sich diese Angabe von Helmut S. bestätigen.

107-115 Immanente Nachfrage und Beginn einer abstrahierenden Erzählung

Auf die Nachfrage der Interviewerin hin geht Helmut S. auf die Umstände im Inneren des Waggons ein ((„alle alles wurde in dem in dem eeh eeh Waggon gemacht; gegessen (.) un die Notdurft verrichten alles;", 110f.)). Auch in diesem Zusammenhang werden weitere zeitliche und räumliche Orientierungspunkte markiert („Februar? […] je weiter wir nach Osten kam", 114).

116-122 Immanente Nachfrage, Beginn einer Erzählung (118f.) und Beschreibung (119-122)

Die Nachfrage der Interviewerin bezieht sich auf die mehrfach genannten, aber bisher ‚anonymen' anderen Insassen auf. Helmut S. beginnt mit einer einschränkenden Antwort („Kaum", 118). Er konkretisiert seine Erinnerung an die Insassen dann aber doch hinsichtlich des Alters ((„ich war d- ich war das einzige Kind; (.) warn <u>lau:der alte Leute</u>", 119)). Die enorme Bedeutung des selbstgeschaffenen ‚Lichtblickes' tritt unter diesen Umständen noch deutlicher hervor. Die körperliche Verfassung („<u>müde</u>", „schwach un schlapp", 121f.) und die Verzweiflung der ‚Alten'((„<u>stu:ndenlang</u> geweint; (1) und (.) gebetet; (1) und wieder gebetet und wieder geweint; <u>stu:ndenlang</u>", 120f.)) kontrastiert mit dem aktiven und selbständigen Handeln von Helmut S.. Die Wiederholung dieser Worte, die Art der Betonung, die Dehnung der Vokale und die Pausen, verleihen der Äußerung zudem eine Rhythmik, die die beklemmende Monotonie spürbar werden lässt. Um in der Situation des Transportes die Orientierung zu bewahren, war es also auch notwendig, einen Weg zu finden, um sich von der Gruppe der ‚Alten' abzugrenzen.

122-124 Bewertung

Helmut S. fasst das was gesagt wurde zusammen, indem er es hinsichtlich seiner emotionalen Belastung bewertet. Es drückt sich hier zum einen aus, dass in diesem Zusammenhang alles notwendige gesagt wurde und das Thema hinreichend bearbeitet ist. Zum anderen zeigt sich in der zusammengezogenen Äußerung „( ) war- s is" (122) die anhaltende Präsenz der Erinnerung an die Deportation. Im Zuge dieser abschließenden Kommentierung sucht Helmut S. nach Worten, die das was er erlebt und erlitten hat, adäquat zu beschreiben vermögen. Er versucht sich an den ‚Kern' des Geschehens heranzutasten und bringt eine Reihe von Äußerungen hervor, die ihn jedoch nicht zufrieden zu stimmen scheinen. Dies zeigt sich nicht nur im Abbruch der ersten Äußerung („<u>sehr sehr unangeneh-</u> also", 123), sondern auch darin, dass mit der zweiten Äußerung ein Umkehrung (Litotes) der ersten erfolgt („schon net schön; des-", ebd.). Diese eher vorsichtigen Beschreibungsversuche werden schlussendlich abgebrochen und münden in einer knappen und zugespitzten Kommentierung („furchtbar", 124).

4.4 Fallanalyse *Vera T.*

4.4.1 Biographisches Kurzprofil

Vera T. wird 1938 als Einzelkind in Köln unehelich geboren. Die Mutter ist Halbjüdin, von Beruf Kontoristin, der jüdische Vater stammt aus Berlin und arbeitet als Stoffhändler. Die Eltern lernen sich um 1936/37 während einer Dienstreise des Vaters in Köln kennen. Im März 1938 emigriert der Vater nach Südamerika. Die eigenen Emigrationsversuche der Mutter waren zuvor gescheitert, und auch eine Fernheirat kann nicht mehr arrangiert werden. 1937 wird die Mutter in Köln zur Zwangsarbeit verpflichtet, ihre Bemühungen um Ausreisepapiere für sich und ihre Tochter halten bis 1941 an, bleiben jedoch erfolglos. Vera wächst im gemeinsamen Haushalt mit den Großeltern mütterlicherseits auf, sie wird von der jüdischen Großmutter und deren jüngerer Tochter versorgt und nicht religiös erzogen. Der Großvater, Prokurist bei den Ford-Werken, ist nichtjüdisch; die beiden halbjüdischen Schwestern, nach den Nürnberger Gesetzen von 1935 eigentlich „Mischlinge 1. Grades", gelten aufgrund ihrer Zugehörigkeit zur jüdischen Gemeinde als Juden, auch „Geltungsjuden" genannt. Da auch Vera T. in den Deportationspapieren als „Geltungsjüdin" geführt wird, liegt ihren Angaben zufolge die Vermutung nahe, dass die Mutter gegenüber den damaligen Behörden den Vater ihres Kindes bewusst als „Halbjuden" angegeben hat.[67] Die Ehe der Großeltern gilt ab 1938 als „nicht privilegierte Mischehe", d.h. dass alle jüdischen Familienmitglieder von den in der folgenden Zeit erlassenen Verfügungen gegen Juden betroffen waren. Im Januar 1943 wird Vera T. zusammen mit ihrer Mutter, Großmutter und Tante nach Berlin deportiert und dort zunächst in der Großen Hamburger Straße, später dann in der Gohrmann- und der Auguststraße inhaftiert. Während die Großmutter von der Gestapo nach Köln zurückgeschickt wird,[68] werden ihre Kinder und die Enkelin im Jüdischen Krankenhaus in Wedding interniert. Veras Mutter arbeitet dort als Hausangestellte und bewohnt

---

67 Die Annahme, der Mutter sei die drohende Gefahr bewusst gewesen, wird auch von der Tatsache gestützt, dass sie ihre Tochter nicht in der jüdischen Gemeinde angemeldet hat. Demzufolge besaß Vera T. offiziell nur zwei jüdische Großeltern. Andernfalls wäre sie als „Volljüdin" eingestuft worden, was die Deportation in ein Vernichtungslager bedeutet hätte. Die misslungene Heirat der Eltern war in diesem Fall für Mutter und Tochter lebensrettend.

68 Vera T. ist im Verlauf des Gesprächs sehr darum bemüht, die äußerst komplexen Zusammenhänge des familiären Schicksals und die damalige Ereignisabfolge weitgehend zu rekonstruieren. Die Schwierigkeiten der Darstellung liegen dabei, so Vera T., vor allem in der Gleichzeitigkeit der Ereignisse begründet. Daher sei an dieser Stelle zumindest ansatzweise versucht, die genaueren Hintergründe der Deportation gemäß den Angaben von Vera T. nachzuzeichnen: Die Großmutter, die den Abtransport

gemeinsam mit ihrer Tochter ein Zimmer. Von dort werden beide im Oktober 1944 nach Theresienstadt deportiert. Die Tante, die während der Internierung in einem anderen Trakt des Krankenhauses untergebracht und zur Zwangsarbeit im Außendienst verpflichtet ist, bleibt bis zum Kriegsende in Berlin. Die Großmutter, die nach ihrer Ankunft in Köln erneut von der Gestapo verhaftet worden ist, wird ebenfalls im Herbst 1944 nach Theresienstadt deportiert und in der sogenannten „Kleinen Festung" inhaftiert. Alle drei überleben und treten im Sommer 1945 gemeinsam die Rückkehr nach Köln an. Noch auf der Rückreise, in Hannover, stirbt Vera T.s Mutter, vermutlich an den Folgen eines asthmatischen Anfalls. Nach dem Krieg wohnt Vera T. zusammen mit ihrer Tante und der Großmutter – die fortan jüdisch-orthodox lebt – in Köln. Sie nimmt ohne das Wissen ihrer Großmutter den Kontakt zum Großvater wieder auf. Später studiert sie Deutsch und Geschichte, arbeitet zwei Jahr lang als Lehrerin und beginnt schließlich eine Zusatzausbildung zur Therapeutin. Sie heiratet und bekommt zwei Söhne. 1985 reist sie erstmals zu ihrem Vater nach Südamerika. Zum Zeitpunkt des Interviews lebt und arbeitet die 58-Jährige als Familientherapeutin in Bayern.

Da die Deportation von Vera T. durch zahlreiche Zwischenstationen geprägt ist, wurde für die nachfolgende Analyse eine Passage ausgewählt, in der erstmals von dem Moment des ‚Abgeholt-Werdens' aus der Heimatstadt Köln erzählt wird. Diese Passage beginnt in der 23. Minute und steht damit noch am Anfang des etwa zweieinhalbstündigen Interviews. Die zweite Passage, in der Vera T. von ihren Erfahrungen während der Internierung im Jüdischen Krankenhaus in Berlin berichtet, findet sich gegen Ende der ersten Hälfte des Interviews. Ähnlich wie bei Susanne T. zeigt sich in beiden Passagen eine Fokussierung auf die Haltung der Mutter und damit verbundene Unklarheiten aus der Perspektive der Tochter.

....

ihrer Kinder aus Köln ‚freiwillig' begleitet – aufgrund ihrer Ehe mit einem Nichtjuden hätte sie zu diesem Zeitpunkt nicht deportiert werden dürfen – wendet sich in Berlin an die Gestapo und trägt dort vor, dass ihre Töchter nach den geltenden Bestimmungen zu Unrecht deportiert worden seien. Als „Geltungsjuden", die bei dem nichtjüdischen Elternteil lebten, hätten sie von der Deportation zurückgestellt werden müssen. Da der Großvater unterdessen jedoch eine junge „arische" Witwe und ihren Sohn in die gemeinsame Wohnung aufgenommen hatte, bleibt den Töchtern eine Rückkehr nach Köln verwehrt – ein Zusammentreffen mit „Ariern" ist nicht erlaubt. Schließlich schickt die Gestapo die Großmutter allein in das Kölner Sammellager zurück. Da sie bei ihrer Ankunft der Auflage den Judenstern zu tragen nicht nachkommt, wird sie von der hiesigen Gestapo inhaftiert. Im Oktober 1943 tritt die Scheidung der Großeltern (zu den genauen Umständen vgl. Interview Vera T., Tape 2: 0:50-17:04 Min.) in Kraft; nach einem Jahr unter sogenannter „Schutzhaft" erfolgt 1944 die Deportation der Großmutter von Köln nach Theresienstadt.

4.4.2 Transkript

Nummer des Interviews: 14568
Datum, Ort: 07.05.1996, in einer Kleinstadt in Bayern
Gesamtdauer: 152 Min.

Text: T., Vera | Tape 1: ca. 23:57-26:23 | Segmentnummer: 24-27

Thema der Passage: Die Deportation (Länge: ca. 2:30 Min.)

```
 1  Y:   Sie warn also ihre ersten viereinhalb Jahr in Köln und dann in Berli:n;
 2  T:                                                              L
 3       mhm
 4  Y:   (1) Wie kam es dass sie Köln verließen,
 5  T:   (2) Ja:: ich hab ja vorhin schon gesagt dass da also in der Familie immer
 6       so ne große Unruhe war; (2) die: wo:hl darum ging ehm ob man abgeholt
 7       wird oder nicht; es hieß immer das war das Wort abgeholt (2) u:nd die
 8       Aufregung wuchs auch (1) u:nd (.) ja eines Morgens hat's geklingelt; (2)
 9       standen zwei: Männer in Uniform vor der Tür; (2) u:nd da:nn (.) brach in
10       der Familie eine Panik aus; (1) es wurden (1) Koffer gepackt; (1) alles
11       ganz schnell; (1) ich kriegte mehrere Kleider übereinander gezogen es war
12       also sehr kalt damals kann ich noch erinnern; und also Mantel noch drüber
13       und Mütze drüber und ich weiß ich hatte also auch einen Stern bekommen
14       weil ich so geweint hab das ich keinen hatte als Einzige weil die Frauen
15       trugen ja schon nen Stern ne ganze Weile, (1) u:nd (1) ja dann (.) gingen
16       wir (.) die Treppe runter und mussten sehr leise sein gingen auf die Straße;
17       (.) der Großvater war da nicht dabei das weiß ich genau; (1) der hat wohl
18       irgendwie versucht was aufzuräum oder was zu suchen um: uns noch was
19       zu bringen; (2) und auf der Straße das war sehr merkwürdig ehm machten
20       die Polizisten erstmal so: ehm (.) zu meiner Tante hin ne Andeutung ob sie
21       eigentlich mit dazugehört; muss man dazusagen meine Tante war
22       bildschön so blonde Locken (.) während meine Mutter die fand ich auch
23       sehr schön aber die war dunkel; (2) u:nd das hatte aber nich weitere
24       Auswirkungen; aber mir fiel plötzlich ein ich hab meine Puppe Liesel
25       vergessen; und ich fing also an nicht zu heulen sondern zu schreien; (2)
26       und die beiden Männer blieben stehen und sagten (1) eigentlich zu den drei
27       Frauen jetzt gehn se und holen se dem Kind die Puppe; (.) und das ham die
28       sich nicht getraut; (.) und das hat mich also (.) u:nglaublich aufgeregt (.)
29       dass sie die Puppe hätten holen können und sich nich getraut haben; (.) ich
30       hab diese beiden (.) Mä:nner; ich nehm an das warn Polizisten; irgendwie
31       immer in einer sehr guten (.) Erinnerung behalten; weil die wirklich
32       freundlich warn die ham meiner Mutter auch den Koffer getragen; (.) [...]
```

Text: T., Vera | Tape 2: ca. 18:26-20:41 | Segmentnummer: 51-53

Thema der Passage: Eindrücke aus dem Sammellager im Jüdischen Krankenhaus in Berlin (Länge: ca. 2 Min.)

94	T:	[...] es war so dass meine Mutter hatte also wohl Angst ehm ich käm da in
95		schlechte Gesellschaft (.) ehm die Angst war nich ganz unbegründet; weil
96		schon sehr merkwürdige Leute da auch warn; jedenfalls sie hat mich dann
97		also von morgens sechs bis mittags zwei erst mal in das Zimmer
98		eingesperrt (1) das war ((Räuspern)) (.) ehm (.) ja=°ne ziemlich lange Zeit°
99		((Räuspern)) u:nd ich hab dann also so vom Fenster aus (2) n bisschen
100		beobachten könn ehm (.) ja wer läuft denn da rum; und hab dann auch
101		immer wieder Kinder gesehn; und (.) irgendwann ehm (.) hat sie das dann
102		wohl auch nich mehr für richtig gefunden (.) mich da einzusperren und
103		dann durfte ich also raus und musste also sehr viele Versprechungen
104		abgeben dass ich das Grundstück nich verlasse und dass ich ehm
105		nirgendwo hingehe und vorallndingen keine Türen öffnen Türen öffnen
106		war also absolutes Tabu; ja ich hab dann einen eh::m Jungen
107		kennengelernt (1) Harald P. war das mit dem hab ich mich also gleich
108		befreundet; der war son bisschen kleiner als ich und (.) son bisschen
109		schüchterner wohl; (2) dann hab ich Laura kennengelernt; Laura N.;
110		mit=der war ich auch befreundet und ((Räuspern)) (.) das warn da schon
111		ziemlich verschiedene Welten also (.) Laura ehm (2) lebte mit ihrer Mutter
112		irgendwie (1) so: ganz gut behütet ich hatte den Eindruck da is die Mutter
113		den ganzen Tag da: (2) bei mir war die Mutter eigentlich den ganzen Tach
114		(1) weg und ich hab also mit Harald in dem Krankenhaus so (1) ja einiges
115		angestellt würd ich mal sagen; (1) also inzwischen hatten wir längst
116		begriffen ehm dass es irgendwie darum ging (.) ehm gegen Nazis zu
117		kämpfen (2) wei:l meine Mutter hatte ein eeh Grammophon; dieses
118		Grammophon hatte sie im Zimmer und das wurde dann dieses Zimmer
119		wurde also Zentrum für diese eeh (.) Leute die da interniert warn und
120		es=kam also sehr viele Männer und Fraun abends in des Zimmer u:nd ehm
121		unterhielten sich und sangen auch (2) sangn da so zum Beispiel so Lieder
122		wie eeh es geht alles vorüber es geht alles vorbei auch Adolf Hitler mit
123		seiner Partei also ehm hatt ich so langsam ehm das Gefühl wir hier in dem
124		Krankenhaus (1) müssen uns gegen irgendwie die da draußen ehm wehren;
125		und da ehm dacht ich nun mal das Krankenhaus gehört den Nazis das war
126		allerdings n Irrtum das war ehm noch das einzige Haus in etwa was den
127		Juden überhaupt gehörte; (.) und hab dann mit Harald erheblichen Unfug
128		gemacht;

4.4.3 Thematische Gliederung

Thema der Passage: Die Deportation

OT: Erinnerungen an die Abholung der Familie

UT:	1-8	Die Spürbarkeit der wachsenden Anspannung in der Familie
UUT:	1-4	Verweis auf die ersten Lebensstationen von Vera T.
UUT:	5-8	Erneuter Verweis auf die innerfamiliäre Grundstimmung und die permanente Auseinandersetzung mit der Frage nach dem ‚Abgeholt-werden‘
UT:	8-19	Das Eintreten der Befürchtungen der Familie
UUT:	8-13	Die „Panik" (10) der Frauen und ihr hektisches Agieren
UUT:	13-15	Vera T.s Wunsch, wie die Frauen auch einen „Stern" (13) zu tragen
UUT:	15-19	Verweis auf die präzise Erinnerung an die Abwesenheit des Großvaters

OT: Entstehung eines positiven Eindrucks der Polizisten

UT:	19-24	Verweis auf ein „sehr merkwürdig[es – D. W.]" (19) Ereignis
UUT:	19-21	Das Infragestellen der Zugehörigkeit der Tante durch die Polizisten
UUT:	21-24	Das äußere Erscheinungsbild der Tante im Unterschied zur Mutter
UT:	24-32	Das freundliche Verhalten der Polizisten gegenüber der Familie und Verweis auf die Angst der Frauen
UUT:	24-29	Das von den Frauen abgewiesene Angebot der Polizisten
UUT:	29-32	Gründe der „sehr guten" (31) Erinnerung

Thema der Passage: Eindrücke aus dem Sammellager im Jüdischen Krankenhaus

OT: Die Einschränkungen des Bewegungsspielraums
im Krankenhaus durch die Mutter

UT: 94-101   Die Angst der Mutter vor „schlechte[r – D. W.] Gesellschaft" (95) für
                   ihr Kind und die daraus resultierende Maßnahme des Einsperrens

UT: 101-106   Die Lockerung des Kontaktverbots und Auferlegung von Regeln

OT: Kontrastierung unterschiedlicher „Welten" (111) im Krankenhaus

UT: 106-117   Kinderwelten

UUT: 106-111   Das schnelle Knüpfen zweier Freundschaften und Verweis auf die
                   Unterschiede

UUT: 111-117   Der „behütet[e – D. W.]" (112) Alltag der Freundin im Unterschied
                   zu Vera T.s Alleingängen im Krankenhaus mit Harald

UT: 117-128   Die gemeinschaftlichen Rituale der Erwachsenen und die
                   eigenständige Handlungspraxis der Kinder

UUT: 117-123   Das Zimmer der Mutter als gemeinschaftliches „Zentrum" (119)

UUT: 123-128   Die Abgrenzung von den Erwachsenen über eine eigene
                   Vorstellungswelt vom Kampf „gegen [...] die da draußen" (124)

4.4.4 Reflektierende Interpretation

Thema der Passage: Die Deportation

1-4   **Sachverhaltsdarstellung durch die Interviewerin, Bestätigung des Sachverhalts durch Vera T. und immanente Nachfrage**

Die Interviewerfrage greift die bereits erwähnten ersten Lebensstationen auf. Vera T. reagiert mit einem Hörersignal, das die Äußerung der Interviewerin bestätigt, die nach einer kurzen Pause eine erzählgenerierende Nachfrage nach den Gründen für das Verlassen der Heimatstadt anschließt.

5-8   **Beginn einer Erzählung**

Vera T. geht auf die Nachfrage der Interviewerin hin zunächst auf die zuvor bereits thematisierte Grundstimmung („immer", 5) in ihrer Familie vor der Deportation ein (vgl. Passage: *Angst und Unruhe*, Tape 1: 16:38-17:53 Min., ohne Transkript). In der hier verwiesenen Passage thematisiert Vera T. die Spürbarkeit einer „besonderen" Atmosphäre in der Familie. Dies lag insbesondere an den allabendlichen ängstlichen Unterhaltungen der Erwachsenen, von denen Vera T. immer wieder „Gesprächsfetzen" mitbekam, die sie als „bedrohliche Geräusche" erinnert. In ihrer Erzählung geht Vera T. nun noch einmal auf den diffusen Zustand in der Familie („große Unruhe", 6 und „Aufregung", 8) ein und führt ihn auf ein Dauerthema („es hieß immer", 7) zurück: Gegenstand der innerfamiliären Auseinandersetzung, vor der man das Kind schützen wollte, war die Frage „ob man abgeholt wird oder nicht;" (6f.). Eine Zuspitzung der damit verbundenen emotionalen Anspannung zeigt sich darin, dass Vera T. diese Erinnerung schlussendlich über ein einziges Stichwort („das Wort abgeholt", 7) abrufen kann.

Auch Susanne T. erwähnt im Zusammenhang mit ihren frühen Kindheitserinnerungen eine innerfamiliäre Unruhe und

Unbeständigkeit (vgl. 1-6). Doch die Ängste und das Gefühl der Bedrohung lösen sich bei ihr zumeist dann auf, wenn die Mutter mit ihrem ‚außergewöhnlichen' Verhalten in Erscheinung tritt. Im Fall von Vera T. kann von einer solchen ‚Auflösung' nicht die Rede sein. Der Blick auf das Agieren der Familienmitglieder führt zu Irritationen und einer Steigerung der emotionalen Anspannung. Im Fortgang des Interviews wird dieses Spannungsverhältnis von Vera T. immer wieder sehr engagiert bearbeitet. Das heißt, es wird erkennbar, dass diese Thematik innerhalb der Erzählung der persönlichen Verfolgungsgeschichte für sie sehr wichtig wird.

8-19   Fortsetzung der Erzählung mit eingelagerter abstrahierender Erzählung (13-15)

Nach der vorangegangenen Erzählung beginnt Vera T. nun relativ unvermittelt ((u:nd (.) ja eines Morgens", 8)) von dem tatsächlichen Moment des ‚Abgeholt-Werdens' zu berichten. Dabei erfährt die diffuse Atmosphäre in der Familie ((„Panik [...] Koffer gepackt; (1) alles ganz schnell;", 10f.)) erneut eine Fokussierung. Das hektische Agieren der Erwachsenen wird aus der damaligen Perspektive – aus einer Beobachterperspektive heraus – beschrieben: Vera T. erzählt, wie sie in einen unübersichtlichen Handlungs-‚Strudel' hineingerät („und also Mantel noch drüber und Mütze drüber", 12f.). Das individuelle Handeln der einzelnen Familienmitglieder bleibt in dieser Darstellung unbestimmt. Auch in der zugehörigen Hintergrundkonstruktion fällt auf, dass die weiblichen Familienmitglieder nicht als individuelle Akteure, sondern als eine Einheit („die Frauen", 14) dargestellt werden. Mit dem Artikel „die" geht eine Distanzierung einher, die sogleich auch auf eine gewisse ‚Exklusivität' der kleinen Gruppe verweist. Diese Formulierung taucht im Fortgang der Passage wieder auf, wenn es für Vera T. darum geht, im Gedränge der anderen Deportierten die Orientierung zu bewahren: „ich hab immer gesehen dass ich bei meiner Mutter und meiner (1) also bei den drei Frauen in der Nähe blieb;" (69-71). Dass die Mutter im Zuge dieser Darstellungen keinen wesentlichen Bezugspunkt darstellt, deutet auf eine gewisse Distanz und Fremdheit zwischen Mutter und Tochter hin, die später noch deutlicher werden wird. Im Zuge einer abstrahierenden

Erzählung (13-15), in der Vera T. in der Zeit zurückgreift, setzt sie die Abholung ihrer Familie mit dem Beginn des ‚Stern'-Tragens in Verbindung. Auch hier wird ihr Wunsch nach Zugehörigkeit zu der Gruppe der „Frauen" (14) sehr deutlich. Interessant ist, dass die familiäre Gemeinschaft anscheinend erst über einen Umweg, also gewissermaßen ‚von außen' hergestellt werden kann, indem sie durch den Stern markiert wird.

Die Abwesenheit des nichtjüdischen Großvaters während der Abholung aus der Wohnung wird von Vera T. zwar betont (in Form eines nachgeschobenen „das weiß ich genau", 17), lässt sich dann jedoch nur anhand vager Vermutungen begründen („irgendwie versucht was aufzuräum oder was zu suchen", 18). Hier existiert offenbar eine ‚Leerstelle', die nachträglich in der Erzählung nur ansatzweise gefüllt werden kann.[69]

Es ist festzuhalten, dass Vera T. ihre damalige Erlebnisperspektive sehr stark fokussiert, was sich in einer dichten und detaillierten Erzählweise niederschlägt. Im weiteren Verlauf des Interviews zeigt sich, dass Passagen, in denen sie versucht die biographischen Ereignisse – wie etwa die Abwesenheit des Großvaters – nachträglich zu plausibilisieren, nicht mit dem Haupterzählstrang, dem Bericht von der Abholung und der Deportation, verwoben werden (so wie es bei Susanne T. sehr deutlich hervortritt, wenn sie der Rolle der Mutter oder ihrer eigenen Wahrnehmung nachgeht). Stattdessen werden solche Plausibilisierungsversuche explizit eingeleitet und bleiben ‚in sich geschlossene' Passagen (vgl. Passage: *Politische Hintergründe*, Tape 2: ab 6:57 Min.). Hier deuten sich zwei unterschiedliche Ebenen der Erfahrungsverarbeitung an: das intensive Nacherleben und Einfühlen in die eigene Wahrnehmungsperspektive als Kind auf der einen Seite und der Versuch der Rekonstruktion des äußeren Rahmens, der familiären Zusammenhänge und der politischen Hintergründe auf der anderen Seite. Diese werden getrennt voneinander dargestellt.

---

69 Erst im weiteren Verlauf des Interviews stellt sich heraus, warum diese Anmerkung so bedeutsam ist: Die Großmutter bringt die Deportation mit einem ‚Verrat' seitens des Großvaters in Zusammenhang, der sich jedoch für Vera T. nicht abschließend aufklären lässt (vgl. Passage: *Politische Hintergründe/Großeltern*, Tape 2: 6:57-15:45 Min.; Passage: *Scheidung und Deportation der Großmutter*, Tape 3: 2:10-5:44 Min.).

19-24   Fortsetzung der Erzählung mit eingelagerter Beschreibung (21-24)

Im Fortgang der Erzählung wird ein weiteres „merkwürdig[es – D. W.]" (19) Ereignis dargelegt. Dabei gerät die Tante mit ihrer äußeren Erscheinung („<u>bildschön</u> so <u>blonde Locken</u>", 21) in das Blickfeld der Polizisten. Hier wird eine Parallele zu Susanne T.s Erzählung deutlich, in der ebenfalls ein weibliches Familienmitglied, die Mutter mit ihrer auffälligen „Außen(.)ansicht" (Suanne T., 41) einen ‚Lichtblick' verkörpert. Auffällig ist eine beinahe identische Beschreibung ((vgl. Susanne T.; „so blond und so schön", 40 und „stand da: (2) in ihrer <u>blonden Schönheit</u>", 59)). Der wesentliche Unterschied liegt jedoch darin, dass in Susanne T.s Erzählung dieser Eindruck durch das offensive, unkonventionelle Verhalten der Mutter noch bestärkt wird, während es bei Vera T. so scheint, als würden sich die Frauen den Blicken der Polizisten zu entziehen versuchen. In der zugehörigen Beschreibung kontrastiert Vera T. die blonde Erscheinung der Tante mit der dunkelhaarigen Mutter. Diese Überlegungen werden dann jedoch mit der resümierenden Äußerung „u:nd das hatte aber nich weitere Auswirkungen;" (23f.) abgebrochen.

Hier ist festzuhalten, dass der Zwischenfall mit der Tante keine positive Erinnerung, im Sinne einer ‚Entlastung', darstellt. Es dokumentiert sich vielmehr eine weitere ‚Leerstelle', diesmal in Bezug auf die Handlungsmotive und das Agieren der Frauen, wie sie sich auch in der von Vera T. zu Beginn der Passage erwähnten innerfamiliären Unruhe widerspiegelt. Dies wird auch darin deutlich, dass Vera T. den Gründen oder Bedingungen für das Handeln der Familienmitglieder nicht weiter nachgeht und den Versuch einer argumentativen Begründung abbricht.

24-32   Fortsetzung der Erzählung und Argumentation (29-32)

Vera T. fokussiert im Fortgang ihrer Erzählung ein aus Sicht des Kindes besonders dramatisches Ereignis: das Vergessen der „Puppe Liesel" (23f.). Ihre eigene aufmerksamkeitserregende Reaktion

(„fing also an nicht zu heulen sondern zu schreien;", 25) kontrastiert dabei mit dem zuvor geschilderten Bestreben der Frauen, die
Situation der Abholung möglichst unauffällig zu ‚durchlaufen'.
Hier wiederholt sich zudem die bereits erwähnte Gleichsetzung
der weiblichen Familienmitglieder („drei Frauen", 26f.), denen
nun noch ein männlicher Gegenpart ((„diese beiden (.) Mä:nner",
30)) gegenübergestellt wird. Im Zuge der Begründung der positiven Erinnerung an die Polizisten zeigt sich eine Diskrepanz zwischen der Angst der Frauen – die weitgehend unbestimmt bleibt –
und dem freundlichen, sogar zuvorkommenden Verhalten der
Polizisten („auch den Koffer getragen", 32). Vera T. bringt hier
eine positive Orientierung (ein respektvoller und anständiger
Umgang) der Polizisten zum Ausdruck. In der Darstellung der
Abholsituation erfolgt also eine positive Rahmung der ‚Täterfiguren'. Hierin findet sich in gewisser Weise ein Moment der ‚seelischen Entlastung' für die Erzählende: Indem den Tätern solch
positive Eigenschaften zugesprochen werden, kann die Erfahrung
zumindest ansatzweise erträglicher gestaltet werden.

Thema der Passage: Eindrücke aus dem Sammellager im Jüdischen
Krankenhaus

94-101 Erzählung und abstrahierende Beschreibung (95f.)

In der Schilderung der anfänglichen Isolation im Jüdischen
Krankenhaus lässt sich feststellen, dass die hinter dem Verbot
stehende Orientierung der Mutter für Vera T. nicht transparent
ist. Demnach kann sie im Rahmen der Erzählung nur ansatzweise nachvollzogen werden („die Angst [der Mutter – D. W.] war
nich ganz unbegründet; weil schon sehr merkwürdige Leute da
auch warn;", 95f.).[70] Die Unannehmlichkeiten in den Stunden des
‚Eingesperrt-Seins' werden von der Interviewten ausgespart bzw.

---

[70] Die Tätigkeit des Beobachtens entspricht einer frühen Erfahrung aus der Zeit in Köln. Auch dort
blieb Vera T. aufgrund der antisemitischen Ausgrenzung nur die Möglichkeit, das Spiel der anderen
Kinder vom Fenster aus zu beobachten. Auf eine immanente Nachfrage der Interviewerin hin legt sie

zurückgehalten (dies zeigt sich in der leise eingefügten Äußerung „das war [...] ja=°ne ziemlich lange Zeit°", 98). Wichtiger ist für Vera T. ein Moment der Autonomie: Indem sie, im wortwörtlichen Sinn, ‚von oben' auf die anderen Insassen des Krankenhauses herabblickt und auf diese Weise die Situation überschaut, verschafft sie sich wichtiges Orientierungswissen („ja wer läuft denn da rum;", 100).

101-106 Fortsetzung der Erzählung

Die Situation ändert sich mit einer ‚Einsicht' der Mutter ((„und (.) irgendwann ehm (.) hat sie das dann wohl auch nich mehr für richtig gefunden (.) mich da einzusperren", 101f.)). Die Auflockerung des Verbots impliziert jedoch eine Reihe neu auferlegter Regeln, die den Bewegungsspielraum von Vera T. klar abstecken („dass ich das Grundstück nich verlasse", „keine Türen öffnen [...] war also absolutes Tabu;", 104-106). Im weiteren Verlauf der Passage zeigt sich, dass diese Grenzen, trotz der strikten Tabusetzung, von Vera T. in zahlreichen eigenständigen Aktionen sukzessiv überschritten werden. Hier dokumentiert sich Vera T.s Orientierung an Autonomie und Durchsetzungsvermögen. Im Rahmen dieser geschilderten Aktionen kommt zudem das o. g. Orientierungswissen wieder zum Tragen, beispielsweise wenn es um die sehr bedeutsame Unterscheidung geht, „wer eigentlich zu eim gehörte und wer nich" (Passage: *Freundschaft*, Tape 2: 20:41-25:25).

106-117 Fortsetzung der Erzählung und abstrahierende Beschreibung (111-117)

Mit den neu gewonnen Freundschaften unter den Kindern der Krankenhausinsassen werden „ziemlich verschiedene Welten" (111) offengelegt. Hinweise auf einen positiven Horizont finden sich in den Anspielungen auf die Freundin Laura und deren

---

in dieser Passage dar, wie in ihr damals ein diffuses Gefühl erwuchs, das davon geprägt war ‚anders zu sein'. Obwohl sie keine Erklärung für dieses ‚Anders-sein' finden konnte, musste hierin allem Anschein nach die Ursache für die Isolation liegen. Es zeigt sich hier, dass die kindliche Erlebnisperspektive von einer Vielzahl von ‚Leerstellen' durchzogen ist. (vgl. Passage: *Kontakt zu anderen Kindern*, Tape 1: 10:57-12:35 Min., ohne Transkript).

„behüte[e – D. W.]" (112) Welt, die ein ungestörtes Zusammensein von Mutter und Tochter einschließt. Vergleicht man diese Beschreibung mit dem Fall von Elisabeth S., so zeichnet sich hier hinsichtlich der Mutter-Tochter-Beziehung eine Gemeinsamkeit der positiven Horizonte ab. Diese liegt darin, dass die jeweiligen erzieherischen Ansichten und das Verhalten der Mütter mit anderen Haltungen (bei Elisabeth S. finden sich diese z. B. bei den Nonnen im Krankenhaus und den Mitinsassinnen in Theresienstadt) kontrastiert werden.

Dem als eine Art positiver Horizont dargelegten ungestörten Zusammenleben von Mutter und Tochter wird im Fortgang der Beschreibung der tatsächliche Alltag von Vera T. im Krankenhaus gegenübergestellt ((„und ich hab also mit Harald in dem Krankenhaus so (1) ja einiges angestellt würd ich mal sagen;", 114f.)). Obwohl dieser Alltag von dem zuvor entworfenen Wunschbild einer Mutter-Tochter-Beziehung abweicht, wird deutlich, dass die gemeinschaftlichen Aktionen mit Harald in der Erinnerung positiv besetzt sind: Im Vordergrund steht eine autonome Handlungspraxis der Kinder und deren eigenständige Interpretationsleistungen ((„dass es irgendwie darum ging (.) ehm gegen Nazis zu kämpfen", 116f.)).

117-123 Fortsetzung der Erzählung

Zum einen wird hier die Kontrastierung von zwei unterschiedlichen Mutter-Tochter-Welten weitergeführt und begründet. Als Kern dieses Kontrasts entfaltet Vera T. die Unmöglichkeit, eine ungestörte Zweisamkeit mit ihrer Mutter zu realisieren: Das Zimmer der Mutter wird ein Ort des kommunikativen Austauschs und gemeinschaftliches „Zentrum" (119) der internierten Frauen und Männer. In einer kurz darauf folgenden Passage wird deutlich, inwiefern diese Entwicklung einen negativen Gegenhorizont markiert:

T: […] und gleichzeitig ehm war da noch son anderes Leben das andre Leben war das mit meiner Mutter mit diesen (1) U:nmengen von Leuten (3) die da abends zu Besuch kamen und diesen (.) Meldungen (.) wer abgeholt worden ist (.)

und dann wieder dieses werden wir auch abgeholt; (Passage: *Freundschaft*, Tape 2, 25:25-25:45 Min.)

Hier wird zum anderen auch erkennbar, warum der Freundschaft zu Harald eine wesentliche Bedeutung zukam: Sie bot die einzige Rückzugsmöglichkeit, und somit einen ‚Lichtblick' angesichts der bedrohlichen „Meldungen" über ein bekanntes Dauerthema. Der ‚Rückzugsort' findet sich in einer gemeinsam entwickelten Vorstellungswelt von einem Kampf „gegen Nazis" (116).

123-128 Abstrahierende Erzählung

Vera T. geht im Zuge einer abstrahierenden Erzählung auf die Hintergründe der Phantasievorstellungen ein. Dabei steht zu Beginn die Erkenntnis, dass die Internierten im Krankenhaus eine Gemeinschaft bilden, die sich gegen eine andere Gruppe zur Wehr setzen muss. Gleichwohl hier von einer Gemeinschaft der Internierten die Rede ist, wird sehr deutlich, dass sich Vera T. von dieser Zuschreibung absetzt. Die Ängste und Ahnungen der Erwachsenen bleiben aus Sicht der Kinder unbestimmt, sie richten sich auf ein unspezifisches „die da draußen" (124). Demgegenüber steht ein wesentlich konkreteres ‚Täterbild' in der Phantasie der Kinder, das zudem in eine kreative Handlungspraxis („erheblichen Unfug", 127) überführt wird.[71] Insgesamt zeigt sich also ein kreativer Prozess, der in diesem Zusammenhang auch als ein ‚Lichtblick' gewertet werden kann. Denn er trägt letztlich zu einer Strukturierung der unübersichtlichen Krankenhaussituation bei.

---

71 Vgl. Passage: *Freundschaft/Aktionen im Krankenhaus*, Tape 2: 20:41-25:25 Min., ohne Transkript.

4.5 Fallanalyse *Elisabeth S.*

4.5.1 Biographisches Kurzprofil

1936 wird Elisabeth S. als jüngste Tochter ihrer Eltern in Wien geboren. Ihre Schwester kam 1929 ebenfalls in Wien zur Welt.[72] Der Vater ist Jude, von Beruf Arzt, die protestantische Mutter stammt aus einer Wiener Offiziersfamilie und hat eine Handelsschule besucht. 1932 tritt die Mutter zum Judentum über. Der nichtjüdische Großvater mütterlicherseits heiratet nach dem Tod seiner ersten Frau die Schwester eines SS-Mannes. Dieser erklärt sich sehr bald dazu bereit, die Vaterschaft für Elisabeths ältere Schwester zu übernehmen. Die amtliche Erklärung erfolgt vor dem sogenannten „Brunner II",[73] der später auch für die Deportation der Familie mitverantwortlich ist. Dem Großvater gelingt es außerdem über einen persönlichen Kontakt zu dem NS-Politiker Ernst Kaltenbrunner – die beiden kennen sich aus der Militärakademie – seine Tochter auf eine „Schutzliste" setzen zu lassen, die eine vorläufige Rückstellung von einer Deportation bewirkt. Als unter 14-Jährige besitzt Elisabeth denselben Status wie ihre Mutter, wohingegen ihre ältere Schwester nicht in der Liste geführt wird. Der Vater wird in Buchenwald interniert, kehrt jedoch 1938 – dank dem Einsatz seiner Frau – nach einjähriger Haft nach Wien zurück. Er flieht kurz darauf nach Italien, wo er, nach einer gescheiterten Ausschiffung in Genua, in ein Internierungslager gelangt und ca. zwei Jahre später von Rom nach Auschwitz deportiert wird. Die Familie muss nach der Flucht des Vaters eine Zwangswohnung beziehen und in den folgenden Monaten weitere sechs Mal die Wohnung wechseln. Zuletzt bewohnen sie zu dritt ein Zimmer im zweiten Wiener Bezirk. Die Schwester ist seit ihrem 13. Lebensjahr zur Heimarbeit mit Emaille verpflichtet. Mehrmals wird die Familie in dieser Zeit zum Transport in ein Sammellager einberufen, dank dem Großvater kann sie jedoch vorerst in Wien bleiben. Im Frühjahr 1943 muss Elisabeth einen Krankenhausaufenthalt antreten. Nach ihren Auskünften ist es dem „Brunner II"

---

72 Die Schwester hat ebenfalls ein Interview für das „Visual History Archive" gegeben (siehe Interview mit Gerda F. vom 20. Dezember 1998 in Wien, Interview-Nr. 48947).

73 Anhand der Auskünfte von Elisabeth S. lässt sich rekonstruieren, dass es sich hierbei um Anton Brunner (1898-1946), auch genannt Brunner II, handelt. Er ist seit 1939 Mitarbeiter der „Zentralstelle für jüdische Auswanderung in Wien" und in seiner Funktion mitverantwortlich für die Deportationstransporte. Sein Namensvetter Alois Brunner (Brunner I) ist zur Zeit der großen Deportationstransporte aus Wien 1941/42 Leiter dieser Zentralstelle (vgl. dazu die Angaben im Dokumentationsarchiv des österreichischen Wiederstandes, verfügbar unter: http://de.doew.braintrust.at/index.php?b=140&hl=Brunner%20II).

zu verdanken, dass der Deportationstermin ihrer Mutter und der Schwester bis zu ihrer eigenen Entlassung aus dem Spital verschoben wird. Ende März werden sie gemeinsam nach Theresienstadt deportiert. Während die Mutter und die Schwester zum Arbeitseinsatz eingezogen werden, wird Elisabeth zusammen mit schwerstbehinderten Kindern im Kinderheim des Lagers untergebracht. Alle vier Familienmitglieder überleben die Inhaftierung und kehren 1945 nach Wien zurück. Aus der Familie väterlicherseits hat, bis auf eine Cousine, niemand überlebt. Nach dem Krieg absolviert Elisabeth eine Tanzausbildung und erhält verschiedene Engagements in Österreich. 1960 beendet sie ihre Karriere als Tänzerin und wird Sekretärin an einem der dortigen Theater. Nach ihrer Heirat arbeitet sie in der Filmproduktionsfirma ihres Mannes. Sie hat eine Stieftochter, die ebenfalls in der Filmbranche tätig ist. Zum Zeitpunkt des Interviews ist Elisabeth S. 61 Jahre alt und lebt in Wien.

Dem hier ausgewählten Interviewausschnitt geht eine Passage voraus, in der Elisabeth S. von ihrem 10-tägigen Aufenthalt im Jüdischen Krankenhaus in Wien berichtet. Nach einer Mandeloperation wurde sie am vorgesehenen Tag der Entlassung mit starkem Fieber und einer Scharlach-Diagnose in die Infektionsabteilung des Wilhelminenspitals überwiesen. Auf eine Nachfrage der Interviewerin zu ihrem damaligen Alter hin, erzählt Elisabeth S. zunächst von einer besonders einprägsamen Erinnerung an die Zeit im Krankenhaus. Ohne dass es eine weitere Intervention seitens der Interviewerin gibt, wendet sie sich unmittelbar darauf dem Tag der Deportation ihrer Familie zu. Daher wurde in die Analyse der an die Frage der Interviewerin anschließende Gesprächsabschnitt als Teil der Passage „Die Deportation" mit einbezogen. Eine kurz darauf folgende Passage behandelt dann die Erinnerungen an die Zeit der Inhaftierung im Lager, die, ähnlich wie in den Fällen von Susanne T. und Vera T., durch intensive Eindrücke von der eigenen Mutter geprägt sind. Beide Textpassagen finden sich gegen Ende der zweiten Hälfte des knapp zweistündigen Interviews.

4.5.2 Transkript

Nummer des Interviews: 32062
Datum, Ort: 03.06.1997, Wien   Gesamtdauer: 111 Min.

Text: S., Elisabeth | Tape 2: ca. 5:47-11:10 | Segmentnummer: 37-43

Thema der Passage: Die Deportation (Länge: ca. 5 Min.)

```
1   Y:    Wie alt warn Sie da,
2   Sch:                    └ °damals war ich sechs° (2) und da war also das
3         einzige wirklich(.)e Erlebnis was (1) glaube ich prägend für mich (.) war
4         und ist (.) dass ich hoch fiebernd war (.) und eigentlich ein verzweifeltes
5         kleines Mäderl (2) das von einem Spital ins andere gekommen is und
6         mein- meine Mutter gesagt hat also sie muss weggehen (.) und mich dort
7         alleine gelassen hat; und ich kannte keine Nonnen; (.) was auch ganz
8         logisch is @(.)@ und diese Nonnen mit diesen großen (.) Hauben ham
9         mich also hinein gebracht und da war ein Arzt (1) mit einem Spachtel, (.)
10        und der wollte mir in den Mund schaun (2) und der=hat's gsagt mach's
11        Ma- mach'n Mund auf und ich hab also wahrscheinlich mich etwas
12        geziert; (.) und daraufhin, hat er mir eine Watschn runtergehaut und hat
13        gsagt sperr's Maul auf Judenfratz (2) worauf ich das Maul aufgesperrt
14        habe? (2) und diese (.) Nonne mich genommen hat (.) und von dem
15        weggebracht; (2) und diese Nonnen (.) dann im Wilhelminenspital die
16        warn wie die Engeln zu mir; (1) sie habn mich sechs Wochen dort
17        behalten; sie habn mir nicht meine schönen langen Haare abgeschnitten; (.)
18        die verfilzt warn und wahrscheinlich auch mit Läusen; (1) meine Mutter
19        hat ihnen gesagt sie sollen mir also die Haare schneiden; und die Nonnen
20        haben gesagt nein das tun sie nicht denn nem kranken Mäderl und einem
21        kranken Kind schneidet man nicht die Haare; (1) und (.) der Brunner Zwei
22        hat (.) den Anstand besessen, (.) meine Mutter und meine Schwester nicht
23        wegzuschicken bevor ich aus dem Wilhelminenspital kam; und ich kam
24        direkt aus dem Wilhelminenspital, (.) in die (.) ins Auffanglager, (.) und da
25        hab ich wiederum die Erinnerung an meinen Großva:ter (.) de:r (.) mit
26        Blumen; (.) wie es sich gehört (.) und einer Bonboniere; wie es sich
27        gehört; von seiner Tochter und seinen Enkelkindern Abschied genommen
28        hat; (1) und ich glaube am nächsten oder übernächsten Tag nach dem
29        Wilhelminenspital kam ich also dann sind wir dann nach Theresienstadt
30        abtransportiert worden; (1) meine (.) Mu:tter hatte bei sich (4) ich glaube
31        noch elf andere Kinder; (.) die (.) v- deren Eltern (.) weg warn; (1) die
32        Mama ist im Zug gewesen mit einem Coup- in einem Coupé (.) mit
33        weinenden schreienden kleinen Kindern die man ihr mitgegeben hat; die
```

34	ihr die Kultusgemeinde mitgegeben hat; da warn Eltern die ausgewandert
35	sind und die ihre Kinder der Kultusgemeinde zur Aufsicht oder- überlassen
36	hat dann hat es auch wahrscheinlich Kinder gegeben (4) <u>die</u> Waisenkinder
37	warn ich weiß es nicht; ich ha- wir habn auch diese diese Kinder sind <u>in</u>
38	Theresienstadt <u>sofort</u> meiner Mutter auch wieder weggenommen worden;
39	wir haben faktisch nur die Fahrt mit ihnen gemacht, (.) und (.) <u>ich</u> habe
40	dann <u>im Zug</u> wieder angefangen hoch zu fiebern, (.) und da ist also meine
41	Erinnerung das ich oben in dem Gepäcksnetz gelegen bin (2) <u>hoch</u>
42	<u>fiebernd</u> (2) und dann gesagt habe; jetzt werden sie uns Bomben
43	reinwerfen <u>weil</u> (.) sie wollen uns ja umbringen; (1) also zu glauben dass
44	(.) es dass die Kinder oder die Leute es <u>nicht</u> wussten (.) das is: ich wusste
45	sehr wohl was mit uns passiert; auch als sechsjährige Kinder

46	Y:	⌐ (un) was hat ihre Mutter Ihnen gesagt,
47	Sch:	(2) (((stöhnt))) °Nichts°
48	Y:	⌐ Wann-
49	Sch:	⌐ Meine Mutter hat sich <u>immer ununterbrochen</u>

50	<u>nur gefürchtet</u> //@(.)@// @und@ sie hat sich mit recht gefürchtet und sie
51	hat (.) einen <u>ungeheuren</u> Instinkt gehabt; und aus dieser Angst glaube ich:
52	is es ihr auch gelungen meine Mutter war wirklich <u>nie:</u> eine Heldin; sie hat
53	immer probiert irgendwie durchzukommen (.) und (.) <u>mit Anstand</u> (.) ich
54	bin überzeugt davon dass meine Mutter; im Unterschied von meiner
55	Schwester; <u>niemals</u> sich von irgendjemand nur ein Stück <u>Brot</u> genommen
56	hä:tte; (.) das hat sie nicht können; das ging gegen ihre Erziehung; (.) <u>aber</u>
57	<u>Angst</u> hat sie gehabt

58	Y:	⌐ <u>Wann war</u> der Transport, erinnern sie sich an das
59		Datum,
60	Sch:	⌐Im

61	März (1) ja ich erinnere mich; ich kann also nicht <u>haargenau</u> sagen also ich
62	nehme an es muss so um den ((stöhnt)) fünf- sechsundzwanzigsten März
63	43 gewesen sein; denn ich habe am 16. April Geburtstag; (.) und habe also
64	meinen siebnten Geburtstag in Theresienstadt verbracht; (1)

Text: S., Elisabeth | Tape 2: ca. 15:13-17:14 | Segmentnummer: 47-49

Thema der Passage: Eindrücke von Theresienstadt (Länge: ca. 2 Min.)

65 Sch: [...] und dann erinner ich mich an die (.) etwas indiskrete Situation der
66 Latrinen (.) dort in dieser (.) Baracke; eeh in dieser Kaserne (3) diese lange
67 Latrine (2) mit (.) den Stangen; (2) ich weiß nicht ob sie das je gesehen
68 haben, (2) °und ein kleines Mäderl° (1) mit einem Nachttopf; denn ich bin
69 natürlich mit Topf gereist; (1) und (2) da meine Mutter fand (1) dass das
70 also kein Anblick is für ein (.) Mäderl, (1) musste ich auf den Topf (.) <u>so</u>
71 <u>sitzen</u> (1) dass ich mit dem Rücken zu den <u>Damen</u> saß (.) die auf der
72 Latrine warn=aber heimlich hab=ich=mich ja doch umgedreht und hab
73 geschaut; und des war also ein @schauerlicher Anblick@ und ich hab mir
74 immer ausgemalt <u>ich</u> könnt ja nich- gar nich dort sitze weil ich kann ich
75 bin ja viel zu klein; also dass ist ein ganz ech- eine ganz echte Erinnerung
76 (.) die Latrine. (1) und dahin- neben der Latrine (.) muss eine Art
77 Duschraum gewesen sein; (3) denn in den hat sich- hat mich einmal (.) die
78 Mutti gesperrt also sie is mit mir in diese Dusch reingegangen; (2) da hab
79 ich Zucker gestohlen; und (.) sehr ungeschickt den Zucker gestohlen; die
80 ganze Ration von uns oder- (2) und hab ihn ausgeschüttet; (.) und (.) da hat
81 dann die- is die Mama mit mir in diesen Duschraum gegangen um mich zu
82 haun; (2) sie konnt es aber nicht weil sich die Damen der Latrinen auf sie
83 gestürzt haben und ihr gesagt habn man schlägt hier kein Kind; (3) und das
84 hat sie also @abgelassen mich zu erziehen also@ aber jedenfalls erinner
85 ich mich an diese Situation; (1)

4.5.3 Thematische Gliederung

Thema der Passage: Die Deportation

OT: Erfahrungen aus der Zeit kurz vor der Deportation

UT:	1-21	Die Erinnerung an ein zentrales Erlebnis der Kindheit
UUT:	1-4	Verweis auf die nachhaltige Bedeutung der Krankenhauserfahrung
UUT:	4-7	Die Verzweiflung als Kind und die sich abwendende Haltung der Mutter
UUT:	7-15	Der dramatische Höhepunkt des Krankenhausaufenthaltes
UUT:	15-21	Die Erfahrung der Fürsorge durch die Nonnen
UT:	21-30	Die Bewahrung von „Anstand" (22) in der Situation des Abtransportes
UUT:	21-24	Der Aufschub des Deportationstermins aufgrund der anständigen Haltung des Deportationsverantwortlichen
UUT:	24-28	Eine Verabschiedung „wie es sich gehört" (26)
UUT:	28-30	Zeitliche Einordnung der Deportation

OT: Die Haltung der Mutter und das Wissen der Deportierten um die tödliche Bedrohung

UT:	30-39	Der Blick auf die von der Mutter übernommene Fürsorge für die deportierten Kinder
UUT:	30-37	Versuch der Rekonstruktion der familiären Hintergründe der Kinder
UUT:	37-39	Das mögliche Schicksal der Kinder und Verweis auf die fehlende Information
UT:	39-47	Die Antizipation der Gefahr im weiteren Verlauf der Deportation
UUT:	39-43	Elisabeth S.s konkrete Vorahnungen von der Bedrohung als Kind
UUT:	43-45	Das Wissen der Deportierten, einschließlich der Kinder im Unterschied zum Bild des ‚ahnungslosen Opfers'
UUT:	46-47	Die Frage nach der sprachlichen Verständigung über die Grenzerfahrung
UT:	48-57	Wichtige Aspekte der Haltung der Mutter in der Grenzsituation
UUT:	48-53	Das Zusammenspiel von der „Angst" (51) und dem „Instinkt" (ebd.) der Mutter
UUT:	53-57	Die Bewahrung des ‚Anstand-Prinzips' im Unterschied zum Stehlen der älteren Schwester im Lager
UT:	58-64	Zeitliche Einordnung der Deportation

Thema der Passage: Eindrücke von Theresienstadt

OT: Erinnerte Episoden in der Baracke

4.5.4 Reflektierende Interpretation

Thema der Passage: Die Deportation

1-2	**Sachfrage nach dem damaligen Alter der Interviewten und Sachantwort**

2-12 **Bewertung (2-4) durch Elisabeth S. und Beginn einer ausführlichen Erzählung**

Die Nachfrage der Interviewerin richtet sich auf einen Sachverhalt (damaliges Alter der Interviewten) und ist insofern nicht eben erzählanregend. Gleichwohl beginnt Elisabeth S. nach der Beantwortung der Frage mit einer ausführlichen Erzählung. Der erzählerische Einstieg folgt über eine Bewertung, mit der sie das Singuläre und Authentische der Erfahrung dezidiert hervorhebt. Sie verweist damit auf die evaluative Bedeutung[74] der Erfahrung (("das einzige wirklich(.)e Erlebnis was (1) glaube ich prägend für mich (.) war und ist", 2-4)). In der Betonung der anhaltenden Bedeutung dokumentiert sich, dass Elisabeth S. das Erlebnis als biographischen ‚Einschnitt' reflektiert und als einen identitätsrelevanten Aspekt[75] in eine biographische Orientierungstheorie aufgenommen hat. Es folgt eine Darstellung des prägenden Kindheitserlebnisses, in der es auch um das spezifische Mutter-Tochter-Verhältnis geht. Eine emotionale Zuspitzung der Situation dokumentiert sich in der Kontrastierung von individueller Erlebnisperspektive (("dass ich hoch fiebernd war (.) und eigentlich ein verzweifeltes kleines Mäderl", 4f.)) und der sich abwendenden Reaktion der Mutter ("mich dort alleine gelassen", 6f.). In der liebevollen und einfühlsamen Betreuung durch die Nonnen ("wie die Engeln", 22) während des langwierigen Krankenhausaufenthaltes deutet sich ein positiver Horizont an ("meine Mutter hat

---

74 Siehe. dazu Lucius-Hoene/Deppermann 2004, S.147. Die Autoren sprechen bei einer derartigen Einleitung von einem „abstract", „d. h. eine Ankündigung, die eine Vorausschau auf den Inhalt der kommenden Erzählung bietet oder ihre evaluative Bedeutung markiert" (ebd.).

75 Siehe dazu Lucius-Hoene/Deppermann 2004, S.121.

ihnen gesagt sie sollen mir also die Haare schneiden; und die Nonnen haben gesagt nein das tun sie nicht denn nem kranken Mäderl
und einem kranken Kind schneidet man nicht die Haare;", 18-21).
Die Fürsorge der Nonnen erscheint jedoch erst vor dem Kontrast
mit dem behandelnden Arzt sehr deutlich („Watschn runterge-
haut […] sperr's Maul auf Judenfratz", 12f.). Diese Episode erinnert an die Erlebnisse von Susanne T. auf dem Registrierungs-
platz in Amsterdam. Auch bei ihr fällt der ungewohnt vulgäre und
antisemitische Sprachgebrauch besonders ins Gewicht und stellt
eines der einprägsamsten Erlebnisse dar. Bei Elisabeth S. findet
dieses nachhaltige Erlebnis seinen performatorischen Ausdruck in
der Wiedergabe der wörtlichen Rede des Arztes und der Wiener
Mundart in den Zeilen 12-14. Es ist der dramatische Höhepunkt
des ganzen Dilemmas im Krankenhaus, dem Elisabeth S. nur mit
Hilfe einer der Nonnen entgehen kann. Diese fungiert dabei als
eine Art ‚Ersatzmutter' ((„mich genommen hat (.) und von dem
weggebracht", 14f.)).

21-30   Fortsetzung der Erzählung

Die erzählerische Überleitung zur Deportation erfolgt mit dem
Hinweis auf „den Anstand" (22) des für die Deportationen mit-
verantwortlichen „Brunner Zwei" (21f.), den Transporttermin
der Familie bis zur Entlassung von Elisabeth S. aufzuschieben.
Die anschließende doppelte Kommentierung des Abschiedes vom
Großvater mit der Äußerung „wie es sich gehört" (26f.) liest sich
wie eine äquivalente Äußerung zum Thema „Anstand". In der
Situation des Abtransportes nach Theresienstadt spiegelt sich diese
Wertorientierung insofern wieder, dass die Familienmitglieder
eine gewisse ‚Haltung', im Sinne von Beherrschung, bewahren.
Dazu gehört es eben auch, dass sich der Großvater in angemesse-
ner Form – mit „Blumen" (26) und einer „Bonboniere" (ebd.) –
von seiner Tochter und den Enkeln verabschiedet. ‚Abschied
nehmen' bzw. eine ‚angemessene' Verabschiedung sind als feste
Rituale in der Handlungspraxis der Beteiligten verankert. Die
Mitbringsel des Großvaters symbolisieren dabei eine Kontinuität
dieser Handlungspraxis in der Verfolgungssituation. Obwohl sich

die Rahmenbedingungen für die Familie als ausweglos erweisen und die Deportation unweigerlich bevorsteht, gelingt es ihr, einen minimalen Handlungsspielraum zu gestalten, was sich in dem fast schon triumphierend nachgeschobenen „wie es sich gehört" dokumentiert. Aus der Darstellung der innerfamiliären Handlungspraxis geht hervor, dass die Mutter und der Großvater an der Aufrechthaltung ihrer spezifischen Wertvorstellung orientiert sind. Auf ähnliche Weise wird dann auch Elisabeth S.s Perspektive im Hinblick auf das Agieren der Täterseite strukturiert.

Interessant ist dazu eine spätere Passage, in der Elisabeth S. davon erzählt, wie in Theresienstadt kurz vor Kriegsende ein Rücktransport mit Auschwitz-Häftlingen eintraf. Als sie sich in der Erzählung mit dem Hunger dieser Häftlinge auseinandersetzt, fügt sie eine kurze Episode über ihre eigene Abholung aus Wien ein. Hier findet eine inhaltliche Verschiebung von den Grenzerfahrungen in Theresienstadt auf die Erfahrung einer gewissen Kontinuität außerhalb des Lagers statt („gut[e – D. W.] und anständig[e – D. W.]" „Leute"). Die Aufrechthaltung der Orientierung an Anstand strukturiert die Erfahrung. Die eingefügte Episode dient dabei quasi als Beleg dafür, dass die Welt außerhalb der Grenzsituation in Theresienstadt in gewisser Weise noch ‚intakt' ist:

Sch:[…] und da (.) wollt ich eben noch also die Geschichte von der Hausmeisterin erzählen; (3) v- aus der Großen Sperlgasse wo wir zum Schluss gewohnt haben; (.) und (.) wie wir abtransportiert wurden an diesem Abend (3) eine Frau sich auf eben (.) mein Gitterbett gestürzt hat (.) und die Hausmeisterin zu ihr gsagt hat hern se wern doch no woaten können bis des orme Kind weg is; (.) bevor sie des Bett nehmen; (1) und an die: Person hat meine Mutter eine Dankeskarte in meinem Namen geschickt; (2) und diese Hausmeisterin aus dem zweiten Bezirk (.) hat uns (.) durch zwei Jahre hindurch (.) das was sie auch nicht hatte (.) geschickt; (2) an Paketen; (2) ich finde das ist etwas was auch sehr wichtig zu erwähnen is (.) dass (1) wenn man mitten (.) drinnen war (3) es sehr viele Leute gegeben hat (1) die gut und anständig warn; (.) die in Wirklichkeit nichts machen konnten; (.) außer vielleicht als Hausmeisterin an ner Wiener K- an=ner an ner ormes Kind a Packet schicken; (2) [Passage: *Theresienstadt/Erinnerung an den Abtransport aus Wien*, Tape 3: 3:36-4:58 Min.]

30-39   **Fortsetzung der Erzählung mit Hintergrundkonstruktion im Modus der abstrahierenden Erzählung (31-39)**

In der Erzählung von dem Verlauf des Transportes fokussiert Elisabeth S. zunächst die Mutter. Das Verhalten der Mutter erfährt dabei – im Unterschied zur vorangegangenen Passage – eine positive Rahmung. Im Mittelpunkt steht die ihr zugewiesene Rolle als Bezugsperson für die elternlos deportierten Kinder und die damit verbundene Verantwortung ((Dass Elisabeth S. in diesem Zusammenhang ihr Mitgefühl zum Ausdruck bringt und eine sehr positive und liebevolle Haltung gegenüber der Mutter einnimmt, deutet sich auch in dem Wechsel von der häufig gebrauchten Wendung „meine Mutter" (18; 22; 30 sowie in 39; 49-54) zu „die Mama" (32) an.)) In der zugehörigen Hintergrundkonstruktion äußert Elisabeth S. unterschiedliche Vermutungen über die biographischen Hintergründe der jüdischen Kindergruppe. In Bezug auf das Schicksal dieser Kinder in Theresienstadt setzt sie die Vermutungen jedoch nicht fort. Zwar scheint in den Äußerungen eine Ahnung über den traurigen Ausgang dieser Begegnung durch, sie wird jedoch nicht explizit gemacht. Es ist anzunehmen, dass es sich hierbei um eine Erfahrung handelt, die für Elisabeth S. nicht erzählbar ist. Sie schließt das Thema dann auch in knapper Weise ab, indem sie auf die unzureichende Faktenlage („faktisch", 39) verweist.

39-45   **Fortsetzung der Erzählung und abstrahierende Beschreibung (43-45)**

Elisabeth S. konzentriert sich im Fortgang ihrer Erzählung auf ihre eigene Wahrnehmung der Transportsituation. Mit der Selbstzitierung (42f.) bringt sie eine Orientierung zum Ausdruck, die im Zuge der abstrahierenden Beschreibung weiter ausgearbeitet wird: Die Deportierten, einschließlich der Kinder „wussten" (44) um die drohende tödliche Gefahr. Im Rahmen der Erzählung wird dieses Bewusstsein zu einem wichtigen Teil der Orientierung.[76] Das

---

76 In den Interviews mit Vera T. und Helmut S. kommen ähnliche Vorstellungen zum Ausdruck. Bei Vera T. heißt es beispielsweise: „ich wusste ganz genau jetzt kommen wir weg das war ja immer die

Wissen der Opfer infrage zu stellen oder ihnen sogar absprechen zu wollen, stellt den negativen Gegenhorizont dar (43f.). Damit grenzt sich Elisabeth S. sehr deutlich von dem Bild des ‚ahnungslosen Opfers' ab. Ihr ahnungsvolles Wissen um die Bedrohung wird zu einer positiven und entlastenden Erinnerung, denn es geht dabei auch um die Bewahrung des Überblicks der Situation ((Dies zeigt sich auch in der Art, wie Elisabeth S. ihre eigene räumlichen Position im Zug darstellt („oben in dem Gepäcksnetz gelegen", 41). Dabei überschaut sie nicht nur die Gesamtsituation im Zugabteil, sondern es gelingt ihr zudem, das Wesentliche dieses Moments zu erfassen.))

Die Darstellung der konkreten persönlichen Erfahrung in der Transportsituation bildet für Elisabeth S. den Anknüpfungspunkt für eine abstrahierende Beschreibung und eine generelle Annahme über die Wahrnehmung und das Wissen der Deportierten. Hier wird zum einen deutlich, dass bestimmte Erfahrungsbereiche – wie das Schicksal der jüdischen ‚Waisenkinder' – nicht explizierbar sind. Es liegt daher auch die Vermutung nahe, dass Elisabeth S. die Auseinandersetzung mit der Geschichte dieser Kinder auf einer abstrahierenden Ebene fortführt. Zum anderen kommt es – hierin den Orientierungen der anderen Interviewten homolog – Elisabeth S. darauf an, in der unübersichtlichen Grenzsituation den Überblick zu bewahren. Dies zeigt sich in den Versuchen im Rahmen der Erzählung eine ‚übergeordnete' Perspektive auf die einzelnen Geschehnisse einzunehmen und die Grenzerfahrung auf diese Weise zu strukturieren.

46-47   Immanente Nachfrage und Sachantwort

Mit der knappen Antwort („°Nichts°", 47) auf die immanente Nachfrage macht Elisabeth S. erneut deutlich, dass die Interviewerin einen Erfahrungsbereich anspricht, der sich damals wie heute einer sprachlichen Vermittlung bzw. einem erzählerischen Zugriff

Rede gewesen jetzt isses soweit wir kommen weg" (Passage: *Eindrücke Jüdisches Krankenhaus*, Tape 2: 27:40-28:52 Min., ohne Transkript). Helmut S. kommentiert das Eintreffen des ‚Deportationsbescheides' wie folgt: „aber jeder wusste dann schon (.) wo es hingeht; (.) dass da keiner mehr zurückkommt;" (Passage: *Die Deportation*, Tape 2: 9:44-12:45 Min.).

entzieht (was auch durch die Pause und ein längeres Stöhnen der Interviewten deutlich wird).

48-57   Durch Elisabeth S. abgebrochene Sachfrage der Interviewerin und Beginn einer abstrahierenden Beschreibung

Die Interviewerin schließt unmittelbar an die knappe Antwort von Elisabeth S. eine Sachfrage („Wann-", 48). Die Interviewte fällt ihr ins Wort und greift die Frage nach der Mutter wieder auf. Sie beginnt, sich in Form einer abstrahierenden Beschreibung an der ‚Überlebensstrategie' der Mutter abzuarbeiten ((dies deutet sich in Zeile 52 mit einem rudimentären „is es ihr auch gelungen" und den Äußerungen „nie: eine Heldin [...] immer probiert irgendwie durchzukommen" (52f.) an)). Dabei wird das Zusammenspiel zweier unterschiedlicher Aspekte hervorgehoben: von Angst und einem „ungeheurn Instinkt" (51) der Mutter.[77]((Der Angst der Mutter scheint durch den Zusatz „immer ununterbrochen" (49) und die Erwiderung des Lachens der Interviewerin zunächst etwas Überzogenes anzuhaften. Indem Elisabeth S. sogleich hinzufügt „mit recht gefürchtet" (50) entsteht der Eindruck, als müsste sie das ‚Bild' der Mutter wieder in einen angemessenen Rahmen (zurück)setzten.))

In der Auseinandersetzung mit der Mutter wird zum einen deutlich, dass Elisabeth S. die Kontinuität ihrer Orientierung an „Anstand" (53) und „Erziehung" (56) für bemerkenswert hält. Sie bringt ihre Wertschätzung gegenüber dieser Haltung zum Ausdruck. Gleichzeitig wird in dem Vergleich mit der älteren Schwester („dass meine Mutter; im Unterschied von meiner Schwester niemals von irgendjemand nur ein Stück Brot genommen hä;tte;", 55) der Ansatz einer anderen, davon abweichenden Orientierung erkennbar. Diese stellt in der Orientierung von Elisabeth S. ebenfalls einen positiven Bezugspunkt dar. (An späterer Stelle des Interviews spricht Elisabeth S. von der Schwester als ihrem

---

[77] An späterer Stelle des Interviews beschreibt Elisabeth S. das „Prinzip" der Mutter („nur nicht auffallen") metaphorisch auch als „Mäusedasein" (vgl. Passage: *Theresienstadt Dokumentarfilm*, Tape 3, ca. 9:03-10:13 Min., ohne Transkript).

„Lebensmenschen", vgl. Passage: *Verhältnis zur Schwester,* Tape 1: ca. 11:11-12:20 Min., ohne Transkript.)

58-64 Immanente Sachverhaltsfrage und Beginn einer abstrahierenden Erzählung

Die Interviewerin insistiert mit ihrer erneuten Nachfrage auf einem konkreten Datum. Hier zeigt sich, wie auch schon in den anderen Interviews, insbesondere bei Susanne T., eine ‚ermittelnde' Haltung der Interviewerinnen. Elisabeth S. fällt der Interviewerin ins Wort und antwortet mit einer knappen Erzählung. Dabei verweist sie auf ihr Geburtsdatum und leitet daraus den möglichen Deportationstermin ab. Sie bringt eine gewisse Reserviertheit zum Ausdruck, indem sie betont, dass sie sich nicht „haargenau" (61) erinnern könne.

Thema der Passage: Eindrücke von Theresienstadt

65-76 Erzählung und eingelagerte abstrahierende Beschreibung (75f.)

Wie schon in der Erzählung von Susanne T. (vgl. 50-52) ist es auch hier die „indiskrete Situation" (65) für die Notdurft, die als eine der ersten und einprägsamsten Erinnerungen an die Deportation bzw. die Lagerzeit erzählt wird. In der von Elisabeth S. entworfenen Außenperspektive auf sich selbst – Zeile 68f.: „°ein kleines Mäderl° (1) mit einem Nachttopt; denn ich bin natürlich mit Topf gereist;" (erinnert an den Nachtrag „wie es sich gehört", 26f.) – wird deutlich, dass auch hier die Orientierung an Anstand zu einer Strukturierung der Grenzsituation beiträgt. Im Fortgang der Erzählung erfolgt erneut eine Abarbeitung an den Erziehungsprinzipien der Mutter. An dem konkreten Beispiel zeigt sich ein „heimlich[es – D. W.]" (72) Hinwegsetzen und somit eine zumindest ansatzweise Überschreitung des ‚Anstandsprinzips'. Diese vollzieht sich größtenteils in der Phantasie von Elisabeth S.: Das anfängliche Entsetzen über den Anblick der Frauen („ein @schauerlicher Anblick@",

73) erfährt sehr schnell eine Relativierung, die sich bereits in der lachenden Sprechweise andeutet. Gedanklich begibt sich Elisabeth S. selbst in die Position der Frauen und nimmt dem Anblick auf diese Weise das bedrohliche Element (73-75). Abschließend verweist sie auf die Authentizität der Erinnerung („eine ganz echeine ganz echte Erinnerung", 75).

76-85   Fortsetzung der Erzählung und eingelagerte abstrahierende Beschreibung (84f.)

Im Fortgang der Erzählung wird die Lagerbaracke als ein ‚Ort der Erziehung' bearbeitet. Elisabeth S. setzt sich dabei mit ihrem eigenen Versuch zu Stehlen – also einer deutlichen Überschreitung des Orientierungsrahmens ihrer Mutter – auseinander. Interessant ist dabei, dass – und hier zeigt sich eine Homologie zu den Erfahrungen mit den Nonnen (vgl. 20f.) – zwei unterschiedliche Orientierungen aufeinanderprallen: Die rigorose Haltung der Mutter und der ebenfalls unumstößliche Grundsatz der Mitinsassinnen („man schlägt hier kein Kind", 83). Ein Aspekt der Orientierung der Mutter ist es demnach, in Kauf zu nehmen, dass sie mit ihren rigorosen Prinzipien immer wieder ‚aneckt'. Die Aufteilung in zwei ‚Lager' bzw. die Gegenüberstellung der unterschiedlichen Haltungen, derjenigen der Mutter und derjenigen der außenstehenden Frauen, fungiert für Elisabeth S. als ein Ordnungsprinzip der Grenzerfahrung. Dadurch erweist sich die hier geschilderte Szene in gewisser Weise als eine ‚intakte Situation'. Sie dient quasi als Beleg dafür, dass die Welt – zumindest mit Blick auf die Orientierung der Mutter – noch ‚in Ordnung' zu sein scheint. Hierin findet sich, wie bereits erwähnt, ein wichtiges Strukturierungsprinzip der prekären Erfahrung.

Die Kontrastierung wird ohne eine weitere Kommentierung oder Stellungnahme von Elisabeth S. beendet. Mit einem ergebnissichernden Schlusskommentar stellt sie – ähnlich wie es sich in der vorangegangenen Sequenz gezeigt hat – das schlichte Vorhandensein der Erinnerung fest (84f.).

4.6 Zusammenfassung der reflektierenden Interpretation

4.6.1 Zentrale Orientierungen im Fall *Susanne T.*

Im Fall *Susanne T.* zeigt sich ein hohes Maß an theoretisch-reflexiven Stellungnahmen zu den Strukturmerkmalen und der Beschaffenheit der persönlichen Erinnerung, die die Erzählung von der Abholung der Familie und der darauf folgenden Deportation durchziehen. Dabei geht es Susanne T. in erster Linie um eine Bestandsaufnahme und Bestandssicherung der vorhandenen Erinnerungen, was in dem häufigen Gebrauch von ergebnissichernden Schlusskommentaren und der Suche nach einer adäquaten Bezeichnung für die Art der Erinnerung deutlich wird. Sie grenzt sich dezidiert von der ,ermittelnden' Haltung der Interviewerin ab, die ihre Nachfragen auf konkrete Sachverhalte, formale Abläufe und Daten richtet. Dieser Haltung – die einen negativen Horizont darstellt – setzt Susanne T. ein Erinnerungsverständnis entgegen, dass auf einer assoziativen Aneinanderreihung einzelner, prägnanter Eindrücke und Erinnerungsbilder (bzw. „Punkte" oder „<u>Schlaglichter</u>", 10; 85) basiert. Es geht ihr also nicht um eine möglichst exakte Rekonstruktion der Ereignisabfolge, sondern vielmehr um die Vermittlung unterschiedlicher Impressionen und „<u>nach</u>haltige[r – D. W.]" (27) Erinnerungen. Im Zuge dieser Auseinandersetzung mit der Vergangenheit werden ,Leerstellen' in der Erinnerung offengelegt. Die Unklarheiten existieren vor allem mit Blick auf die Mutter, ihr außergewöhnliches Verhalten in der Grenzsituation und ihre Beziehung zur Lagerleitung. Im Rahmen der Deportationserzählung stellt die Mutter – ganz im Gegensatz zum Vater und zum Bruder, die nur am Rande auftauchen – einen wesentlichen Bezugspunkt dar. Dabei ist festzustellen, dass sich Susanne T. an der Haltung der Mutter abarbeitet, ohne jedoch deren besonderen Status und Agieren nachträglich einer Bewertung unterziehen zu wollen. So geht es in den interpretierten Passagen vor allem darum, die vorhandenen ,Leerstellen' in der Erinnerung an die Mutter zu konstatieren und sich ihnen anzunähern. Dabei erzählt die Interviewte immer wieder besonders engagiert und ausführlich von dem unkonventionellen, couragierten Verhalten der Mutter in der Grenzsituation, so dass von einer besonderen Relevanz dieses Themas bzw. dessen Bearbeitung ausgegangen werden kann. Die Frage nach dem Status der Mutter ist eng verknüpft mit den zahlreichen Privilegien, über die die Familie T. und insbesondere auch Susanne T. selbst im Lager Westerbork verfügten. Es zeigt sich, dass die Erinnerungen an die ,herausgehobenen' Auftritte der Mutter vor dem Wachpersonal positive

Entlastungsmomente in der Erzählung markieren, die das Erlebte in gewisser Weise erträglicher werden lassen. Susanne T. orientiert sich an der autonomen und selbstsicheren Haltung der Mutter in der Grenzsituation. Dabei werden beide, Mutter und Tochter, zu ,Grenzgängerinnen', indem sie äußere Grenzlinien (wie den Viehwaggon oder die Lagergrenze, vgl. 55-65 u. 77-85) überschreiten. Wie sich in den interpretierten Passagen dokumentiert, geht es in der Auseinandersetzung mit der persönlichen Verfolgungsgeschichte auch um den übergeordneten Orientierungszusammenhang bzw. den familialen Habitus, den die Mutter mit ihrer „herausragenden Stellung" (79) verkörpert. Eine ausführliche Rekonstruktion des familialen Habitus kann im Rahmen der vorliegenden Arbeit nicht geleistet werden. Deutlich wird jedoch, dass in der Orientierung von Susanne T. die soziale Herkunft bzw. die Einbindung in ein schauspielerisch-künstlerisches, und in diesem Sinne privilegiertes, Umfeld einen positiven Horizont markiert. Am Beispiel der Mutter zeichnet sich eine gewisse Kontinuität der privilegierten Stellung, und damit einer zentralen Komponente des familialen Habitus, in der Grenzsituation ab.

4.6.2 Zentrale Orientierungen im Fall *Helmut S.*

Die Deportationserzählung von *Helmut S.* orientiert sich primär an den spezifischen formalen Abläufen und den äußeren Gegebenheiten der Deportation. Auf formaler Ebene zeigt sich dies darin, dass in die Erzählung ausgedehnte beschreibende und abstrahierende Sequenzen eingelassen sind, in denen Helmut S. sein Orientierungswissen detailliert aufschlüsselt. Dies geschieht vor allem durch eine zeitliche, räumliche und kontextuelle Verortung der Ereignisse und durch unterschiedliche Kategorisierungen (wie etwa die Prioritäten bei der Lebensmittelversorgung oder die Rangfolge der Transporte, vgl. 64-70 u. 99-115). Der positive Horizont, der im Zuge der Darlegung des umfangreichen Orientierungswissens aufgeworfen wird, bezieht sich darauf, die persönlichen Grenzerlebnisse zu überblicken und der unübersichtlichen Situation eine Struktur zu geben. Persönliche Selbständigkeit und Autonomie nehmen dabei einen enorm hohen Stellenwert ein. Indem die formalen Abläufe und Umstände der Deportation sehr präzise rekonstruiert werden, gelingt es, diese beiden wichtigen Aspekte der Orientierung zumindest ansatzweise ,sicherzustellen' und die persönliche Verfolgungserfahrung zu ordnen, d. h. auch, sie ,in den Griff' zubekommen. Es kann hier also in doppelter Hinsicht davon gesprochen werden, dass es ganz wesentlich darum geht, die Orientierung zu bewahren. Als zweites zentrales Merkmal der Erlebnisdarstellung lässt sich das selbstinitiierte und selbständige Handeln von Helmut S. identifizieren. Im Rahmen der Erzählung bearbeitet Helmut S. vor allem die zwar nur sehr rudimentären, aber selbstgeschaffenen Handlungsmöglichkeiten. Das Gefühl, handlungsfähig zu bleiben, sich einen aktiven Moment zu verschaffen, markiert – so wird es besonders eindrücklich am Beispiel des Astlochs in der Waggonwand deutlich (vgl. 91-98) – einen ‚Lichtblick‘ in der Erinnerung an die prekären Erfahrungen. Es deutet sich an, dass in Helmut S.s Orientierung solche ‚Alleingänge‘ einen hohen Stellenwert einnehmen (vgl. Passage: *Geburt der zweiten Schwester*, Tape 2: 8:55-9:16 Min.). Zum anderen sind sie auch ein Hinweis darauf, dass es hinsichtlich der Bewahrung der selbständigen Haltung notwendig war, sich von etwas anderem abzugrenzen bzw. zu distanzieren. Ein darauf bezogener negativer Gegenhorizont zeichnet sich in der Beschreibung der Mitdeportierten („lau:der alte Leute; […] stu:ndenlang geweint", 119f.) und deren ‚klagender‘ Haltung sowie in den Momenten des Rückzugs vor der beklemmenden Atmosphäre in der Familie ab. Zusammenfassend ist zu sagen, dass der Rekonstruktion der formalen Abläufe auch eine entlastende Funktion zukommt. Denn im Gegensatz zu einer emotionalen Bewertung der Ereignisse (vgl. 122-124), sind diese Erfahrungen ‚greifbar‘.

4.6.3 Zentrale Orientierungen im Fall *Vera T.*

In der Deportationserzählung von *Vera T.* zeigt sich eine starke Fokussierung der damaligen Erlebnisperspektive, was sich in sehr dichten und detailliert erzählenden Textsequenzen niederschlägt, in die nur selten Hintergrunderzählungen oder kommentierende bzw. reflektierende Stellungnahmen eingelassen sind. Den wesentlichen Bezugspunkt der Erzählung stellen ‚die drei Frauen‘ (vgl. 14; 26f.) dar, womit die Gruppe der weiblichen Familienmitglieder gemeint ist. Es dokumentiert sich jedoch, dass die Beziehung zu „den drei Frauen" (26f.), insbesondere zur Mutter, von einer gewissen Fremdheit und Distanz durchzogen ist. Dies zeigt sich in einer distanziert-beobachtenden Betrachtungsweise, die, so ist zu vermuten, vor allem darin begründet liegt, dass die Orientierungen der Frauen für Vera T. wenig transparent und somit unklar erscheinen (in prägnanter Form kommt dies dann zum Ausdruck, wenn die Haltung der Täterseite im Moment der Abholung positiv gerahmt wird; vgl. 24-32). Im Verlauf der Passagen wird deutlich, dass die Interviewte versucht, sich in eine Auseinandersetzung mit der Perspektive der Frauen hineinzubegeben. Deren Orientierungen sollen durch eine detaillierte Rekonstruktion der eigenen Kindheitsperspektive nachvollzogen werden. Auf dem Wege dieser Auseinandersetzung dokumentiert sich jedoch, dass der familiale Orientierungsrahmen nicht vollends rekonstruiert werden kann. Hinzu kommt der Versuch, die Zusammenhänge der Erlebnisse anhand von nachträglich gewonnenen Hintergrundinformationen zu plausibilisieren. Dies geschieht allerdings in expliziter Abgrenzung zur Rekonstruktion der Kindheitsperspektive (vgl. 8-19), so dass hier von zwei unterschiedlichen Ebenen der Erfahrungsbewältigung ausgegangen werden kann.

Im Zuge der Bearbeitung der Kindheitsperspektive wird die distanzierte Haltung der Mutter mit dem Wunschbild einer innigen Mutter-Tochter-Beziehung kontrastiert. Zudem finden sich in der Darstellung der gemeinschaftlichen Rituale der Erwachsenen (vgl. 5-8; 117-128) Hinweise auf einen negativen Gegenhorizont. Dieser besteht im Wesentlichen darin, dass die Orientierungen der Erwachsenen aus Sicht des Kindes weitgehend unbestimmt bleiben und ihm gegenüber nicht aufgeschlüsselt werden. Es dokumentiert sich hier der Versuch, eine Abgrenzung von der ,Erwachsenenwelt' zu vollziehen und sich eigenes Orientierungswissen zu der Verfolgungssituation anzueignen. Der positive Horizont findet sich also in der eigenständigen kreativen Interpretationsleistung ((„hatten wir längst begriffen ehm, dass es irgendwie darum ging (.) ehm gegen Nazis zu kämpfen", 116f.)). Mit ihrer Phantasie dringt Vera T. in die tabuisierten und angstbesetzten Themenbereiche der Erwachsenen vor und findet hierin die Möglichkeit, die unübersichtliche Verfolgungssituation zu strukturieren. In der kreativen Handlungspraxis der Kinder („Unfug", 127) wird darüber hinaus der Versuch erkennbar, sich über die von der Mutter auferlegten Beschränkungen hinwegzusetzen – etwa dann, wenn die verbotenen Türen im Jüdischen Krankenhaus geöffnet werden (vgl. 101-106).

4.6.4 Zentrale Orientierungen im Fall *Elisabeth S.*

Auf formaler Ebene kennzeichnet die Deportationserzählung von *Elisabeth S.* ausführliche erzählende Textsequenzen, die mit abstrahierenden Erzählungen und Beschreibungen verknüpft werden. Im Zuge dieser Verknüpfungen wird deutlich, dass sich bestimmte konkrete Erfahrungsbereiche – wie das Schicksal der jüdischen Kinder in Theresienstadt oder die

Spürbarkeit der tödlichen Bedrohung (vgl. 30-48) – einer sprachlichen Vermittlung entziehen. An diesen Stellen greift Elisabeth S. auf eine zentrale Komponente des familialen Orientierungsrahmens zurück: Es zeigt sich, dass das Bemühen um die Aufrechthaltung der familialen Orientierung an Anstand und einer ‚guten Erziehung' als ein wichtiges Strukturierungsprinzip der Grenzerfahrung fungiert. Zum einen wird anhand der dargestellten Handlungspraxis der Familienmitglieder deutlich, dass es darum geht, beherrscht zu bleiben und eine gewisse ‚Haltung' zu bewahren. Zum anderen strukturiert diese Orientierung auch die Perspektive auf das frühere soziale Umfeld sowie auf die Seite der Täter. So wird beispielsweise der ehemaligen Hausmeisterin und dem Deportationsverantwortlichen eine ähnlich ‚anständige' Haltung zugesprochen. Gleichzeitig wird deutlich, dass die Orientierung der Mutter im Rahmen der Erzählung einen zentralen Bezugspunkt darstellt und eine Bearbeitung erfährt. In der Kontrastierung ihrer strengen und oft rigorosen Haltung mit den ‚sanfteren' Erziehungsprinzipien anderer weiblicher Bezugspersonen (Nonnen, Mitinsassinnen), als auch mit der autonomen Haltung der älteren Schwester (die im Gegensatz zur Mutter in der Grenzsituation zu ‚außergewöhnlichen' Maßnahmen greift, vgl. 46-57) deutet sich zum einen ein positiver Horizont an. Auf der anderen Seite entsteht dadurch, dass zwei unterschiedliche ‚Lager' bzw. die Haltung der Mutter und die der außenstehenden Frauen gegenübergestellt werden, ein weiteres Ordnungsprinzip der Erfahrung. Die Kontinuität der Orientierung und die daraus resultierenden ‚Zusammenstöße' mit anderen (erzieherischen) Haltungen dienen als eine Art Beleg dafür, dass auch in der Grenzsituation bestimmte Orientierungspunkte weiterhin ‚intakt' sind. Gleichwohl wird in diesem Zusammenhang zumindest ansatzweise eine ‚Überschreitung' des familialen Orientierungsrahmens erkennbar. Das heißt, dass sich Elisabeth S. für einen Moment aus dem vertrauten Orientierungsrahmen ‚hinausdenkt'. Sie setzt sich über das ‚Anstands-Gebot' ihrer Mutter hinweg und sammelt auf diese Weise eigenständig wichtiges Orientierungswissen, in dem sie auch eine Form der Entlastung finden kann („ein @schauerlicher Anblick@ […] ich könnt ja nich- gar nich dort sitze weil ich kann ich bin ja viel zu klein;", 73ff.). Auf diese Weise verschafft sich Elisabeth S. auch die Möglichkeit der aktiven Auseinandersetzung mit der Grenzsituation.

4.7 Komparative Analyse und sinngenetische Typenbildung

4.7.1 Generierung der Basistypik

Im Anschluss an die reflektierende Interpretation, „die interpretative *Generierung des Orientierungsrahmens*" (Nentwig-Gesemann 2007, S. 292 – Hervorhebung im Original), geht es bei diesem Schritt der Analyse darum, Gemeinsamkeiten der Fälle herauszuarbeiten. Im Zuge einer fallübergreifenden komparativen Analyse erfolgt also die „*Abstraktion des Orientierungsrahmens*" (ebd. – Hervorhebung im Original). Ganz konkret geht es in diesem Arbeitsschritt darum, die Deportationserzählungen der Interviewten auf gemeinsame Orientierungsmuster hin zu untersuchen. Bei den hier analysierten Fällen hatten innerhalb der Erzählung von der Deportation und der daran anschließenden Erlebnisse vor allem jene Sequenzen einen „fokussierten Charakter" (Bohnsack 2007, S. 234), in denen über das Auftreten und die Haltung der Familienangehörigen, insbesondere der Mütter, oder über das eigene Verhalten in der Grenzsituation gesprochen wurde. Derartige Beobachtungen und Erfahrungen werden von den Interviewten sehr detailliert und eindringlich geschildert, so dass von einer besonderen Relevanz dieser Thematik bzw. deren Bearbeitung für die Erforschten selbst ausgegangen werden kann. Dabei zeigt sich, dass insbesondere bei den Fällen der drei weiblichen Interviewten die Auseinandersetzung mit den Perspektiven und Orientierungen der Mütter innerhalb der Erzählung von der Deportation einen wesentlichen Bezugspunkt darstellt. Damit verbundene Unklarheiten oder Irritationen werden ebenfalls Gegenstand der Auseinandersetzung.

Eine Bearbeitung der genannten Themenbereiche findet sich in den interpretierten Passagen in „*impliziter* oder *atheoretischer* Weise" (Bohnsack 2007, S. 234 – Hervorhebung im Original), d. h. in Form von erzählenden oder beschreibenden Sequenzen über die Handlungspraxis der Beteiligten in der Grenzsituation wieder. Dass die Struktur der Handlungspraxis „Gegenstand *expliziter* (also theoretisch-reflexiver) Darstellungen" (ebd.) wird, stellt die Ausnahme dar. Dies ist beispielsweise bei Susanne T. der Fall, wenn sie dem besonderen Status ihrer Mutter bei der Lagerleitung nachgeht ((„weil meine Mutter dort eine (.) herausragende Stellung als (1) angebliche Arierin hatte; (1) **denk ich mir**", vgl. 78ff.)).

Die übergreifende Gemeinsamkeit der Fälle besteht darin, dass die Interviewten *(1)* Fragen nach dem übergeordneten Orientierungszusammenhang bzw. dem familialen Habitus nachgehen; zudem ist *(2)* das Ausloten eigener rudimentärer Handlungsmöglichkeiten in der Grenzsituation von besonderer Bedeutung. Als homologes Muster des Umgangs und der Art der Bewältigung der traumatischen Erfahrungen lässt sich aus den Interviews herausarbeiten, dass sich die Interviewten vor allem an Situationen abarbeiten, in denen es ihnen selbst oder ihren Familienangehörigen gelingt, gewisse ‚Grenzen‘ zu überschreiten. Solche Momente gewinnen im Rahmen der Erzählung eine besondere Relevanz und fungieren zudem – so hat es sich in den interpretierten Passagen dokumentiert – als positive Horizonte bzw. als ‚Entlastungsmomente‘, die die Grausamkeiten und den Schrecken des Geschehens in gewisser Weise erträglicher werden lassen. Im Zuge des Fallvergleichs lässt sich diese „zentrale Orientierungsfigur oder Orientierungsproblematik" (Bohnsack 2007, S. 234) nun zu einer Klasse von Orientierungen abstrahieren, die als diejenige der *„Grenzüberschreitungen"* bezeichnet wird. Diese stellt sozusagen die ‚Basistypik‘ dar.

4.7.2 Spezifizierung der Basistypik

Nach der Abstrahierung der Orientierungsrahmen zur ‚Basistypik‘ der *„Grenzüberschreitungen"* folgt nun eine Spezifizierung dieses Typus, nach „dem Prinzip des Kontrasts in der Gemeinsamkeit" (Bohnsack 2007, S. 236). Auf dem Wege der Fallkontrastierung zeigt sich, dass es für das homologe Muster der Abarbeitung an Situationen der Grenzüberschreitung ganz unterschiedliche Ausprägungen gibt: Im Datenmaterial kann zunächst zwischen zwei typischen Momenten der Grenzüberschreitung unterschieden werden. Zum einen handelt es sich um das Überschreiten *räumlicher Grenzlinien*; dieses wird insbesondere bei Susanne T. und Helmut S. deutlich. Zum anderen finden sich bei Vera T. und Elisabeth S. Momente einer *inneren Grenzüberschreitung.*

Innerhalb der beiden Typen lassen sich jeweils zwei ‚Untertypen‘ bzw. zwei unterschiedliche Formen der *äußeren* und der *inneren* Grenzüberschreitung rekonstruieren (siehe Tabelle 2).

Tabelle 2: Formen der Grenzüberschreitung (dieser Arbeit)

Überschreitung räumlicher Grenzlinien	Innere Grenzüberschreitungen
Außergewöhnliche Grenzgänge als Orientierungspunkte - *Susanne T.* -	**Aufbrechen gewohnter Orientierungen** - *Elisabeth S.* -
– Orientierung an einer priviligierten Position in der Grenzsituation und, damit verbunden, – Kontinuität des familialen Orientierungsrahmens – Bestandsaufnahme der Erinnerung und Konstatieren von ‚Leerstellen‘	– Orientierung an einer Kontinuität des familialen Orientierungsrahmens bei gleichzeitiger – Überschreitung feststehender Prinzipien und – Versuch, sich aus dem familialen Orientierungsrahmen ‚hinauszudenken‘
Selbstinitiiertes Handeln und Bewahrung der Orientierung - *Helmut S.* -	**Vordringen in unbekannte Wissensbereiche** - *Vera T.* -
– Orientierung an Selbständigkeit, Autonomie und Handlungsfähigkeit – Sicherstellung eines ‚Überblicks‘ der Grenzsituation und, damit verbunden, – Aneignung und detaillierte Aufschlüsselung von elementaren Wissensbereichen	– Distanz gegenüber der unbestimmten Haltung der Erwachsenen – Selbständige Aneignung von Orientierungswissen und – Konstitution einer konkreten Vorstellungswelt (die in eine kreative Handlungspraxis überführt wird)

Hinsichtlich des Typus der „*Überschreitung räumlicher Grenzlinien*" lässt sich zwischen dem Fall von Susanne T. und dem von Helmut S. unterscheiden. Bei Susanne T. fungieren die äußeren Grenzgänge insofern als Orientierungspunkte, dass sie mit der Aufrechterhaltung einer privilegierten Position verknüpft sind. Die Grenzüberschreitungen bei Helmut S. basieren auf selbstinitiiertem Handeln und der Bewahrung der Orientierung.

Der Typus „Außergewöhnliche Grenzgänge als Orientierungspunkte"
Das Überschreiten räumlicher Grenzlinien wird bei Susanne T. dort thematisiert, wo die Mutter in der extremen Ausnahmesituation ein unkonventionelles und sehr offensives Verhalten zeigt. Die autonome und selbstsichere Haltung der Mutter stellt dabei den positiven Bezugspunkt dar.

Mehr noch erscheint die Mutter als eine Art ‚Lichtgestalt‘. So heißt es mit Bezug auf ihr Auftreten vor dem Wachpersonal während der Deportation: „sie war so blond und so schön" und „meine Mutter stand <u>da:</u> (2) in ihrer <u>blonden Schönheit</u>" (40 u. 59). Trotz aller Begrenzung und der Gefahren sah die Mutter die Möglichkeit, gewisse Handlungsfreiräume für sich und ihre Familie durchzusetzen. Sie fungiert dabei auch als ein lebenswichtiges Verbindungsglied zur ‚Außenwelt‘ (vgl. 58-65). Diese Beobachtungen führen nicht zu einer Idealisierung der Mutter. Auf dem Wege der assoziativen Aneinanderreihung schlaglichtartiger Erinnerungen werden die in Bezug auf den Status der Mutter existierenden Unklarheiten und ‚Leerstellen‘ offengelegt. Auf ähnliche Weise wird auch die eigene Teilhabe an den Grenzüberschreitungen ((„<u>ich bin sogar aus dem Lager rausgegangen und durfte das Büro des Lager</u>(.)kommandanten besuchen", 77f.)) und der damit verbundenen privilegierten Stellung innerhalb des Lagers (vgl. 78-85) konstatiert. Diese Vorgehensweise bzw. diese Art der Bewältigung der Erfahrung entspricht einem Erinnerungsverständnis, bei dem es primär um die Bestandsaufnahme und Bestandssicherung einzelner vorhandener Erinnerungsmomente geht, ohne dass es einer exakten Verortung, Rekonstruktion oder Bewertung der erinnerten Erlebnisse bedarf. Gleichwohl stellt sich für die Interviewte die Frage, in welchem übergreifenden Orientierungszusammenhang die Haltung und Position der Mutter steht. Dazu ist zusammenfassend festzustellen, dass die Perspektive auf die Mutter positiv gerahmt ist: Ihre herausragende künstlerische Leistung als Schauspielerin und die Einbindung in ein kreatives, und in diesem Sinne privilegiertes Milieu markieren einen positiven Horizont. Die Erlebnisverarbeitung ist vor allem dadurch geprägt, dass über den Weg der Darstellung äußerer Grenzüberschreitungen eine gewisse Kontinuität des familialen Habitus hergestellt werden kann.

Der Typus „Selbstinitiiertes Handeln und Bewahrung der Orientierung"
Von diesem Typus der *„Außergewöhnlichen Grenzgänge als Orientierungspunkte"* ist der Typus des *„Selbstinitiierten Handelns und der Bewahrung der Orientierung"* zu unterscheiden. Im Fall von Helmut S. geht es, im Unterschied zum o. g. Typus, insbesondere um die zeitliche, räumliche und kontextuelle Verortung der Erfahrung und die ausführliche Rekonstruktion der formalen Abläufe (vgl. 58-70; 77-91; 98-115). In der Rekonstruktion solcher ‚greifbaren‘ Kategorien und Bezugspunkte wird eine

Orientierungshilfe gefunden, die den Zugriff auf die traumatischen Erlebnisse erleichtert. Dabei dokumentiert sich eine starke Orientierung an persönlicher Autonomie und Selbständigkeit. Diese autonome Haltung spiegelt sich in zwei grundlegenden Momenten wider: Zum einen wird mit dem selbstgeschaffenen Blick durch das Astloch die räumliche Begrenzung des Viehwaggons überwunden. Im Zuge dieser Grenzüberschreitung gelingt es, einen Überblick der diffusen Grenzsituation zu gewinnen und damit die persönliche Handlungsfähigkeit und Autonomie in rudimentärer Form aufrechtzuerhalten (("und da hab ich immer (.) am Astloch geguckt wo wir sind;", 95f.)). Zum anderen findet im Rahmen der Deportationserzählung eine detaillierte Aufschlüsselung von elementaren Wissensbereichen statt (vgl. 58-70; 98-115). Damit wird quasi bewiesen, dass der Überblick der Grenzsituation bewahrt werden konnte. Die belastende Erfahrung erhält eine ‚greifbare' Struktur und kann auf diese Weise bearbeitet und bewältigt werden.

Neben der Orientierung an *„räumlichen Grenzüberschreitungen"* lässt sich in den Interviews, wie bereits angesprochen, eine zweite Orientierung, diejenige der *„inneren Grenzüberschreitungen"* finden. In der kontrastiven Rekonstruktion jener Fälle, aus denen dieser Typus herausgearbeitet werden konnte, lassen sich ebenfalls zwei Subformen identifizieren: Auf der einen Seite steht der Fall von Elisabeth S., bei dem es um das *„Aufbrechen gewohnter Orientierungen"* geht. Davon zu unterscheiden ist der Fall der Vera T., in dem das *„Vordringen in unbekannte Wissensbereiche"* eine Grenzüberschreitung darstellt. Anders als die in den bisher dargestellten Typen zu beobachtende Form der Grenzüberschreitung, ist die Grenzübertretung in den folgenden beiden Fällen in der Handlungspraxis weniger offensichtlich bzw. sichtbar. Sie vollziehen sich vielmehr in einer – teils mehr, teils weniger ausgeprägten – ‚verdeckten' Art und Weise.

Der Typus *„Aufbrechen gewohnter Orientierungen"*

Die Darstellung beginnt mit dem Typus, in dem die innere Grenzüberschreitung im Wesentlichen vollständig verdeckt bleibt, d. h., dass sie sich nur ansatzweise in der Handlungspraxis niederschlägt. In diesem Fall, bei Elisabeth S., erfolgt zunächst – ähnlich wie es sich in dem Typus der *„außergewöhnlichen Grenzgänge"* dokumentiert hat – eine starke Abarbeitung an dem familialen Habitus, insbesondere an dem Orientierungsrahmen der

Mutter. Dabei ist es vor allem die Kontinuität des familialen Habitus und die damit verbundene Aufrechterhaltung einer Orientierung an „Anstand" und „Erziehung" (53 u. 56), die einen positiven Bezugspunkt in der Erinnerung an die traumatischen Erlebnisse darstellen (vgl. 24-28; 48-53; 76-85). Es deutet sich an, dass die Haltung der Mutter in der Grenzsituation an denselben Prinzipien orientiert bleibt, wie sie auch den familialen Alltag *vor* der Zeit der Verfolgung im Wesentlichen geprägt haben. Es geht also nicht – wie im Fall von Susanne T. – um das unkonventionelle Verhalten der Mutter, sondern um deren Versuch zentrale Komponenten aus der Alltagspraxis, insbesondere in Bezug auf den *Erziehungs*alltag, in der Verfolgungssituation soweit wie möglich aufrechtzuerhalten. Die daraus resultierenden spannungsgeladenen Konfrontationen mit anderen – wenn auch ebenso rigorosen – erzieherischen Haltungen in der Grenzsituation („man schlägt hier kein Kind", 83) bilden einen weiteren Bezugspunkt in der Erinnerung, der eine Strukturierung der Erfahrungen erleichtert. Das ‚Aufeinanderprallen' der unterschiedlichen Haltungen wird letztlich positiv gerahmt, weil sich darin ein vertrauter Vorgang aus der Zeit vor der Deportation zu wiederholen scheint („nem kranken Mäderl und einem kranken Kind schneidet man nicht die Haare;", 20f.).

Einerseits ist es also der Rückgriff auf eine zentrale Komponente des familialen Orientierungsrahmens, der die Darstellung der Deportationserfahrung strukturiert und ordnet (vgl. 76-85). Dies gilt im Rahmen der Deportationserzählung auch für die Perspektive auf die Haltung der Täter – wie es sich in der positiven Rahmung des verantwortlichen Mitarbeiters der Deportationsstelle abzeichnet ((„der Brunner Zwei hat (.) den Anstand besessen [...]", 21f.)). Auf der anderen Seite – und dies wird erst vor dem Hintergrund der bisher dargestellten Orientierungszusammenhänge besonders deutlich – finden sich in diesem Typus Ansätze einer ‚Überschreitung' des familialen Orientierungsrahmens („heimlich hab=ich=mich ja doch umgedreht und hab geschaut;"; „einmal [...] da hab ich Zucker gestohlen;" 72-79). Diese vollziehen sich im Verborgenen oder in der Phantasie der Interviewten. In Verbindung mit einer Abarbeitung an der Mutter entstehen Momente, in denen die vertrauten Orientierungen aufgebrochen und alternative Vorstellungen einer Handlungspraxis entworfen werden. Der auf diesem Wege beginnende kreative Prozess („und ich hab mir immer ausgemalt [...]", 74) ermöglicht eine aktive Auseinandersetzung mit der Grenzerfahrung und einen Moment der seelischen Entlastung (vgl. 73-76).

Der Typus „Vordringen in unbekannte Wissensbereiche"
Eine Form der inneren Grenzüberschreitung in Verbindung mit der Aneignung von Orientierungswissen lässt sich im Fall von Vera T. identifizieren. Zwar findet auch diese Form der Grenzüberschreitung zunächst ‚verdeckt' statt, indem eigene Vorstellungen von der Täterseite entwickelt werden. Diese beinhalten sowohl eine positive Rahmung einzelner Täterfiguren (vgl. 29-32), als auch eine innere Bilderwelt von einem Kampf gegen die Bedrohung (vgl. 115ff.).

Im Unterschied zum o.g. Typus ist hier jedoch eine Überführung der selbstständig entwickelten Vorstellungen in eine kreative Handlungspraxis („erheblichen Unfug", 127) deutlich zu erkennen. Zur Konstitution der Grenzüberschreitung ist zu sagen, dass sie sich in Abgrenzung zu der unbestimmten und wenig transparenten Haltung der Erwachsenen, insbesondere der Mutter vollzieht (vgl. 94-101; 117-128). Gleichwohl gelingt es auf dem Wege der kreativen Aneignung von Orientierungswissen („und da dacht ich nun mal das Krankenhaus gehört den Nazis", 125) in die angstbesetzten und tabuisierten Themenbereiche der Erwachsenen („es hieß immer das war das Wort abgeholt", 7) vorzudringen und damit eine Strukturierung der unübersichtlichen Grenzsituation herbeizuführen. Hierin findet sich – ähnlich wie im o.g. Typus der *„aufgebrochenen vertrauten Orientierungen"* – ein positiver Entlastungsmoment und die Möglichkeit zur aktiven Auseinandersetzung mit der Verfolgungssituation. Damit verbunden ist die starke Orientierung an persönlicher Autonomie und Durchsetzungsvermögen – wie sie sich auch in dem Typus des *„Selbstinitiierten Handelns und der Bewahrung des Überblicks"* wiederfindet.

5 Zusammenfassung der Ergebnisse und Ausblick

In dieser Arbeit wurden auf dem Wege der dokumentarischen Interviewinterpretation Strukturen der Erlebnisverarbeitung in den Kindheitserinnerungen jüdischer Deportierter rekonstruiert. In den ausgewählten Passagen zur Abholung und Deportation der eigenen Familie, die von allen Interviewten sehr ausführlich und detailliert erzählt wurden, konnten spezifische Formen der Bewältigung und des Umgangs mit den traumatischen Erlebnissen aufgezeigt werden. Mit dem vorgestellten Analyseverfahren war es möglich, die Art und Weise der Themenbearbeitung und damit den Orientierungsrahmen der Erfahrung in den Blick zu nehmen. Die herausgearbeiteten Orientierungen und Sinnmuster, welche die Erlebnisdarstellung strukturieren, eröffnen eine differenzierte Sichtweise auf die interviewten Personen und ihre Art, mit dem Erlebten umzugehen.

Ebenso konnten hinsichtlich der Verarbeitungsstrukturen spezifische Gemeinsamkeiten und Unterschiede der vier Fälle herausgestellt werden. In den Deportationserzählungen der Interviewten dokumentiert sich, dass im Umgang mit den Erlebnissen eben solche Erfahrungsmomente von besonderer Relevanz sind, in denen gewisse Grenzen übertreten oder durchbrochen werden. Es gibt also in einer (Erfahrungs-) Dimension (jener der Deportation) Gemeinsamkeiten in Form des Typus *„Grenzüberschreitungen"*. Im Hinblick auf das homologe Muster der Erlebnisverarbeitung konnte deutlich gemacht werden, dass die Orientierungsfigur der *„Grenzüberschreitung"* in gewisser Weise als ein positiver Horizont fungiert und damit auch als eine Form der seelischen Entlastung oder Stabilisierung im Umgang mit den Erfahrungen gewertet werden kann.

Auffällig erscheint in diesem Kontext, dass in allen Fällen bestimmte ‚Lichtgestalten' und ‚Lichtblicke' Erwähnung finden. Diese positiv gerahmten Elemente in der Erlebnisdarstellung sind von ganz unterschiedlicher Ausprägung: Sie können zum einen weibliche Bezugspersonen betreffen (wie die Mutter oder die Tante in den Fällen von Susanne T. und Vera T.), die durch ihr äußeres Erscheinungsbild („blond", „bildschön") eine gewisse Aufmerksamkeit erregen. Zudem können bestimmte Erfahrungsmomente einen ‚Lichtblick' markieren, so etwa eine selbstgeschaffene, wenn auch rudimentäre Handlungsmöglichkeit oder die eigenständige Aneignung von elementarem Orientierungswissen (wie beispielsweise bei Vera T. und

Helmut S.). In diesen Bereich fallen zudem Phantasievorstellungen oder innere Bilderwelten, die einen kreativen Prozess auslösen und so zu einer eigenen, aktiven Auseinandersetzung mit den Geschehnissen anregen (z. B. bei Elisabeth S. und Vera T.).

Damit werden innerhalb der genannten Gemeinsamkeiten auch Unterschiede im Umgang mit den Erfahrungen deutlich, die zur Spezifizierung dieser Orientierungsfigur führen. Dabei wurde zwischen zwei typischen Momenten der *„Grenzüberschreitung"* unterschieden, die als wesentlich für die Erfahrungsverarbeitung angesehen werden können: das *„Überschreiten äußerer Grenzlinien"* und *„Innere Grenzüberschreitungen"*. Innerhalb dieser beiden Typen wurden jeweils zwei weitere Untertypen rekonstruiert. Während hinsichtlich des ersten Typus die Überschreitung äußerer Grenzen mit der Aufrechthaltung einer privilegierten Position verknüpft ist, dienen die Grenzübertritte des zweiten Typus der Bewahrung persönlicher Autonomie und Selbständigkeit. Demgegenüber können in den anderen beiden Fällen Formen innerer Grenzgänge beobachtet werden, die in der Handlungspraxis weniger offensichtlich sind. Sie konstituieren sich im dritten Typus über das Aufbrechen gewohnter Orientierungen und im vierten Typus über das Vordringen in unbekannte Wissensbereiche.

Mit diesen Erkenntnissen bewegt sich die vorliegende Arbeit auf der Ebene einer sinngenetischen Typenbildung der dokumentarischen Methode. Wie im Kapitel 3.2.4 ausgeführt ist im Hinblick auf die Ergebnisse eine gewisse „Einseitigkeit des Ausgangsproblems" (Luhmann zit. nach Nohl 2009, S. 59) zu konstatieren. Diese liegt darin, dass die Durchführung der sinngenetischen Typenbildung nur in Bezug auf *ein* Thema – der Erfahrung der Deportation – erfolgen konnte. Um die hier vorliegenden Ergebnisse der komparativen Analyse zu validieren und zu präzisieren, wäre zunächst eine fallinterne komparative Analyse zu leisten. Diese müsste überprüfen, „ob und im Hinblick auf welche Komponenten" (Bohnsack 2007, S. 238) der jeweilige Typus der *„Grenzüberschreitung"* für die interviewte Person von genereller Bedeutung ist, d. h. inwiefern er in unterschiedlichen Situationen der Handlungspraxis relevant wird (vgl. ebd.). Konkret würde dies bedeuten, zu untersuchen, ob von den Interviewten über die Erzählung von der Deportation hinaus auch andere Themen ihrer Lebensgeschichte „immer wieder innerhalb desselben Orientierungsrahmens, also in *homologer* Weise, bearbeitet werden" (ebd. – Hervorhebung im Original). Bei den hier vorliegenden Fällen bieten sich folgende Themenfelder, die bei der Sichtung des Materials auch durch einen besonders engagierten und ausführlichen Erzählstil ins Auge gefallen sind, an: *(a)* der Familienalltag in der Zeit vor der Verfolgung (und hier insbesondere die Interaktion der Familienmitglieder) sowie *(b)* sehr einprägsame Kindheitserlebnisse. Zudem sollten *(c)* andere Erlebnisse während der Zeit der Verfolgung Berücksichtigung finden (z. B. die Reaktion des sozialen Umfeldes, die Zeit der Inhaftierung, prägnante Erinnerungen an die Lagerzeit, der Umgang mit anderen Häftlingen, Freundschaften), aber auch *(d)* die Nachkriegszeit (z. B. die Befreiung aus den Lagern, die Rückkehr in die Heimatstädte, private und berufliche Entwicklungen, die Gründung einer eigenen Familie). Im Rahmen der reflektierenden Interpretation wurde von mir bereits auf konkrete Textstellen dieser Art hingewiesen.

Im Hinblick auf weitergehende Forschungsbemühungen ist schließlich eine soziogenetische Typenbildung anzustreben, die den Fragen nach den sozialen Zusammenhängen und Konstellationen der typisierten Orientierungsrahmen nachgeht (vgl. Nohl 2009, S. 58). Es ist zu vermuten, dass die kontrastierenden Orientierungsrahmen der interviewten Personen und die an sie anknüpfenden Typen weiteren Dimensionen oder ‚Erfahrungsräumen' zuzuordnen sind. Die herausgearbeiteten Kontraste in der Gemeinsamkeit können hier als Ausgangspunkt einer mehrdimensionalen Typenbildung dienen (siehe dazu ebd., S. 62).

So zeigt sich in der Auseinandersetzung mit den Verfolgungserfahrungen insbesondere bei den drei weiblichen Interviewten, die zum Zeitpunkt der Deportation zwischen vier und sechs Jahren alt waren, eine intensive Auseinandersetzung mit der Familienthematik, wobei sie sich vor allem an den Haltungen und den Handlungen der eigenen Mutter abarbeiten. Demgegenüber konnte im Fall des damals 13-Jährigen Helmut S. beobachtet werden, dass die eigene Mutter nur am Rande der Erzählung auftaucht, während sein eigenes Handlungsvermögen im Vordergrund steht. An dieser Stelle ist zu vermuten, dass die Form der Erfahrungsverarbeitung mit der geschlechts- und alters-, d. h. entwicklungsspezifischen Dimension der Verfolgung zusammenhängt.

Anknüpfungspunkt weiterer Untersuchungen bietet in diesem Kontext auch die Beobachtung, dass sich in den Erzählungen auffällige Beschreibungen der weiblichen Bezugspersonen finden lassen. Hier wäre der Frage nach der Rolle der Frauen, insbesondere der Mütter, in den Verfolgungssituationen nachzugehen.

Zudem deutet sich im Hinblick auf die unterschiedlichen Formen der *„Grenzüberschreitung"* an, dass auch die soziale Lage und Herkunft der interviewten Personen die Erlebniswahrnehmung und Bewältigung beeinflussen können. Dies zeigt sich insbesondere in der Gegenüberstellung der Fälle von Susanne T. und Elisabeth S.. In beiden Fällen bildet die Kontinuität des familialen Orientierungsrahmens eine wesentliche Komponente der Orientierung hinsichtlich der Verfolgungserfahrungen. Obgleich in beiden Fällen eine besonders intensive Abarbeitung an den Orientierungen der Mütter zu beobachten ist, werden innerhalb dieser Gemeinsamkeit auch Unterschiede deutlich, die möglicherweise einer milieuspezifischen Dimension zuzuordnen sind: Bei Susanne T. bezieht sich die Kontinuität auf ein unkonventionelles, souveränes Verhalten und damit verbundene Handlungsspielräume, die einen positiven Horizont markieren. Demgegenüber geht es im Fall von Elisabeth S. um die Aufrechterhaltung von Anstandsprinzipien und die einer guten Erziehung, die zur Strukturierung der Grenzerfahrung beitragen. Hinsichtlich der Strukturen der Erlebnisverarbeitung deuten sich hier Unterschiede zwischen den Akteuren eines künstlerisch-kreativen, und in diesem Sinne privilegierten Milieus, und dem eines eher (klein-)bürgerlichen Milieus an.

Für weitere Forschungsbemühungen eröffnet sich damit die Frage, inwieweit die soziale Herkunft die Erlebnisverarbeitung beeinflusst. Mit Blick auf die vorliegenden Untersuchungen zur Bewältigung von Verfolgungserfahrungen während des Holocaust bleibt festzuhalten, dass dieser Aspekt bisher nur in wenigen Arbeiten, und hier insbesondere hinsichtlich kollektiver Schicksale einzelner Verfolgungsgruppen, Erwägung gefunden hat (siehe z. B. Garbe 1993; Meyer 1997).

Hinsichtlich der Interviewbestände des „Visual History Archive" bieten sich damit konkrete Anschlussmöglichkeiten für weitere Ausarbeitungen und das Erstellen eines umfangreicheren Untersuchungssamples (etwa unter Einbezug von anderen Altersgruppen sowie einer systematischen Variation der Geschlechts- und / oder Milieuzugehörigkeit; siehe dazu auch Nohl 2009, S. 59-64). Die Anwendung der dokumentarischen Methode der Interviewinterpretation bei der Analyse der Verarbeitungsstrukturen scheint mir dabei in besonderer Weise geeignet. Dies begründet sich m. E. in der spezifischen Analysehaltung, bei der das Wissen der Akteure selbst als „empirische Basis der dokumentarischen Interpretation" (Nohl 2009, S. 51) bestehen bleibt, gleichwohl sie sich von deren eigenen „Sinnzuschreibungen" (ebd.) ablöst. Somit bietet sich die Möglichkeit einer differenzierten Analyse der Erfahrungen und Orientierungen der Interviewten, bei der unterschiedlichen (Erfahrungs-) Dimensionen, die für die Erlebnisverarbeitung von Bedeutung sein können, nachgegangen wird. Indem neben der Verfolgungserfahrung auch andere ‚Erfahrungsräume‘ in den Blick geraten, erweitert sich die Perspektive auf die Betroffenen.

Wie in Kapitel 3 ausgeführt, erscheint es jedoch bei einem Großteil der Interviews aus dem „Visual History Archive" schwierig, eine dokumentarische Interviewinterpretation durchzuführen. Da viele dieser Interviews nicht von Erzählungen der Interviewten dominiert werden, sondern von den Eingriffen und Nachfragen der Interviewer, bietet es sich an, auch auf die Mittel der dokumentarischen Gesprächsanalyse zurückzugreifen. Mit ihrem Begriffsinventar für die Analyse der Diskursorganisation kann dieses Verfahren dem Gesprächscharakter solcher Interviews Rechnung tragen (siehe dazu Przyborski 2004).

Abschließend möchte ich festhalten, dass die Arbeit mit den Interviews in jeder Phase der empirischen Rekonstruktion einen Balanceakt darstellte. Die wesentlichen, prekären und heiklen Erfahrungen der Interviewten erfordern eine besondere Sensibilität im Umgang mit dem Material. Allein der Prozess der Recherche, bei dem eine stichprobenartige Sichtung vieler Interviews notwendig wurde, stellte eine enorme Herausforderung dar. In Anbetracht der geschilderten Ereignisse erschien es mir besonders schwierig, gemäß der genannten Kriterien (siehe Kap. 3.2) ‚passende‘ Interviews für eine Analyse auszuwählen. Auch die Schwere der Worte führte oft zu dem Gefühl, den Kern des Gesagten nicht oder nur sehr unzureichend erfassen und ausdrücken zu können. Die wissenschaftliche Analyse der Interviews von Überlebenden stellt somit für die Interpretierenden auch einen äußerst unsicheren und schmerzhaften Prozess dar. Als solcher kann sie jedoch vielleicht, als eine spezifische Form des Erinnerns und Gedenkens an den Holocaust, dazu beitragen, die „Wunde" (Levi 1993) des Traumas offen zu halten.

6 Literaturverzeichnis

ALTHEIT, Peter/FISCHER-ROSENTHAL, Wolfram/HOERNING, Erika M. (1990): Biographieforschung. Eine Zwischenbilanz in der deutschen Soziologie. Werkstattberichte des Forschungsschwerpunktes Arbeit und Bildung. Bremen.

APEL, Linde (2008): „You are participating in history". Das Visual History Archive der Shoah Foundation. In: Zeithistorische Forschungen/Studies in Contemporary History, Online-Ausgabe, 5, H. 3. Verfügbar unter: http://www.zeithistorische-forschungen.de/16126041-Apel-3-2008 (Zugriff am 17.06.2010).

ASSMANN, Aleida (2006a): Erinnerungsräume. Formen und Wandlungen des kulturellen Gedächtnisses. München.

ASSMANN, Aleida (2006b): History, Memory, and the Genre of Testimony. In: Poetics Today. International Journal for Theory and Analysis of Literature and Communication. 27:2, S. 261-273.

ASSMANN, Aleida (2007): Der lange Schatten der Vergangenheit. Erinnerungskultur und Geschichtspolitik. Bonn.

ASSMANN, Jan (1992): Das kulturelle Gedächtnis: Schrift, Erinnerung und politische Identität in frühen Hochkulturen. München.

BARANOWSKI, Daniel (Hg.): „Ich bin die Stimme der sechs Millionen." Das Videoarchiv im Ort der Information. Berlin.

BARRICELLI, Michele (2007): Per Video zugeschaltet. Periphere Gedanken zum Potenzial des „Visual History Archive" des Shoah Foundation Institute im Geschichtsunterricht. In: HAMANN, Christoph/MARTIN, Judith (Hg.): Geschichte, Friedensgeschichte, Lebensgeschichte. Herbolzheim, S. 234-252.

BARRICELLI, Michele/BRAUER, Juliane/WEIN, Dorothee (2009): Zeugen der Shoah: Historisches Lernen mit lebensgeschichtlichen Videointerviews. Das Visual History Archive des Shoah Foundation Institue in der Schulischen Bildung. In: Medaon, Online-Ausgabe, 5, S. 1-17. Verfügbar unter: http://www.medaon.de/ (Zugriff am 10.06.2010).

BECKER, David (1992): Ohne Haß keine Versöhnung. Das Trauma der Verfolgten. Freiburg.

BODER, David P. (1949): I did not Interview the Dead. Chicago.

BOHNSACK, Ralf (1989): Generation, Milieu und Geschlecht. Ergebnisse aus Gruppendiskussionen mit Jugendlichen. Opladen.

BOHNSACK, Ralf (1997): „Orientierungsmuster": Ein Grundbegriff qualitativer Sozialforschung. In: SCHMIDT, Folker (Hg.): Methodische Probleme der empirischen Erziehungswissenschaft. Baltmannsweiler, S. 49-61.

BOHNSACK, Ralf (2001): Dokumentarische Methode. Theorie und Praxis wissenssoziologischer Interpretation. In: HUG, Theodor: Wie kommt Wissenschaft zu Wissen? Einführung in die Methodologie der Sozial- und Kulturwissenschaften. Bd. 3. Baltmannsweiler, S. 326-345.

BOHNSACK, Ralf (2007): Typenbildung, Generalisierung und komparative Analyse: Grundprinzipien der dokumentarischen Methode. In: BOHNSACK, Ralf/NENTWIG-GESEMANN, Iris/NOHL, Arnd-Michael (Hg.): Die dokumentarische Methode und ihre Forschungspraxis. Grundlagen qualitativer Sozialforschung. Wiesbaden. S. 225-253.

BOHNSACK, Ralf (2008): Rekonstruktive Sozialforschung: Einführung in qualitative Methoden. 7. Auflage. Opladen.

BOHNSACK, Ralf (2009): Gruppendiskussion. In: FLICK, Uwe / VON KARDORFF, Ernst / STEINKE, Ines: Qualitative Forschung. Ein Handbuch. 7. Auflage. Reinbek bei Hamburg, S. 369-384.

BOHNSACK, Ralf / NENTWIG-GESEMANN, Iris / NOHL, Arnd-Michael (2007a) (Hg.): Die dokumentarische Methode und ihre Forschungspraxis. Grundlagen qualitativer Sozialforschung. Wiesbaden.

BOHNSACK, Ralf / NENTWIG-GESEMANN / NOHL, Arnd-Michael (2007b): Einleitung: Die dokumentarische Methode und ihre Forschungspraxis. In: Dies. (Hg.): Die dokumentarische Methode und ihre Forschungspraxis. Grundlagen qualitativer Sozialforschung. Wiesbaden. S. 9-27.

BOHNSACK, Ralf / NOHL, Arnd-Michael (2007): Exemplarische Textinterpretation: Die Sequenzanalyse der dokumentarischen Methode. In: BOHNSACK, Ralf / NENTWIG-GESEMANN, Iris / NOHL, Arnd-Michael (Hg.): Die dokumentarische Methode und ihre Forschungspraxis. Grundlagen qualitativer Sozialforschung. Wiesbaden. S. 303-307.

BOHNSACK, Ralf / SCHÄFFER, Burkhard (2007): Exemplarische Textinterpretation: Diskursorganisation und dokumentarische Methode. In: BOHNSACK, Ralf / NENTWIG-GESEMANN, Iris / NOHL, Arnd-Michael (Hg.): Die dokumentarische Methode und ihre Forschungspraxis. Grundlagen qualitativer Sozialforschung. S. 309-323.

BOLL, Friedhelm (Hg.) (1997): Verfolgung und Lebensgeschichte. Diktaturerfahrungen unter nationalsozialistischer und stalinistischer Herrschaft in Deutschland. Berlin.

BOURDIEU, Pierre (1994): Zur Soziologie der symbolischen Formen. 5. Auflage. Frankfurt / Main.

BRAUER, Juliane / WEIN, Dorothee (2010): Historisches Lernen mit lebensgeschichtlichen Videointerviews – Beobachtungen aus der schulischen Praxis mit dem Visual History Archive. In: Stiftung Topographie des Terrors (Hg.): Gedenkstättenrundbrief Nr. 153, S. 9-22. Verfügbar unter: http://www.gedenkstaettenforum.de/ (Zugriff am 07.06.2010).

BRODER, Henryk M. (1999): Indiana Jones in Auschwitz. In: Der Spiegel, Online-Ausgabe, 37, S. 246-264. Online verfügbar unter: http://www.spiegel.de/spiegel/print/d-14763902.html (Zugriff am 11.06.2010).

BROWN, Roger / KULIK, James (1977): Flashbulb Memories. In: Cognition II, S. 629-654.

CASTAN, Joachim / SCHNEIDER, Thomas F. (Hg.): Hans Calmeyer und die Judenrettung in den Niederlanden. Göttingen.

DAMASIO, Antonio R. (1999): The feeling of what happens. Body and motion in the making of consciousness. New York u. a.

DINER, Dan (1990): Perspektivenwahl und Geschichtserfahrung. Bedarf es einer besonderen Historik des Nationalsozialismus? In: PEHLE, Walther H. (Hg.): Der historische Ort des Nationalsozialismus. Annäherungen. Frankfurt / Main. S. 94-113.

EGGERS, Michael (2001): Trauma. In: PETHES, Nicolas / RUCHATZ, Jens (Hg.): Gedächtnis und Erinnerung. Ein interdisziplinäres Lexikon. Reinbek bei Hamburg, S. 602-604.

/, Kurt R. (1963): Die Ermordung von wie vielen seiner Kinder muß ein Mensch symptomfrei ertragen können, um eine normale Konstitution zu haben? In: Psyche 17, S. 452-463.

FREYBERGER, Harald / FREYBERGER, Hellmuth (1990): Posttraumatischer Verfolgungsdruck und Bewältigungsstrategien bei ehemals durch den Nationalsozialismus verfolgten Menschen. In: FISCHER-HÜBNER, Helga / FISCHER-HÜBNER Hermann (Hg.): Die Kehrseite der „Wiedergutmachung". Das Leiden der NS-Verfolgten in den Entschädigungsverfahren. Gerlingen, S. 157-177.

FREYTAG, Carl (2002): Augenschein. Videozeugnisse Überlebender: Wem gehört die Erinnerung? In: GÜNTER, Manuela (Hg.): Überleben schreiben. Zur Autobiographik der Shoah. Würzburg, S. 201-216.

FUNKENSTEIN, Amos (1993): Perceptions of Jewish history. Berkeley / California u. a.

GARBE, Detlef (1993): Zwischen Widerstand und Martyrium. Die Zeugen Jehovas im „Dritten Reich". München.

GARFINKEL, Harald (1967): Studies in Ethnomethodology. Englewood Cliffs / New Jersey.

GARFINKEL; Harald (1976): Bedingungen für den Erfolg von Degradierungszeremonien. In LÜDERSSEN, Klaus / SACK, Fritz (Hg.): Seminar Abweichendes Verhalten III – Zur gesellschaftlichen Reaktion auf Kriminalität. Frankfurt / Main, S. 31-40.

GÄßLER, Karin (1993): Extremtraumatisierung in der Pubertät. Grundlagen spezifischer Erziehungs- und Bildungskonzeptionen für die nachfolgenden Generationen von jüdischen Verfolgten während des deutschen Nationalsozialismus. Frankfurt / Main u. a.

GELBIN, Cathy et al. (Hg.) (1998): Archiv der Erinnerung. Interviews mit Überlebenden der Shoah, Band 1: Videographierte Lebenserzählungen und ihre Interpretation. Potsdam.

GELBIN, Cathy / LEZZI, Eva (1998): Projektvorstellung und Einleitung. In: GELBIN, Cathy et al. (Hg.): Archiv der Erinnerung. Interviews mit Überlebenden der Shoah, Band 1: Videographierte Lebenserzählungen und ihre Interpretation. Potsdam, S. 19-38.

GEPPERT, Alexander C. T. (1994): Forschungstechnik oder historische Disziplin? Methodische Probleme der Oral History. In: Geschichte in Wissenschaft und Unterricht. Bd. 45. S. 303-323.

GOFFMAN, Erving (1967): Stigma – Über Techniken der Bewältigung beschädigter Identität. Aus dem Amerikanischen von Frigga Haug. Frankfurt / Main. (Original 1963: Stigma, Englewood Cliffs / New Jersey)

GREENSPAN, Louis (Hg.) (1992): German philosophy and Jewish thought. Toronto u. a.

GRELE, Ronald J. (1985): Ziellose Bewegung. Methodologische und theoretische Probleme der Oral History. In: NIETHAMMER, Lutz (Hg.): Lebenserfahrung und kollektives Gedächtnis. Die Praxis der „Oral History". Frankfurt / Main. S. 195-220.

GRUNER, Wolf (2005): Von der Kollektivausweisung zur Deportation der Juden in Deutschland (1938-1945). Neue Perspektiven und Dokumente. In: KUNDRUS, Birthe / MEYER, Beate (Hg.): Die Deportation der Juden aus Deutschland. Pläne – Praxis – Reaktionen 1938-1945. Göttingen, S. 21-62.

HARDTMANN, Gertrud (Hg.) (1992): Spuren der Verfolgung: seelische Auswirkungen des Holocaust auf die Opfer und ihre Kinder. Gerlingen.

HARTMAN, Geoffrey H. (1998): Videographie, Oral History und Bildung: Das Yale Testimony Projekt. Aus dem Englischen von Stefanie Bauer. In: GELBIN, Cathy et al. (Hg.): Archiv der Erinnerung. Interviews mit Überlebenden der Shoah, Band 1: Videographierte Lebenserzählungen und ihre Interpretation. Potsdam, S. 41-64.

HARTMAN, Geoffrey H. (2009): Videointerviews zum Holocaust. Gedanken zu zentralen Dokumenten des 20. Jahrhunderts. Aus dem Englischen von Daniel Eschkötter. In: BARANOWSKI, Daniel (Hg.): „Ich bin die Stimme der sechs Millionen." Das Videoarchiv im Ort der Information. Berlin, S. 15-26.

IGGERS, Georg G. (1993): Geschichtswissenschaft im 20. Jahrhundert. Ein kritischer Überblick im internationalen Zusammenhang. Göttingen.

JAISPER, Constanze (2009): Biografisches Erzählen – Lebendige Erinnerung. Zur pädagogischen Arbeit mit dem Videoarchiv. In: BARANOWSKI, Daniel (Hg.): „Ich bin die Stimme der sechs Millionen." Das Videoarchiv im Ort der Information. Berlin, S. 87-100.

JUREIT, Ulrike (1999): Erinnerungsmuster. Zur Methodik lebensgeschichtlicher Interviews mit Überlebenden der Konzentrations- und Vernichtungslager. Hamburg.

JUREIT, Ulrike / ORTH, Karin (1994): Überlebensgeschichten. Gespräche mit Überlebenden des KZ-Neuengamme. Hamburg.

JÜNGER, Friedrich Georg (1957): Gedächtnis und Erinnerung. Frankfurt / Main.

KAHANA, Boaz / HAREL, Zev / KAHANA, Eva (1989): Clinical and Gerontological Issues Facing Survivors of the Nazi Holocaust. In: MARCUS, Paul / ROSENBERG, Alan (Hg.): Healing their Wounds. Psychotherapy with Holocaust Survivors and their Families. New York, S. 199.

KAHANA, Eva / KAHANA, Boaz / HAREL, Zev / ROSNER, Tena (1988): Coping with Extreme Trauma. In: WILSON, John P. / HAREL, Zev / KAHANA, Boaz (Hg.): Human Adaptation to Extreme Stress. From the Holocaust to Vietnam. New York, S. 55-79.

KALLMEYER, Werner / SCHÜTZE, Fritz (1977): Zur Konstitution von Kommunikationsschemata der Sachverhaltsdarstellung. In: WEGNER, Dirk (Hg.): Gesprächsanalysen. Vorträge, gehalten anläßlich des 5. Kolloquiums des Instituts für Kommunikationsforschung und Phonetik, Bonn, 14. - 16. Oktober 1976. Hamburg, S. 159-274.

KAMINER, Isidor (1991): Spätfolgen bei jüdischen KZ-Überlebenden. In: JUELICH, Dierk (Hg.): Geschichte als Trauma. Frankfurt / Main, S. 19-33.

KEILSON, Hans (1979): Sequentielle Traumatisierung bei Kindern. Deskriptiv-klinische und quantifizierend-statistische follow-up Untersuchungen zum Schicksal der jüdischen Kriegswaisen in den Niederlanden. Stuttgart.

KEPINSKI, Antoni (1987): Das sogenannte KZ-Syndrom. Versuch einer Synthese. In: Hamburger Institut für Sozialforschung (Hg.): Die Auschwitz-Hefte. Texte der polnischen Zeitschrift „Przegląd lekarski" über historische, psychische und medizinische Aspekte des Lebens und Sterbens in Auschwitz. Bd. 2, S. 9-13.

KLINGENBÖCK, Gerda (2009): „Stimmen aus der Vergangenheit." Interviews von Überlebenden des Nationalsozialismus in systematischen Sammlungen von 1945 bis heute. In: BARANOWSKI, Daniel (Hg.): „Ich bin die Stimme der sechs Millionen." Das Videoarchiv im Ort der Information. Berlin, S. 27-40.

KLÜGER, Ruth (1992): weiter leben. Eine Jugend. Göttingen.

KLÜGER, Ruth (1996): Missbrauch der Erinnerung. KZ-Kitsch. In: Dies.: Von hoher und niedriger Literatur. Poetik – Sprache – Poesie. Bonner Poetik-Vorlesung. Band 1. Göttingen, S. 29-44.

KOSELLECK, (1995): Glühende Lava, zur Erinnerung geronnen. Frankfurter Allgemeine Zeitung vom 6. Mai 1995.

KOSMALA, Beate (2005): Zwischen Ahnen und Wissen. Flucht vor der Deportation (1941-1943). In: KUNDRUS, Birthe / MEYER, Beate (Hg.): Die Deportation der Juden aus Deutschland. Pläne – Praxis – Reaktionen 1938-1945. Göttingen. S. 135-159.

KOSNICK, Kira (1992): Sozialwissenschaftliche Ansätze in der Diskussion um Opfer und Überlebende. In: WOBBE, Theresa (Hg.): Nach Osten. Spuren nationalsozialistischer Verbrechen. Frankfurt / Main, S. 87-98.

KRAHÉ, Barbara (1998): Das Trauma der Verfolgung: Zur psychologischen Analyse von Videointerviews mit Überlebenden des Holocaust. In: GELBIN, Cathy et al. (Hg.): Archiv der Erinnerung. Interviews mit Überlebenden der Shoah. Bd. 1: Videographierte Lebenserzählungen und ihre Interpretation. Potsdam, S. 299-328.

KUNDRUS, Birthe/MEYER, Beate (2005) (Hg.): Die Deportation der Juden aus Deutschland. Pläne – Praxis – Reaktionen 1938-1945. Göttingen.

LANGER, Lawrence (1991): Holocaust Testimonies. The ruins of memory. Yale.

LeDOUX, Joseph E. (1998): Das Netz der Gefühle. Wie Emotionen entstehen. Aus dem Englischen von Friedrich Giese. Stuttgart.

LEVI, Primo (1993): Die Untergegangenen und die Geretteten. Aus dem Italienischen von Moshe Kahn. München: Deutscher Taschenbuchverlag. (Original 1986: I sommersi e i salvati, Turin)

LEZZI, Eva (2001): Zerstörte Kindheit. Literarische Autobiographie zur Shoah. Köln u.a.

LOOS, Peter/SCHÄFFER, Burkhard (2001): Das Gruppendiskussionsverfahren. Theoretische Grundlagen und empirische Anwendung. Opladen.

LUCIUS-HOENE, Gabriele/DEPPERMANN, Arnulf (2004): Rekonstruktion narrativer Identität. Ein Arbeitsbuch zur Analyse narrativer Identität. Wiesbaden.

LUHMANN, Niklas (1988): Funktion und Kausalität. In: Ders.: Soziologische Aufklärung I. Opladen. S. 9-30.

MANNHEIM, Karl (1964): Beiträge zur Theorie der Weltanschauungsinterpretation. In: Ders.: Wissenssoziologie. Neuwied.

MANNHEIM, Karl (1970): Wissenssoziologie: Auswahl aus dem Werk. Eingel. und hrsg. von WOLFF, Kurt H., Berlin.

MANNHEIM, Karl (1980): Strukturen des Denkens. Frankfurt/Main.

MAREK, Michael/SCHMITZ, Matthias (1999): Den Opfern einen Namen geben. In: der Freitag, Online-Ausgabe, 08 vom 19.2.1999. Verfügbar unter: http://www.freitag.de/kultur/9908-opfern-namen (Zugriff am 10.06.2010).

MÄRZ, Ursula (1994): Die Vorhölle. In: Die Zeit, Nr. 19 vom 06. Mai 1994.

MEYER, Beate (1997): Bewältigungsmuster im Vergleich: Verfolgung aus Gründen politischer Gegnerschaft, gesellschaftlicher Verweigerung und „rassischer" Ausgrenzung. In: BOLL, Friedhelm (Hg.): Verfolgung und Lebensgeschichte. Diktaturerfahrungen unter nationalsozialistischer und stalinistischer Herrschaft in Deutschland. Berlin, S. 63-85.

MEYER, Beate (1999): „Jüdische Mischlinge". Rassenpolitik und Verfolgungserfahrung 1933-1945. Hamburg.

MÜNZ, Christoph (2004): „Wohin die Sprache nicht reicht...". Sprache und Sprachbilder zwischen Bilderverbot und Schweigegebot. In: BANNASCH, Bettina/HAMMER, Almuth (Hg.): Verbot der Bilder – Gebot der Erinnerung. Mediale Repräsentation der Schoah. Frankfurt/Main, New York, S. 147-166.

NÄGEL, Verena Lucia (2009): Das Visual History Archive des Shoah Foundation Institute in Forschung, Lehre und Schulunterricht. In: BARANOWSKI, Daniel (Hg.): „Ich bin die Stimme der sechs Millionen." Das Videoarchiv im Ort der Information. Berlin, S. 185-191.

NENTWIG-GESEMANN, Iris (2007): Die Typenbildung der dokumentarischen Methode. In: BOHNSACK, Ralf/NENTWIG-GESEMANN, Iris/NOHL, Arnd-Michael (Hg.): Die dokumentarische Methode und ihre Forschungspraxis. Grundlagen qualitativer Sozialforschung. Wiesbaden, S. 277-302.

NIEDERLAND, William G. (1980): Folgen der Verfolgung. Das Überlebenden-Syndrom Seelenmord. Frankfurt/Main.

NIETHAMMER, Lutz (1980): Lebenserfahrung und kollektives Gedächtnis: die Praxis der „oral history". Frankfurt/Main.

NIETHAMMER, Lutz (1983a) (Hg.): Lebensgeschichte und Sozialkultur im Ruhrgebiet 1930-1960. Bd. 1. „Die Jahre weiß man nicht, wo man die heute hinsetzen soll." Faschismuserfahrungen im Ruhrgebiet. Berlin, Bonn.

NIETHAMMER, Lutz (1983b) (Hg.): Lebensgeschichte und Sozialkultur im Ruhrgebiet 1930-1960. Bd. 2. „Hinterher merkt man, daß es richtig war, daß es schiefgegangen ist." Nachkriegserfahrungen im Ruhrgebiet. Berlin, Bonn.

NIETHAMMER, Lutz (1985) (Hg.): Lebensgeschichte und Sozialkultur im Ruhrgebiet 1930-1960. Bd. 3. „Wir kriegen jetzt andere Zeiten." Auf der Suche nach der Erfahrung des Volkes in nachfaschistischen Ländern. Berlin, Bonn.

NOHL, Arndt-Michael (2007): Komparative Analyse: Forschungspraxis und Methodologie dokumentarischer Interpretation. In: BOHNSACK, Ralf/NENTWIG-GESEMANN, Iris/NOHL, Arnd-Michael (Hg.): Die dokumentarische Methode und ihre Forschungspraxis. Grundlagen qualitativer Sozialforschung. Wiesbaden, S. 255-276.

NOHL, Arndt-Michael (2009): Interview und dokumentarische Methode. Anleitungen für die Forschungspraxis. Wiesbaden.

NOLTE, Ernst (Hg.) (1967): Theorien über Faschismus. Köln.

PAGENSTECHER, Cord (2009): Zwangsarbeit 1933-1945. Erinnerungen und Geschichte. Ein digitales Interviewarchiv und seine Bildungsmaterialien. In: BARANOWSKI, Daniel (Hg.): „Ich bin die Stimme der sechs Millionen." Das Videoarchiv im Ort der Information. Berlin. S. 192-198.

PANOFSKY, Erwin (1980): Zum Problem der Beschreibung und Inhaltsdeutung von Werken der Bildenden Kunst. In: OBERER, Hariolf/VERHEYEN, Egon: Aufsätze zu Grundfragen der Kunstwissenschaft. Berlin, S. 85-97.

PETHES, Nicolas/RUCHATZ, Jens (2001) (Hg.): Gedächtnis und Erinnerung. Ein interdisziplinäres Lexikon. Reinbek bei Hamburg: Rowohlt Taschenbuch Verlag.

PHILIPP, Marc J. (2010): „Hitler ist tot, aber ich lebe noch." Zeitzeugenerinnerungen an den Nationalsozialismus. Berlin.

PLATO, Alexander v. (1985): Wer schoß auf Robert R. – Oder was kann Oral History leisten? In: HEER, Hannes/ULRICH, Volker (Hg.): Geschichte entdecken. Erfahrungen und Projekte der neueren Geschichtsbewegung. Reinbek bei Hamburg. S. 266-280.

PLATO, Alexander v. (2000): Zeitzeugen und die historische Zunft. Erinnerung, kommunikative Tradierung und kollektives Gedächtnis in der qualitativen Geschichtswissenschaft – ein Problemaufriss. In: BIOS. Zeitschrift für Biographieforschung und Oral History, 13. Jg, H. 1. Leverkusen, S. 5-29.

PREISLER, Maximilian (1998): Narrativer Prozeß und Subjektkonstitution in Überlebensgeschichten. In: GELBIN, Cathy et al. (Hg.): Archiv der Erinnerung. Interviews mit Überlebenden der Shoah, Band 1: Videographierte Lebenserzählungen und ihre Interpretation. Potsdam, S. 195-229.

PRZYBORKSI, Aglaja (2004): Gesprächsanalyse und dokumentarische Methode. Qualitative Auswertung von Gesprächen, Gruppendiskussionen und anderen Diskursen. Wiesbaden.

QUINDEAU, Ilka (1995): Trauma und Geschichte. Interpretation autobiographischer Erzählungen von Überlebenden des Holocaust. Frankfurt/Main.

REEMTSMA, Jan Philipp (1993): Trauma. In: Mittelweg 36, 2, Heft 3, S. 41-43.

ROSEMAN, Mark (1999): Erinnern und Überleben. Wahrheit und Widerspruch im Zeugnis einer Holocaust-Überlebenden. In: BOLL, Friedhelm/KAMINSKY, Annette (Hg.): Gedenkstättenarbeit und Oral History. Lebensgeschichtliche Beiträge zur Verfolgung in zwei Diktaturen. Berlin, S. 41-62.

6 Literaturverzeichnis

ROSENTHAL, Gabriele (1995): Erlebte und erzählte Lebensgeschichte: Gestalt und Struktur biographischer Selbstbeschreibungen. Frankfurt / Main, New York.

RÜSEN, Jörn (2001): Zerbrechende Zeit: über den Sinn der Geschichte. Köln u. a.

SCHACTER, Daniel L. (1996): Searching for Memory. The Brain, the Mind and the Past. New York.

SCHREIBER, Birgit (2005): Versteckt: jüdische Kinder im nationalsozialistischen Deutschland und ihr Leben danach. Interpretationen biographischer Interviews. Frankfurt / Main, New York.

SCHRÖDER, Hans Joachim (1992): Die gestohlenen Jahre. Erzählgeschichten und Geschichtserzählungen im Interview: Der Zweite Weltkrieg aus der Sicht ehemaliger Mannschaftssoldaten. Tübingen.

SCHULER, Thomas (1998): „Es gibt kein Happy-End des Holocaust." Warum Wissenschaftler und ehemalige Mitarbeiter dem Archiv der Shoah-Stiftung mit gemischten Gefühlen gegenüberstehen. In: Berliner Zeitung vom 14.11.1998. Verfügbar unter: http://www.berlinonline.de/berliner-zeitung/archiv/.bin/dump.fcgi/1998/1114/blickpunkt/0006/ index.html (Zugriff am 11.06.2010).

SCHÜTZE, Fritz (1983): Biographieforschung und narratives Interview. In: Neue Praxis, Heft 3, Jg. 13. S. 283-293.

SCHÜTZE, Fritz (1987): Das narrative Interview in Interaktionsfeldstudien: Erzähltheoretische Grundlagen. Studienbrief der Fernuniversität Hagen, Teil I, Merkmale von Alltagserzählungen und was wir mit ihrer Hilfe erkennen können. Hagen.

SEDLACZEK, Dietmar (1999): Nationalsozialistische Verfolgung und Biographie. Lebensgeschichtliche Interviews mit Überlebenden. In: BOLL, Friedhelm (Hg.): Gedenkstättenarbeit und Oral History: lebensgeschichtliche Beiträge zur Verfolgung in zwei Diktaturen. Berlin, S. 63-80.

SIMONIS, Annette (2001): Oral History. In: PETHES, Nicolas / RUCHATZ, Jens (Hg.): Gedächtnis und Erinnerung. Ein interdisziplinäres Lexikon. Reinbek bei Hamburg, S. 425-426.

STARR, Louis M. (1980): Oral History in den USA. Probleme und Perspektiven. In: Niethammer, Lutz (Hg.): Lebenserfahrung und kollektives Gedächtnis. Die Praxis der „oral history", Frankfurt / Main, S. 27-54.

STEINBACH, Lothar (1988): Sozialgeschichte, Arbeitergeschichte, erinnerte Geschichte. Anmerkungen zu Erträgen neuerer Oral-History-Forschungen in der deutschsprachigen Historiographie. In: Archiv für Sozialgeschichte. Bd. 28, S. 541-600.

VORLÄNDER, Herwart (1990): Mündliches Erfragen von Geschichte. In: Ders. (Hg.): Oral History. Mündlich erfragte Geschichte. Acht Beiträge. Göttingen, S. 7-28.

WEHLER, Hans-Ulrich (1976): Bibliographie zur modernen deutschen Sozialgeschichte. Göttingen.

WELZER, Harald (2000): Das Interview als Artefakt. Zur Kritik der Zeitzeugenforschung. In: BIOS. Zeitschrift für Biographieforschung und Oral History, 13. Jg, H. 1. Leverkusen, S. 51-63.

WILKENS, Lorenz (2001): Ein neues Zentrum des Verstehens. Trauma und Gewalt – theoretische und methodische Ansätze in der Psychoanalyse. Frankfurter Rundschau. Ausgaben D / R / S Nr. 6 vom 13.03.2001. S. 22.

YOUNG, James Edward (1997): Beschreiben des Holocaust. Darstellung und Folgen der Interpretation. Aus dem Amerikanischen von Christa Schuenke. Frankfurt / Main. (Original 1988: Writing and Rewriting the Holocaust. Narrative and the Consequences of Interpretation. Bloomington / Indianapolis)

ZIEGLER, Sandra (2006): Gedächtnis und Identität der KZ-Erfahrung: niederländische und deutsche Augenzeugenberichte des Holocaust. Würzburg.

Elektronische Quellen

Dokumentationsarchiv des österreichischen Widerstandes. Website verfügbar unter: http://de.doew. braintrust.at/index.php (Zugriff am 09.09.2011).

Gedenkstätte von Yad Vashem: „Yad Vashem The Holocaust Martyrs' and Heroes' Remembrance Authority" in Jerusalem. Website verfügbar unter: http://www.yadvashem.org/ (Zugriff am 09.09.2011).

USC Shoah Foundation Institute (2007): Interviewer Guidelines. Verfügbar unter http://www.vha. fu-berlin.de/media/pdf/vha_interviewer_guidelines.pdf (Zugriff am 09.09.2011).

USC Shoah Foundation Institute: „The Archive: collecting testimonies". Verfügbar unter: http://college. usc.edu/vhi/scholarship/archival_access (Zugriff am 09.09.2011)

USC Shoah Foundation Institute: „Preserving the Archive – Video about the Institute's preservation effort." Verfügbar unter: http://college.usc.edu/vhi//preservation/ (Zugriff am 09.09.2011).

„Visual History Archive" an der Freien Universität Berlin. Website verfügbar unter: http://www.vha. fu-berlin.de/ (Zugriff am 09.09.2011).

„Visual History Archive" des Shoah Foundation Institute for Visual History and Education an der University of Southern California (USC). Website verfügbar unter: http://college.usc.edu/vhi/ (Zugriff am 09.09.2011).

Wiener Library Institut of Contemporary History in London. Website verfügbar unter: http://www. wienerlibrary.co.uk/ (Zugriff am 09.09.2011).

„Werkstatt der Erinnerung" in der Forschungsstelle für Zeitgeschichte in Hamburg. Website verfügbar unter: http://www.werkstatt-der-erinnerung.de/ (Zugriff am 09.09.2011).

„Zeugen der Shoah. Das Visual History Archive in der schulischen Bildung" an der Freien Universität Berlin. Website verfügbar unter: http://www.zeugendershoah.de/ (Zugriff am 09.09.2011).

Zeitzeugenbörsen e.V. in Berlin. Website verfügbar unter: http://www.zeitzeugenboerse.de/ (Zugriff am 09.09.2011)

Anhang

Anhang A – Thematische Verläufe der Interviews

Die Erstellung der thematischen Verläufe erfolgte in Anlehnung an Nohl (2009). Die für die reflektierende Interpretation ausgewählten Passagen sind in den folgenden Tabellen fett gedruckt. Weitere Passagen, auf die im Verlauf der empirischen Rekonstruktion verwiesen wurde, werden kursiv dargestellt.

Tabelle 3: Thematischer Verlauf zum Interview mit *Susanne T.*

Thematischer Verlauf zum Interview mit Susanne T. am 21.06.1996 in Berlin Gesamtdauer: 81 Min. (Nummer des Interviews: 15998)

Zeit-punkt	Fragen des Interviewerin: Y, Sohn der Interviewten: S, Themen (abstrakt und knapp zusammengefasst oder nahe am Wortlaut der interviewten Person), Anmerkungen zum Interviewverlauf (Unterbrechungen, Kameraeinblendungen mit Familienangehörigen, Fotos, Dokumenten)
Tape 1 **1:04**	*Y: persönliche Vorstellung von Y und der Interviewten*
1:50	Y: vollständiger Name?
1:55	Name, Geburtsname
1:59	Y: Aufforderung Namen zu buchstabieren
2:02	Buchstabieren der Nachnamen
2:10	Y: Aufforderung Vornamen zu buchstabieren
2:11	Buchstabieren des Vornamens
2:15	Y: Geburtsdatum?
2:17	Geburtsdatum und Geburtsort
2:27	Y: Frage, ob Berlin Stadt in der Kindheit verbracht wurde
2:32	Nein, 1939 Kindertransport nach Amsterdam zusammen mit älterem Bruder
2:53	Y: Aufforderung Kindertransport zu beschreiben
2:55	Eltern auf der Suche nach Auswanderungsmöglichkeiten in Amerika, Versuch über das Rote Kreuz die Kinder nach Holland zu holen

3:40	Y: Frage nach Ziel des Kindertransportes
3:43	Transport von Berlin nach Amsterdam, Weiterreise vieler Kinder nach England
4:00	Y: Transportmittel?
4:02	Personenzüge
4:08	Y: Konkrete Erinnerung an den Kindertransport?
4:09	Keine
4:10	Y: Wer waren Ihre Eltern?
4:17	Vater Rechtsanwalt in Berlin, Mutter in den 1920er-Jahren berühmte Schauspielerin
4:47	Y: Beruf des Vaters?
4:49	Rechtsanwalt
4:52	Y: Aufforderung Vater zu beschreiben
4:54	Vater war ein typisch deutscher Jude, Mutter auch beschreiben? Schauspielausbildung der Mutter
5:53	Y: Geschwister?
5:56	Älterer Bruder
6:14	Y: Großeltern?
6:15	Mütterlicherseits Schauspielerfamilie, väterlicherseits Schlesier
6:37	Y: Großeltern kennengelernt?
6:39	Keine Erinnerung
6:53	Y: früheste Kindheitserinnerungen?
6:53	**Y: früheste Kindheitserinnerungen?**
6:57	**Beengte Wohnverhältnisse in Amsterdam, Abgleich mit den Erinnerungen des älteren Bruders. Erinnerung an die Deportation ins Lager: Verlauf der Abholung aus der Wohnung, darauf folgender Transport im Viehwagen.**
9:00	**Y: Frage nach Datum**
9:01	**Mai 1943**
9:05	**Y: Aufforderung weiter zu beschreiben**
9:08	**Registrierung ähnlich wie im Film „Schindlers Liste"; Versuch der Mutter, sich als Arierin auszugeben, Transport der Familie: Mitinsassen waren prominente Schauspieler, Situation für die Notdurft im Waggon**

10:56	Halt während des Transportes, Mutter erhielt jedes Mal Erlaubnis Wasser zu holen
11:41	Y: Alter?
11:42	5 Jahre, Wohnsituation im Lager: Waschgelegenheit, Vergleich mit Filmszene aus „Schindlers Liste", Toilettensituation
12:41	Y: Kindheit und alltägliches Leben vor dem Transport?
12:56	Gefühl von Normalität, Solidarität der Holländer
13:18	Y: Erfahrungen mit Antisemitismus?
13:35	Nie, keine Berührungspunkte
13:45	Y: Zeitpunkt der Ankunft in Westerbork?
13:49	Mai 1943
13:55	Y: Erster Eindruck in Westerbork?
13:58	Keine Erinnerung, Erschrecken als Kind. Genaue Erinnerung an die Deportationstransporte nach Auschwitz.
15:15	Y: Frage nach Gefühlen
15:18	Wahrscheinlich Angst, aber vorrangig Irritation
15:41	Y: Was wurde nach der Ankunft als erstes gemacht?
15:48	Abläufe in Westerbork, Durchgangslager
16:28	**Y: Ernährung im Lager?**
16:31	**Keine Erinnerung, Arbeit der Familienmitglieder, Ausreißen aus Kinderbetreuung. Folgen der herausragenden Stellung der Mutter, erinnerte Szenen aus dem Lageralltag. Premierenaufführungen der Mutter, nach dem Krieg Darstellung im Theaterstück „Ghetto"**
19:04	*Y: Frage nach der Wohnbaracke*
19:07	*Siehe Lagerkarte*
19:16	*Y: Werden später nachschauen, Frage nach Mithäftlingen*
19:20	*Holländische und deutsche Juden*
19:39	*Y: Inhaftierung zusammen mit der Mutter?*
19:42	*Status von Privilegierten, verbesserte Wohnsituation*
20:31	*Y: Aufforderung die tägliche Routine zu beschreiben*
20:38	*Keine Routine für ein fünfjähriges Kind, 6-monatige Haft*
21:26	Y: Zeugin von Bestrafungssituationen?

21:29	Nein
21:33	Y: Frage nach Informationen von der Außenwelt
21:42	Nein. Erinnerungen verschränken sich mit nachträglich erworbenem Wissen.
22:17	Keine Gespräche mit den Eltern über die Lagerzeit
22:20	Y: Arbeit und Alter des Bruders?
22:26	16 Jahre, Beschäftigung der Eltern und des Bruders
23:06	Y: Erinnerung an berühmte oder berüchtigte Personen im Lager?
23:13	Lagerleiter Gemmecker
24:54	Y: Persönlicher Kontakt zu Herrn Gemmecker?
25:01	*Privilegierte Stellung der Mutter, belegt durch das Tagebuch des Westerbork-Häftlings „Anonymus"*
26:35	Y: Arische Herkunft der Mutter?
26:40	Nein. Äußeres Erscheinungsbild der Mutter, Rassengesetze, eidesstattliche Erklärung der Mutter und daraus resultierende Überlebenschance.
27:45	Y: Umstände, die zum Verlassen von Westerbork führten?
27:54	Verfahren der Arisierung, sog. Calmeyer-Verfahren
Tape 2 *00:42*	*Y: Umständen, die zum Verlassen von Westerbork führten?*
00:51	*SS-Offizier Calmeyer als Helfer in Den Haag; persönlicher Kontakt nach dem Krieg; Arisierungsfeststellung wurde in das Lager nachgeschickt. Rückkehr nach Amsterdam, Vorfinden der ausgeräumten Wohnung.*
3:30	//LÄRMSTÖRUNG UND UNTERBRECHUNG DES INTERVIEWS//
3:36	Y: Bedingungen der Entlassung aus dem Lager?
3:50	Rückkehr nach Amsterdam: Vermutungen über das weitere Überleben der Familie. Vater und Bruder lebten untergetaucht. Bettnässerin und Scharlach-erkrankung, Hunger in den Wintermonaten 1943/44 und 1944/45.
7:38	Informationen über den Sender BBC. Mutter konnte sich mit ihr aufgrund ihres Aussehens frei auf der Straße bewegen. Gefährliches Stehlen von Bruder und Vater.
9:18	Y: Befreiung der ganzen Familie aus dem Lager, aufgrund der „Mischehe" der Eltern?
9:26	Status von „Mischehen" als „vorläufig zurückgestellt"
9:56	Y: Aufforderung, die Lebensumstände von Vater und Bruder zu beschreiben

10:00	Beschreibung der Wohnsituation
10:56	Y: Sind Vater und Bruder manchmal auf die Straße gegangen?
11:00	Ja, 1944/45. Einberufung des Bruders durch die deutsche Wehrmacht im Februar 1945.
12:58	Y: Frage, ob Vater und Bruder Judenstern trugen
13:02	Ja
13:03	Y: Und Sie?
13:05	Nein
13:24	Y: Frage nach den Befreiern
13:27	6. Mai 1945 von Kanadiern, dramatische Situation
13:48	Y: Aufforderung, die Befreiung näher zu beschreiben
13:48	Stimmung auf den Straßen, Susanne T. bekommt Prügel vom Vater, da sie erst sehr spät zuhause auftaucht.
14:59	Y: Wie geht es nach der Befreiung in Amsterdam weiter?
15:04	Verbesserte wirtschaftliche Lage
15:46	Y: Ängste, Träumen und Hoffnungen in dieser Zeit?
15:54	Verstörung nach der Lagerzeit, aber keine nachhaltige Störung. Enge Bindung an die Familie. Nachhaltige Störung des Bruders.
17:39	Y: Was war Schicksal der Eltern?
17:45	Ursprünglich großbürgerliches Leben der Eltern, dann Entwürdigung. Nach dem Krieg ohne Eigentum, aber geistiges Eigentum entscheidend. Wunsch des Vaters nach Deutschland zurückzukehren.
18:50	Y: Datum der Rückkehr nach Berlin?
18:52	Mai 1947
18:58	Y: Erinnerungen an die Rückkehr nach Berlin?
18:59	Zerstörtes Berlin, Aufbruchsstimmung unter Theaterkollegen. Fragen aus heutiger Sicht: Wie kam der Vater mit den restaurativen Bewegungen in der Justiz der 1950er-Jahre zurecht? Auswanderung des Bruders nach Amerika, Todessehnsüchte des Bruders.
21:44	Y: Schule?
21:50	Amsterdamer Grundschule, Berliner Gymnasium
22:53	Y: Probleme mit anderen Schülern?
22:58	Nein, Ausnahmezustand in Berlin

24:23	Y: Nachwirken der Holocausterfahrungen?
24:34	positives Lebensgefühl
26:07	Y: Weitere Lebensgestaltung?
26:10	Engagement in der FDP
Tape 3 **00:45**	**Y: Heirat?**
00:50	Ja, Nichtjuden
1:00	Y: Datum der Hochzeit?
1:01	Datum
1:06	Y: Kinder?
1:07	2 Kinder
1:14	Y: Deren Geburtsdaten?
1:14	Geburtsdaten der Kinder
1:29	Y: Welche Gründe für das Überleben?
1:37	Glück und Kombination unterschiedlicher Umstände. Summe der Ermordeten. Auseinandersetzung mit Antisemitismus in der Politik, Singularität der Massenvernichtung. Persönlich positive Beeinflussung, aber zerstörte Seele des Bruders.
4:00	Y: Alpträume?
4:06	Jahrelang wiederkehrender Traum von entwürdigenden Toilettenszenen. Bruch in der Biographie: Wechsel von Amsterdam nach Berlin. Entwicklung einer besonderen Sensibilität für das Leben.
7:31	Y: Gespräche innerhalb der Familie über die Zeit der Verfolgung?
7:39	Ja. Zwar nicht mit den Eltern, aber Sammeln von Informationen, z. B. über Filme („Nuit et Brouillard"), großes Bedürfnis nach Wissen. Auseinandersetzung mit dem Vater.
9:25	Y: Warum Bedürfnis Lebensgeschichte zu erzählen?
9:32	Eigene Geschichte als kleine Facette im Gesamtgeschehen, aber Nachwelt soll nicht vergessen dürfen.
9:59	Chancen neuerer Kommunikationsmittel um Wissen festzuhalten und persönliches Erlebnis zu vermitteln.
11:03	Vorhaben des Visual History Archive, Holocaustleugner
11:48	Y: Ergänzung zum bisher Gesagten?

11:57	Chance für nachfolgende deutsche Generation in der Demokratie.
12:31	Großteil nicht-jüdische Freunde, Traumatisierung auch auf der Täterseite.
14:07	Y: Rat für zukünftige Nachkommen?
14:18	Demokratie als Form des Zusammenlebens.
15:46	Y: Dankeschön
15:47	Bedankt sich
15:51	//EINBLENDUNG MIT SOHN// Y: Aufforderung zur Vorstellung der Kinder
15:54	Vorstellen des Sohnes und Fotographie der Tochter
16:22	//EINBLENDUNG MIT HUND// Aufforderung an den Sohn, etwas zu sagen
16:27	S: Vorstellung des Hundes
16:35	Verweis auf einen „arischen" Hund
16:45	//EINBLENDUNG BILDMATERIAL UND KOMMENTIERUNG// Kinderfotographie aus dem Frühsommer 1938 in Berlin
17:05	Fotographie mit Mutter
17:14	Fotographie mit Vater, Sommer 1938 in Berlin
17:26	Fotographie des Bruders, 1938
17:40	Zeitungsartikel, Januar 1939: Mutter empfängt Tochter in Amsterdam nach dem Transport mit dem Roten Kreuz
18:23	Fotographie des Vaters als junger Gefreiter, etwa 1914, mit Auszeichnung EK 1
18:57	Lagerkarte von Westerbork
19:39	Nachtausweis der Mutter aus Westerbork
20:10	Fotographie der Mutter als Schauspielerin, Revue in Westerbork
20:40	Fotographie der Revue mit Kollegen
20:47	Fotographie der Mutter in einer Szene alleine
20:53	Gruppenfotographie der Theaterkollegen in Westerbork
21:12	Lagergeld
21:35	Amtliche Bescheinigung der Arisierung
22:06	Amtliche Bescheinigung über Fahrradgenehmigung
22:30	Fotographie Susanne T. mit Bruder und Vater (mit Judenstern), Amsterdam 1944

22:55	Original des Judensterns
23:33	Fotographie der Tochter
23:49	Fotographie Susanne T. mit Ehemann

Tabelle 4: Thematischer Verlauf zum Interview mit *Helmut S.*

Thematischer Verlauf zum Interview mit Helmut S. am 11.12.1996 in Frankfurt/Main
Gesamtdauer: 85 Min. (Nummer des Interviews: 24724)

Zeit-punkt	Fragen der Interviewerin: Y, Themen (abstrakt und knapp zusammengefasst oder nahe am Wortlaut der interviewten Person), Anmerkungen zum Interviewverlauf (Unterbrechungen, Kameraeinblendungen mit Familienangehörigen, Fotos, Dokumenten)
Tape 1 0:35	Y: Vorstellen der Interviewsituation
0:48	Y: persönliche Vorstellung von Y und dem Zeitzeugen
1:03	Y: Aufforderung Namen zu nennen und zu buchstabieren
1:09	Nennt Namen, Rückfrage, ob nur der Nachname buchstabiert werden soll
1:16	Y: Ja
1:17	Buchstabiert
1:21	Y: Geburtsdatum?
1:22	Geburtsdatum
1:24	Y: Alter?
1:25	65
1:27	Y: Geburtsort?
1:27	Frankfurt/Main, Deutschland
1:38	Y: Aufforderung Familienangehörige vorzustellen
1:40	Rückfrage, ob die noch lebenden Angehörigen gemeint seien
1:45	Y: Damalige Familienmitglieder
1:48	Vorstellen der Familienmitglieder
1:50	Y: Namen?
1:57	Namen der Familienmitglieder

2:10	Y: Aufforderung Familienverhältnisse zu schildern
2:13	Damalige Familienverhältnisse
2:38	Y: Erinnerungen an die Großeltern?
2:41	Erinnerung an eine Begegnung, Tod bzw. Auswanderung 1936
3:12	Y: Warum Mutter nicht mit ausgewandert?
3:17	Situation der Mutter
3:41	Y: Keine Sorgen um das Kind?
3:44	Situation vor 1938 nicht beängstigend
4:05	Y: Gründe für den Übertritt zum Katholizismus? Wann?
4:07	Gründe für die katholische Taufe, Schutzreaktion
4:39	Y: Religion der Mutter?
4:41	Später auch Übertritt zum Katholizismus
4:45	Y: Jüdische Tradition?
4:52	Überhaupt nicht
4:57	Y: Wann Einsetzen des Bewusstseins für Zugehörigkeit zum Judentum?
5:05	Vor der Einschulung in eine jüdische Schule
5:59	Y: Wann Einschulung?
6:02	Ostern 1938, Ende der Schulzeit kurz nach den Bränden der Synagogen
6:20	Y: Gespräche innerhalb der Familie über das Jüdisch sein?
6:29	Nein
6:31	Y: Gar nicht darüber gesprochen?
6:34	Eltern schon, aber christliche Erziehung der Kinder, großer Knall kam später
7:05	Y: Erfahrungen mit Antisemitismus?
7:09	Nein
7:20	Y: Religionsunterricht?
7:25	Nein
7:41	Y: Schulzeit?
7:47	Relevanz von Religion in der Schule
8:39	Y: Miterleben der Rede Adolf Hitlers auf dem Römerberg, Aufforderung zu beschreiben

8:54	Freundschaft mit Nachbarskindern, Verlauf der Rede und Reaktionen
9:36	Y: Atmosphäre?
9:41	Begeisterung
10:27	Y: Erinnerungen an Reichspogromnacht?
10:36	Erinnerungen
10:56	Y: Schulweg vorbei an der Synagoge?
11:04	Ja, Erinnerungen
12:28	Y: Gefühl der Bedrohung?
12:29	Nein
12:35	Y: Übergriffe auf Juden?
12:41	Ja, von SA-Leuten
13:09	Y: Zu welcher Tageszeit?
13:10	Tagsüber
13:14	Y: Reaktionen der Menschen?
13:15	Entsetzen und Angst
13:52	Y: Damals Tragen des Judensterns?
13:55	Erst zu späterem Zeitpunkt, Gefühl mit dem Judenstern
14:13	Y: Verstecken des Judensterns?
14:24	Situation als Kind, heimliche Gänge ins Kino
15:06	Y: Kinoverbot?
15:07	Verbote für Juden
15:43	Y: Umgang mit Freunden und in der Schule?
15:47	Schulverbot
17:14	Y: Umgang mit nichtjüdischen Freunden?
17:19	Kriegsausbruch, viele befanden sich auf der Flucht
17:57	Y: Was für alltägliche Beschäftigungen?
18:00	Alleinsein, später im Jüdischen Waisenhaus
18:50	Y: Datum?
18:51	Datum, Situation im Jüdischen Waisenhaus, Abtransporte
19:27	Y: Wissen um Transporte und Angst? Reaktion der Mutter?

19:39	Familienleben, Alltag im Waisenhaus, Arbeit auf dem jüdischen Friedhof, Episoden mit „Jungvolk"
22:34	Y: Häufigkeit der Übergriffe?
22:36	Umgang mit Übergriffen, Empfindungen
22:59	Y: Frage nach Bombardierung von Frankfurt, Atmosphäre in der Stadt
23:16	Verlassen des Waisenhauses, Rückkehr zur Familie 1943, Situation in Frankfurt, Meldungen über den Krieg, Identitätsfragen
25:35	Y: Zeit 1943 / 44, Abzeichnung des Kriegsendes?
25:40	Bombenangriffe auf Frankfurt, Wohnsituation, gegenüber ein HJ-Heim
Tape 2 **0:25**	**Y: Wann / wie Entdeckung als „Volljude"?**
0:37	Uneheliche Schwangerschaft der Mutter, Kennenlernen ihres späteren Ehemannes, Scheitern der Adoption durch den neuen Ehemann
2:11	Y: Kein Vermerk über den leiblichen Vater in der Geburtsurkunde?
2:15	Nein, Mädchennamen der Mutter
2:47	Y: Aufforderung zu den Jahren 1943 / 44 zurückzukehren
2:58	Zwangsverpflichtung der Mutter, übernimmt als Kind die Sorge für den Haushalt, Schulbildung mit der Schwester
4:11	Y: Situation des Vaters? Aufforderungen zur Scheidung von jüdischer Frau?
4:23	Verhalten und Person des Vaters, Engagement für den nicht leiblichen Sohn
7:06	Y: Transport im Februar 1945?
7:10	Situation, Geburt der 2. Schwester 1944
8:48	Y: Ärztliche Versorgung bei der Geburt?
8:50	*Arzt, Enttäuschungen dieser Jahre, Stolz: Kinobesuche, Abtransport Feb. 1945*
9:44	Y: Transport der Mutter?
9:46	*Einberufungsbefehl zum Arbeitsdienst, Wissen um Ziel solcher Transporte, Versorgung mit Nachrichten. Abtransport vom Ostbahnhof.*
13:43	Y: Keine Möglichkeit sich zu verstecken?
13:49	Frage nach dem Wohin, ausweglose Situation
16:09	**Y: Wie ist die Situation für die Eltern gewesen?**
16:15	**Unterschiedliche Lebensmittelkarten**

16:53	**Y: Frage nach Abschied von dem Vater**
16:59	**Schilderung der Transportsituation**
17:55	**Y: Frage nach Anzahl der Personen in einem Viehwagen**
17:56	**40-50 Personen, Besitz eines Taschenmessers, Stationen des Transports**
18:59	**Y: Frage nach Dauer des Transports**
19:00	**4 Tage**
19:01	**Y: Frage nach Öffnung der Wagons**
19:02	**Situation in den Wagons**
19:35	**Y: Erinnerungen an andere Leute im Wagon?**
19:36	**Alte Leute, Einziges Kind**
20:18	Ankunft in Theresienstadt
21:54	Y: Lage des Bergwerkes?
21:57	Beschreibung von Theresienstadt
22:35	Y: Dauer der Arbeit am Tag?
22:36	4-5 Stunden, Essensversorgung für 5 Tage
23:08	Y: Hunger?
23:10	Versorgung durch die Mutter, Graupensuppe, Theresienstadt als Ghetto und Sammellager, Ankunft von Transporten aus den Vernichtungslagern
25:13	Y: Was ist mit diesen Menschen passiert?
25:15-28:29	Von der SS befehligte Kommandos, Krankenhaus in Theresienstadt, alltäglicher Betrieb im Lager, Besuch des schwedischen Roten Kreuzes, Sport
Tape 3 **0:25**	**Y: Frage nach dem Besuch des Roten Kreuzes**
0:34	Besonderheit dieses Besuchs
2:23	Y: Frage nach Möglichkeiten der Kontaktaufnahme mit dem Roten Kreuz
2:32	Konsequenzen für Häftlinge, persönlicher Umgang mit der Vergangenheit, Ressentiments gegen Juden
5:06	Y: Bemerkung zur Auflösung der Vernichtungslager
5:12	Vormarsch der Russen
5:31	Y: Hinrichtungen und Strafaktionen?

5:35	Wiedergabe von Berichten über solche Aktionen in den Lagern, Russische Front rückt näher, Flucht der Kommandantur des Lagers
8:05	Y: Verhalten der Zivilbevölkerung?
8:06	Ankunft von Tschechen im Lager
8:24	Y: Reaktionen der Leute?
8:26	Unterhaltungen und Ankunft der Russen, Quarantäne nach der Befreiung, Rückkehr nach Frankfurt
9:23	Y: Transportmitteln?
9:26	Etappen der Reise
11:27	Y: Überfüllung der Züge?
11:28	Mitreisende
12:10	Y: Ankunft in Frankfurt?
12:11	Versuch der Rekonstruktion, Ankunft im Betrieb des Vaters, Einzug des Vaters in den „Volkssturm", Zusammenführung der Familie
14:42	Y: Schwester sofort angetroffen?
14:43	Keine Erinnerung
14:44	Y: Moment der Begegnung mit der älteren Schwester?
14:51	Keine Erinnerung, Wohnsituation in Frankfurt
15:42	Y: Einzug des Vaters?
15:51	Dienstverpflichtung
16:18	Y: Befreiung Frankfurts?
16:20	Berichte der älteren Schwester, Aufenthaltsort des Vaters
17:36	Y: Verhältnis zu den Deutschen nach der Rückkehr?
17:40	Arbeitssituation
18:18	Y: Wie war persönliche Verfassung nach Theresienstadt?
18:20	Gesundheitlicher Zustand. Schwierigkeit das Verhältnis zu den Deutschen zu beschreiben, Handicap der fehlenden Schulbildung, Berufswunsch. Kontakt des Vaters zu Fremdarbeitern während des Krieges, die sie jetzt mit Nahrung versorgten.
21:36	Y: Gedanken aus Deutschland auszuwandern?
21:45	Auswanderungspläne, Verweis auf Buch von Alicia Landmann: „Dies ist nicht mein Land" (gemeint ist hier die Autorin Lea Fleischmann – D. W.)

23:25	Y: Es Bereuen, nicht ausgewandert zu sein?
23:27	Wunsch war Auswanderung nach Paris, unabgeschlossene Schulbildung als Hindernis
24:24	Y: Persönlicher Werdegang
24:26	Ähnliche Schicksale, Begriff der Kollektivschuld, Blick auf neue Generation. Verdrängung der persönlichen Vergangenheit.
26:52	Y: Dank für das Interview
26:54	Rolle des Interviews für die Nachkommen
27:10	//EINBLENDUNG BILDMATERIAL UND KOMMENTIERUNG// Foto des Stiefvaters, etwa 1950

Tabelle 5: Thematischer Verlauf zum Interview mit *Vera T.*

Thematischer Verlauf zum Interview mit Helmut S. am 11.12.1996 in
Frankfurt / Main
Gesamtdauer: 85 Min. (Nummer des Interviews: 24724)

Zeit-punkt	Fragen der Interviewerin: Y, Themen (abstrakt und knapp zusammengefasst oder nahe am Wortlaut der interviewten Person), Anmerkungen zum Interviewverlauf (Unterbrechungen, Kameraeinblendungen mit Familienangehörigen, Fotos, Dokumenten)
Tape 1 0:42	Z: Vorstellen der Interviewsituation
1:08	Y: Vorstellen von Y und der Interviewsituation
1:33	Y: Aufforderung Namen zu nennen und zu buchstabieren
1:39	Namen und Buchstabieren
1:50	Y: Geburtsname?
1:52	Geburtsname und Buchstabieren
2:00	Y: Geburtsdatum?
2:03	1938
2:12	Y: Alter?
2:14	58 Jahre
2:18	Y: Geburtsort
2:19	Köln und Buchstabieren
2:30	Y: Frage nach Eltern und Großeltern

2:37	Uneheliche Geburt, Mutter Halbjüdin, Großeltern
3:04	Y: Vater?
3:06	Berliner Jude
3:20	Y: Familienangehörige aus Deutschland?
3:25	Nähere Familienangehörige ja
3:32	Y: Frage nach Eltern des Vaters
3:35	Mutter aus Berlin, Vater aus Polen
3:55	Y: Finanzieller Hintergrund der Familie?
4:02	Berufe der Familienmitglieder, Versorgung durch den Großvater
4:26	Y: Wirtschaftliche Situation des Vaters?
4:30	Eltern des Vaters Tuchhändler
4:52	Y: Frage nach Ort?
4:53	Berlin
4:56	Y: Kennenlernen der Eltern?
4:59	Fest in Köln, Dienstreise, jüdischer Zirkel etwa 1936 / 37
5:21	Y: Geplantes Kind?
5:23	Nein
5:28	Y: Geburtsort?
5:30	Köln
5:33	Y: Geburt im Jüdischen Krankenhaus?
5:36	Köln Ehrenfeld
5:51	Y: Warum keine Heirat der Eltern?
5:54	Liebesgeschichte der Eltern in Briefen überliefert, Ende 1937 Auswanderungspläne des Vaters und auch der Mutter, Arrangement einer (Fern-)Heirat scheitert, Versuche bis 1941
8:42	Y: Mutter blieb in Köln?
8:44	Ja
8:48	Y: Leben im Haushalt der Großeltern?
8:52	Ja, Arbeitssituation / Zwangsarbeit der Mutter, Versorgung durch Angehörige
9:28	Y: Religiöses Leben von Mutter und Tante?
9:36	Nein, nur Meldung in der Synagoge, Religionsunterricht, hohe Feiertage

10:02	Y: Shabbat miterlebt?
10:06	Nein, aber Weihnachten mit Weihnachtsbaum
10:13	Y: Was für ein Kind waren Sie?
10:17	Wildes, neugieriges, unruhiges Kind, Auswachsen in einem Haushalt mit drei Frauen
10:57	*Y: Kontakt zu anderen Kindern?*
11:00	*Nein, Beobachten anderer Kinder, einmalige Begebenheit: Kontakt zu einem Mädchen*
12:13	*Y: Wissen über Gründe dafür?*
12:19	*Vermutungen, Entwicklung des Gefühls anders zu sein*
12:36	Y: War ‚Jüdisch sein‘ ein Begriff?
12:39	Nein
12:45	Y: Alltägliche Beschäftigung?
12:47	Spielen
13:35	Y: Wissen, dass Krieg herrscht?
13:40	Bombenangriffe auf Köln, Nächte im Keller, Entwicklung von Schlafstörungen und hysterische Anfälle
15:19	Y: Eigenes Zimmer?
15:22	Schlafplatz mit der Mutter im Wohnzimmer
15:56	Y: Erzählten Mutter oder Großeltern vom Krieg?
16:06	Alles Unangenehme wurde als Kriegsfolge empfunden, Hoffnung auf Kriegsende
16:32	Y: Bewusstsein für besondere Gefahr?
16:38	Fehlender Kontakt zu anderen, Fetzen von Unterhaltungen der Erwachsenen, Angst und Unruhe in der Familie. Asthmaerkrankung der Mutter.
18:52	Y: Wissen vom Vater?
18:56	Erst nach dem Krieg
19:25	Y: Frage nach der Dauer des Kontaktes zwischen Vater und Mutter
19:29	Abbruch des Briefkontaktes etwa im Oktober 1941
20:05	Y: Feste in der Familie?
20:11	Erinnerung an Weihnachten
20:40	Y: Geburtstage?

20:43	Geburtstagslied
21:05	Y: In Köln auf der Straße?
21:11	2-3 Mal in das Stadtzentrum, Erinnerungen an Eisladen, Judenstern der Mutter; Spaziergänge mit der Tante, den Sommer 1941, Begebenheit in einem Biergarten
23:57	**Y: Frage nach Lebensjahren in Köln, Gründe für das Verlassen von Köln**
24:08	**Abtransport nach Berlin, Vergessen der Puppe Liesel, besondere Aufregung der Großmutter**
28:09	Weitertransport von der Sammelstelle, Übergabe eines Packets, von einer fremden Frau angespuckt. Aufenthalt am Bahnhof, Fahrt im Zug, ein anderes Mädchen leiht ihr eine Puppe.
Tape 2 0:20	Frage nach Länge des Videos, erneut 30 min.?
0:30	Y: Ja, eigene Überlegungen
0:40	Y: Ansage zu Kassette und Interview
0:50	*Y: Wiederholung der letzten Themen, Aufforderung Bericht vom Transport im Zug fortzusetzen*
1:05	*Kein Wiedersehen mit dem Mädchen, Vermutungen über die Mittransportierten, Ankunft in Berlin, Deportationszentrum, Situation für die Notdurft, Aufregung der Großmutter, 2. und 3. Transport innerhalb von Berlin.*
6:57	*Politische Hintergründe, „Mischlinge I. Grades", Rückkehr der Großmutter nach Köln, Rückmeldung der Großmutter bei der Gestapo und Streit mit der Freundin des Großvaters. Inhaftierung der Großmutter im LD-Haus im Mai 1943, weiter nach Bonn ins Gefängnis, Misshandlungen.*
13:27	*Zur gleichen Zeit in Berlin. Besuche des Großvaters in Berlin, Nahelegung einer Scheidung von der Großmutter, Aussicht auf Tranport nach Theresienstadt, guter Ruf von Theresienstadt. Einreichung der Scheidung, Aussprechen der Scheidung im August 1943, Entlassung der Großmutter ins Sammellager.*
16:02	Eigener Weitertransport innerhalb Berlins in das Jüdische Krankenhaus, Juni 1943. Verweis auf ein Buch von Cordelia Edvardson: „Gebranntes Kind sucht das Feuer". Verlegung in den Personaltrakt des Krankenhauses.
18:26	**Angst der Mutter vor schlechter Gesellschaft für Vera T., Eingesperrtsein, später Freundschaft mit zwei Kindern (Harald und Laura), Entdeckung von anderen „Welten". Zimmer der Mutter als Treffpunkt und Zentrum für andere Inhaftierte. Zusammen mit Harald Unfug angestellt.**

20:42	*Erlebnisse mit Harald, z. B. außerhalb des Traktes, unentdeckter Gang zum Gesundbrunnen. Weitere Episode mit Harald: Streit um Geburtstag. Anderes Leben mit der Mutter.*
25:48	*Bombenangriffe auf Berlin, Besuch der Tante aus anderem Trakt, Bombardierung des Krankenhauses.*
28:53	Y: Abtransport?
28:56	Wie ist es am besten zu erzählen, Gleichzeitigkeit der Ereignisse. Nächster Morgen, Verabschiedung, Mischung aus Stolz und Angst, Zwischenstation in der Pathologie.
29:53	Andere Erinnerung an Pathologie: Meerschweinchenkäfige mit Harald geöffnet, Kontakt zu anderen Mädchen im Krankenhaus, Situation privilegierter Juden im Krankenhaus.
Tape 3 **0:38**	Y: Ansage zur Kassette und Interviewsituation
0:49	Y: Tragen des gelben Sterns, Wissen um dessen Bedeutung?
1:01	Wunsch nach dem gelben Stern mit 4 Jahren, Unterschiedliche Begebenheiten mit dem gelben Stern, Verständnis dafür erst nach dem Krieg entwickelt
2:10	*Zurück zur Großmutter, Oktober 1944: Nachricht von der Großmutter über anstehenden Transport nach Theresienstadt, 17.-20. Oktober Bombardierungen auf Berlin, 27. Oktober Deportationsdatum mit der Mutter*
3:36	*Y: zurück zur Großmutter, Frage nach der Scheidung*
3:53	*Scheidungen von jüdischen Ehepartnern, Bekanntschaft des Großvaters mit einem hohen Nazi (Robert Leih?) als möglicher Grund für die Sonderregelung/Schutzhaft der Großmutter*
5:42	*Y: Konsequenzen, wenn Großmutter nicht eingewilligt hätte?*
5:44	*Gefängnisaufenthalt, Transport nach Auschwitz oder Lublin und Vernichtung*
5:59	*Y: Fortsetzung der eigenen Geschichte?*
6:04	Verlegung in Pathologie, letzter Sammelpunkt, Erinnerung an jüdisches Mädchen, nach einigen Tagen Abtransport zum Bahnhof und nach Theresienstadt, Tante blieb in Berlin
7:55	Y: Warum Tante in Berlin?
7:59	Rätsel, äußere Erscheinung der Tante als blonde Frau
8:39	Vermutung über die Deportation der Mutter: wegen des Kindes, später eigene Nachforschungen und Anforderung der Deportationslisten: 40 Kinder auf ihrer Liste

9:47	Ankunft in Theresienstadt: Erinnerungsfetzen und Verlust der Orientierung, Verlust aller Besitztümer, Arbeitseinteilung. Wenig Erinnerungen an den Alltag; Versuch, sie in einem Kinderheim unterzubringen, scheitert; Schichtarbeit der Mutter, Pakete von der Tante, Alltag geprägt von Wiederholungen.
13:33	Freundschaft mit einem Kind, es war nicht Harald. Herumstreunen im Lager und gemeinsames Sichten der Leichenberge in der Kaserne.
14:33	Erste Zeit in Theresienstadt mit wenigen Erinnerungen, lebhaftere Erinnerungen setzen erst nach dem Wechsel in einen anderen Raum ein, Lebensmittelgeschäft in Theresienstadt. Tägliches Essen holen für die Mutter, Begegnung mit einem alten Herrn.
17:14	Y: Frage nach generellem Essen
17:16	Graupensuppe, verfaulte Kartoffeln, Magermilch und Brötchen für Kinder immer donnerstags, Krankheiten und Ungeziefer, Läuse
18:25	Frisörbesuch und Rückkehr zur Mutter mit Glatze
19:08	Y: Gedanken als Kind, an was für einem Ort?
19:15	Kein Wegkommen von diesem Ort; Gefühl etwas falsch gemacht zu haben; Vorstellung, dass es etwas mit dem Großvater zu tun hätte, Unbeweglichkeit des Ortes, Staub und Dreck, Unfreundlichkeit der Leute
20:15	Episode mit älterer Dame, Geschenk
21:26	Ankunft am letzten Tag eines abgehenden Transportes nach Auschwitz, damalige Angst vor Weitertransport
21:57	Y: Angst?
22:00	Angst bezogen auf die Mutter, Arbeit der Mutter in der Glimmerfabrik
24:05	Y: Längere Trennung von der Mutter?
24:11	Nein, erst nach dem Krieg im Krankenhaus
24:22	Y: Was am meisten vermisst?
24:28	Papier, Klopapier, Bücher, Puppe Liesel, Spielzeug
25:22	Y: Stärkste Erinnerung an Theresienstadt?
25:31	Mutter, Gesamteindruck, Theresienstadt heute kaum verändert, Landschaft und Blick auf die Berge, bedrohlicher Himmel, lange Essensschlange, Leichenberge, Raum mit Holzstockbett, Wolldecke
27:37	Versorgung von Babys, „Kleine Festung" und Großmutter zu Kriegsende, Weihnachtsbäumchen im Innenhof 1944
28:31	Y: Feste in Theresienstadt? Jüdische Feste?

28:34	Nein, Theateraufführung, Position als deutsche Juden und „Mischlinge" im Lager
29:20	Y: 7. Geburtstag?
29:24	Erinnerung an Versuch der Mutter, ein Geschenk zu machen, Zerstörung des Puppenwagens, Hoffnung auf Ende des Krieges, eine Frau näht ihr eine Handtasche. Im Nachhinein Grund für die gute Stimmung an diesem Tag: Besuch des Roten Kreuzes am 6. April.
Tape 4 0:42	Y: Ansage zur Kassette und Interviewsituation
0:52	Y: letzte Zeit in Theresienstadt?
1:05	Theateraufführung „Das Glühwürmchen". Fronten rücken näher, Frage nach rechtzeitiger Ankunft der Befreier.
2:53	Phantasien der Kinder über SS-Kommandantur und Gaskammern
4:21	Letzte Phase des Lagers: Planung von Erschießungen. Ankunft von Menschen aus Vernichtungslagern, mit dabei ein Freund der Mutter. Kriegsende: 10. Mai.
7:10	Wieder zurück: Mutter erfährt von Aufenthalt der Großmutter in der „Kleinen Festung", mit der es keinen Kontakt gab, Weg dorthin mit der Mutter, Zustände in der „Kleinen Festung"
9:53	Tag der Befreiung durch die Russen, Mutter spricht vom Beginn eines anderen Lebens, Abtransport der Dänen, Neid. Entlassung der Großmutter, Rückkehr zu Mutter und Enkelin. Moral in der Familie als alte Familiengeschichte, Bezug zum unehelichen Kind.
13:37	Y: Zurück zur Befreiung, Empfindungen?
13:40	Bilder von Freiheit: weiße Häuser mit Blumen und Eis, Mutter erzählt erstmals vom Vater, Pläne für Auswanderung.
15:33	Krankenhausaufenthalt der Mutter, Einteilung zu Gruppe der Berliner, Ankunft der Busse erst am 18. Juli. Ankunft in Dresden. Rückkehr nach Berlin, Trennung von der Mutter. Weitertransport Richtung Köln, Ankunft und Übernachtung in Hannover in einem Bunker.
19:32	Panikanfall der Mutter, Nachricht vom Tod der Mutter. Kenntnis vom Stattfinden der Beerdigung der Mutter erst vor wenigen Wochen erhalten.
21:05	Y: Rückfrage Beerdigung der eigenen Mutter?
21:07	Schilderung der Fahrt bis Köln, Ankunft Köln, Wiedersehen mit Harald. Begegnung mit dem Großvater, dessen neuer Frau und Sohn auf der Straße.
23:25	Y: Zufällig?

23:26	Ja, Ungefähr Oktober, er schenkt ihr Äpfel, Bitte um Puppe Liesel. Zustand in der neuen Unterkunft von Vera T., einem Krüppelheim.
24:27	Y: Mit wem dort gelebt?
24:31	Großmutter und Tante, nach einem Jahr in ein weiteres Heim, von Nonnen betreut. Probleme in der Schule, Aufforderung zur Zurückhaltung, uneheliches Geburt im Vordergrund. Thema der unehelichen Geburt, Rettung vor Auschwitz. Lebensrettend war die Klugheit der Mutter.
27:46	Y: Deswegen keine Anmeldung in jüdischer Gemeinde?
27:48	Ja, keine Kenntnis vom Namen des Vaters, eigene Nachforschungen
28:30	Y: Versuch, Tochter zu schützen, darum die Angabe Vater wäre Halbjude?
28:37	Vermutung, ja
28:57	Y: Praktizieren von Religion nach dem Krieg?
29:03	Zustand der Großmutter nach dem Tod der Tochter: Verstand verloren, Empfindung von eigener Schuld, Rückkehr zum orthodoxen Judentum, wiederholtes Erzählen von Geschichten aus der „Kleinen Festung"
30:38	Engagement der Jüdischen Gemeinde für Kinder, Weinen der Leute im Gottesdienst
Tape 5 0:41	Y: Ansage
0:49	Y: Gottesdienste in Jüdischer Gemeinde?
1:03	Kaddisch
1:59	Y: Begreifen der ganzen Dimension?
2:06	Leben allein mit der Großmutter, Erzählungen von der „Kleinen Festungen", insbesondere von dem „schönen Toni"
3:58	Gewaltübergriffe in der Schule, psychischer Zustand der Großmutter. Wechsel zum Gymnasium, Verweis von der Schule aufgrund von obszönen Zeichnungen.
6:16	Wechsel an anderes Gymnasium, Begegnung mit ehemaliger Lehrerin der Mutter, Freundschaften mit Mädchen, aber keine Einladungen nach Hause
8:05	Erneuter Schulwechsel ins Internat „Odenwaldschule", Begegnung mit antisemitischen Frauen unter gebildeten Schichten
8:41	Y: Frage nach Streit mit Mitschülern
8:46	Nie
8:56	Y: Frage nach Geschichtsunterricht

9:01	Lehrerabhängig, Geschichte als Hauptfach an der Odenwaldschule, erste Erfahrung von Freiheit
9:57	Y: Frage nach Ermordeten in der Familie?
10:00	Großeltern väterlicherseits, Schwester der Großmutter und deren Mann, Geschwister des Vaters emigrierten
10:29	Y: Überleben des Vaters, wann Kontakt?
10:34	Bemühen der Tante 1946 Kontakt herzustellen gelingt, erhält Aufforderung, zu ihm zu kommen
11:27	Y: Erinnerungen an die Mutter?
11:32	Rückfrage, in welchem Sinne
11:36	Y: Bild vor Augen?
11:40	Bild von der Fotographie ohne Hut, äußerlich sehr schmal, klein, distanzierte Art
13:07	Y: späterer Beruf?
13:11	Studium Deutsch und Geschichte, 2 Jahre als Lehrerin, Interesse für Tiefenpsychologie und Psychoanalyse, Aufgabe des Lehrerberufs, Zusatzausbildung, heute therapeutische Arbeit
14:13	Y: Nachwirken des Holocaust?
14:21	Einfluss steigt in letzter Zeit, Fixierung auf das Thema, Interviews mit den Kindern der Überlebenden und Täterkindern, Tabuisierung im Freundeskreis
15:51	Y: Wunsch, Deutschland zu verlassen?
15:54	Wunsch ja, schlechtes Englisch, Verdacht, dies als Ausrede zu benutzen, Verweis auf Buch: „Dies ist nicht mein Land", möglicher Zielort für Emigration ist unklar, immer wieder Eingehen neuer Bindungen in Deutschland, dennoch gewinnt das Thema Auswanderung heute für Vera T. neue Aktualität
16:55	Y: Späte Auswanderung vorstellbar?
16:59	Ganz offen
17:18	Y: Träume?
17:24	Nicht direkt, wiederkehrende Träume von Kellern
18:03	Y: Schlimmste Erinnerung?
18:08	Tod der Mutter
18:28	Y: Einfluss der Erlebnisse auf Erziehung der Söhne?
18:36	Trennungsprobleme der Kinder, Übertragung von eigenen Gefühlen

19:28	Y: Ungern Gespräche mit den Kindern?
19:33	Materielles Verwöhnen der Kinder
20:22	Y: Hinzufügungen?
20:28	Reise zum Vater
20:32	Y: Wann?
20:35	Erstmals 1985
20:39	Y: Alter
20:42	47, auch Wiederherstellung des Kontaktes zum Großvater
21:11	//EINBLENDUNG BILDMATERIAL UND KOMMENTIERUNG// Foto der Großmutter als 17-jährige in Heidelberg, 1994 Reise von Vera T. mit Ehemann nach Theresienstadt und der „Kleinen Festung"
22:00	Foto der Großtante, die in Auschwitz ermordet wurde
22:34	Foto der Großeltern mit ihren beiden Kindern, vermutlich in Heidelberg
23:13	Kinderfoto, spätestens Januar 1943
23:34	Kinderfoto in Berlin
23:52	Foto der Mutter im Januar 1943
24:09	Foto des Vaters in Berlin, 1930er Jahre
24:38	Foto Vera T. mit Vater, 1985

Tabelle 6: Thematischer Verlauf zum Interview mit *Elisabeth S.*

Thematischer Verlauf zum Interview mit Elisabeth Scheiderbauer am 03.06.1997 in Wien Gesamtdauer: 111 Min. (Nummer des Interviews: 32062)

Zeit-punkt	Fragen der Interviewerin: Y, weitere Person: Z (vermutlich der Kameramann), Themen (abstrakt und knapp zusammengefasst oder nahe am Wortlaut der interviewten Person), Anmerkungen zum Interviewverlauf (Unterbrechungen, Kameraeinblendungen mit Familienangehörigen, Fotos, Dokumenten)
Tape 1 0:44	Z: Vorstellen der Interviewsituation
0:53	Nennung der Vornamen, Namen und Buchstabieren, Geburtsdatum und Alter, Geburtsstadt
1:37	Y: Aufforderung, die Familie des Vaters beschreiben
1:42	Nennung der Familienmitglieder und Beschreibung

2:18	Y: Namen der Geschwister des Vaters?
2:22	Nennung der Namen
2:30	Y: Frage, wo die Geschwister aufgewachsen sind
2:33	Geburtsort und Lebensorte der Geschwister
2:40	Y: Welche Sprachen wurden gesprochen?
2:42	Deutsch
2:45	Y: Geburtsdatum des Vaters
2:48	1892
2:54	Y: Wann Ankunft des Vaters in Wien?
2:55	Schätzung
3:30	Y: Erzählungen des Vaters über seine Familie?
3:34	Nein, Rückkehr des Vaters aus Auschwitz
3:55	Y: Gab es Begegnungen mit Familienmitgliedern des Vaters?
3:59	Nein, alle ermordet, Auftauchen einer Cousine vor 4 Jahren
4:42	Y: Familie der Mutter?
4:47	Herkunft, Heirat der Großmutter
7:07	Y: Geburtsdatum der Mutter?
7:08	Geburtsdatum und Jugend der Mutter
7:37	Y: Reaktionen auf Beitritt der Mutter in sozialistische Partei?
7:40	Nicht erzählt, Tod der Großmutter
8:07	Y: Vornamen der Mutter?
8:11	Vorname der Mutter, Kommentar der Urgroßmutter mütterlicherseits zur Heirat der Mutter, Übertritt der Mutter zum Judentum 1932
8:53	Y: Frage nach früherer Religion der Mutter
8:58	Protestantin
9:02	Y: Frage nach Kennenlernen des Vaters
9:03	Vater Arzt, Großmutter Oberschwester, Krebserkrankung der Großmutter, Kennenlernen der Eltern im Spital
9:55	Y: Vornamen des Vaters?
9:56	Nennung des Vornamens
9:59	Y: Jüdischer Vornamen des Vaters?
10:04	Jüdischer Vorname nicht bekannt, Segen des Vaters, Beerdigung des Vaters

10:25	Y: Geburtsdatum der Schwester?
10:27	1929
10:32	Y: Namen der Schwester?
10:33	Jetziger Namen der Schwester
10:38	Y: Grund für späte Heirat der Eltern, 1932?
10:43	Nein, zu diesem Zeitpunkt fand der Übertritts zum Judentum statt, da war die Mutter bereits verheiratet
10:51	Y: Datum der Hochzeit?
10:52	Etwa 1925
10:55	Art der Trauung?
10:56	Standesamtliche Trauung im Rathaus, Übertritt zum jüdisch Glauben danach 1932
11:07	*Y: Was für ein Verhältnis zur Schwester?*
11:11	*Schwester ist ihr „Lebensmensch", Überleben ist der Schwester zu verdanken*
12:21	Y: Erinnerungen an eine Wiener Wohnung?
12:26	Erinnerungen an die letzte Wohnung in Wien und die Wohnung der Großeltern mütterlicherseits, an Weihnachten, Übernahme der Vaterschaft für die Schwester durch SS-Mann, Erklärung vorm Brunner II, Entnazifizierung
14:26	Y: Zurück zum Weihnachtfest
14:40	Beschreibung des Großvaters, Judenstern
15:51	Y: Reaktion des Großvaters auf Heirat der Mutter mit einem Juden?
15:57	Großvater hat zwischen einem Juden und einer schönen Jüdin unterschieden, Kontaktieren des Herrn Kaltenbrunner und Aufnahme auf eine Schutzliste
17:35	Y: Früheste Erinnerung?
17:45	1938 Rückkehr des Vaters aus Buchenwald nach einem Jahr Haft
19:27	Y: Was für Vorstellungen bzw. Wunschbild vom Vater?
19:30	Anderes Bild von der Mutter aufgebaut, Rückkehr des Vaters 1945
22:54	Y: Abfahrt des Vaters 1938?
23:01	Zugfahrt nach Genua, Helfer aus Mailand, Internierung in Italien, später italienischer Transport nach Auschwitz, Geschichte von der „Brosch" der Mutter.
19:23	Y: Wiener Adresse nach 1938?
19:32	Anfang in Wien und 7 Übersiedlungen

Tape 2	
00:36	Y: Mitbewohner in der letzten Wohnung?
00:41	Erinnerungen an letzte Wohnung im 2. Bezirk, Ambiente der vorletzen Wohnung, Heimarbeit der Schwester, mehrmalige Einberufung ins Lager und Rettung durch den Großvater
5:06	**Mandelerkrankung, Einlieferung ins Spital, Rückkehr ins Auffanglager, Verabschiedung durch Großvater, Transport nach Theresienstadt.**
10:48	**Y: Frage nach Datum des Transports**
10:51	**Erinnerungen an März 1943**
11:11	Y: Was für Kleidung ?
11:13	Erinnerung an Kleidung und ausbleibendes Wachstum
11:49	Y: Aussehen des Kleides?
11:53	Winterkleidung, Mitnahme von Geschirr nach Theresienstadt
13:05	Y: Spielzeug?
13:08	Puppen. Wunsch über die eigene Schulbildung in Theresienstadt zu sprechen.
13:45	Y: Verweis auf Später, Frage nach dem ersten Eindruck von Theresienstadt
13:52	Vermengung der Eindrücke, Beschreibung der Ankunft und Situation in der Kaserne.
15:13	**Eindrücke von Theresienstadt: Erinnerungen an Latrine.**
17:15	Y: Arbeit der Mutter in Theresienstadt?
17:17	Beschreibung der Mutter und Tätigkeiten. Lageralltag als Kind, Aufenthalt im Kinderheim für schwerstbehinderte Kinder im Lager, Schulbildung.
21:42	*Y: Adresse in Theresienstadt?*
21:44	*Keine Adresse, Baracken*
22:03	Y: Frage nach weiterem Unterricht im Lager
22:08	Angewohnheit zu Schaukeln
22:50	Y: Hat sie sich bei ihrer Mutter nach dem Schicksal der behinderten Kinder erkundigt?
22:54	Keine Fragen gestellt
23:01	Y: Freundschaften zu den Heimkindern?
23:03	Schwerstbehinderte Kinder, Schicksal der Betreuer
24:08	Y: Andere Freundschaften im Lager?

24:10	Nein
24:16	Y: Welche alltäglichen Beschäftigungen im Lager?
24:22	Erinnerungen an einzelne Momente, Schaukel. Erinnerung an den „Leitmeritzer Tag".
26:50	Y: Gründe dafür, dass die Familie nicht abtransportiert wurde?
26:58	Schutzliste, Instinkt der Mutter
Tape 3 **0:32**	**Y: Weitere, besonders prägende Erinnerungen?**
0:38	Hunger
1:40	Transporte aus polnischen KZs im Winter 1945
3:39	*Geschichte von der Hausmeisterin*
4:59	Y: Gab es Hilfe von der Familie der Mutter während der Zeit in Theresienstadt?
5:04	Regelmäßige Pakete, Grund für das Überleben, Hunger, Fehlender Zusammenhalt unter den Häftlingen
6:39	Y: Erinnerungen an Geburtstage im Lager?
6:46	Fehlende Erinnerungen
7:21	Y: Männer in Uniform?
7:24	Jüdische Verwaltung in Theresienstadt, dänische Delegation
9:03	Y: Mitwirken an dem Film über Theresienstadt?
9:14	*Nein, Ermordung aller Beteiligten, „Mäusedasein" als Prinzip der Mutter*
10:14	Y: Typhusepidemie?
10:18	Behandlung der Typhuskranken, Erinnerung an russischen Kommandeur.
11:57	Y: Dauer des Aufenthalts in Theresienstadt?
12:00	Ende Juni/Juli 1945, Nachricht vom Überleben des Vaters
12:21	Y: Übermittlung der Nachricht?
12:24	Rückkehr des Vaters nach Wien, Kenntnis von Listen der Überlebenden. Ankunft in Wien.
14:23	Y: Reaktion beim Wiedersehen mit dem Vater?
14:31	Wiedersehen mit der Ehefrau nach 7 Jahren
16:23	Y: Wohnung?

16:27	Zuweisung einer Naziwohnung
17:57	Y. Was für Eindrücke vom zerbombten Wien?
18:00	Hysterischer Anfall, Heimweh der Mutter in Theresienstadt
19:42	Y: Fehlende Schulbildung? Erstes Schuljahr?
19:49	Schockerlebnis, neuer Zwang, Beginn der Freundschaft mit einem Mädchen. Tod der besten Freundin an Knochenkrebs. Beginn der Tanzausbildung.
22:33	Y: Gespräche mit der besten Freundin über Erlebnisse in Theresienstadt?
22:36	Freundin als einzige eingeweihte Gesprächspartnerin; Verlangen der Eltern, nicht zu erzählen. Erinnerung an katholisches Begräbnis der Freundin.
25:07	Y: Gab es jüdisches Leben innerhalb der Familie?
25:13	Traditionelles jüdisches Leben, Assimilation
25:51	Y: Schicksal der Familie des Vaters?
26:00	Ausrottung der Familie, Nächte nach der Befreiung. Vater Arzt, hatte Zugang zu Drogen. Elisabeth S. beginnt zu Rauchen. Beruf als Tänzerin.
27:50	Y: Erzählungen des Vaters von Auschwitz?
27:54	Umgang des Vaters mit der Erinnerung, dessen Erlebnisse in Auschwitz
Tape 4 **0:31**	**Y: Wiederholung der letzten Schilderungen**
0:39	Überleben des Vaters
2:01	Y: Hilfe des Vaters für Brunner II ?
2:03	Karriere des Vaters nach dem Krieg, Prozess des Brunner II
3:17	Y: Wiedergutmachung?
3:20	Opferrente
4:23	Y: Ausbildung zur Tänzerin?
4:32	Karriere als Tänzerin in Österreich, Weihnachten im Theater, dort mitgehört wie Kolleginnen das Horst Wessel Lied sangen
5:07	Y: Zeitpunkt?
5:09	1953 / 54
5:23	Y: Reaktion?
5:25	Weggehen
5:28	Y: Frage nach Bekenntnis zum Judentum

5:30	Nie verleugnet, nur nicht gesagt
5:37	Y: Dauer der Arbeit als Tänzerin?
5:42	Bis zum 23. Lebensjahr in Wien, beginnt dor zu Jiddeln, allgemeine Juden-freundlichkeit, Gründe für das Beenden der Karriere 1960, Ausbildung zur Sekretärin, Hochzeit, Arbeit in der Filmbranche
7:28	Y: Namen und Geburtsdatum des Ehemannes?
7:40	Name, Geburtsdatum des Ehemannes, Religionszugehörigkeiten
8:04	Y: Kinder?
8:07	Keine eigenen, aber freundschaftliches Verhältnis zur Stieftochter
9:04	Y: Träume von Theresienstadt?
9:14	Wunsch nach dem Vergessen, Art des persönlichen Erzählens, Ablehnen der Erlebnisse
9:57	Y: Gespräche mit der Mutter und Schwester?
9:59	Angstträume der Mutter, Schreiben der Schwester
11:00	Y: Rückkehr nach Theresienstadt?
11:03	1993 Reise nach Theresienstadt mit der Schwester
16:08	//UNTERBRECHUNG DURCH TELEFONANRUF//
16:12	Y: Botschaft für zukünftige Generationen?
16:25	Toleranz, Ursachen liegen in den Religionen, Verzeihen
17:31	Y: Dank für das Gespräch
17:34	//EINBLENDUNG BILDMATERIAL UND KOMMENTIERUNG// Kinderfoto Elisabeth S. mit Schwester, 1937
18:07	Familienportrait, 1946
18:24	Familienportrait zur Silbernen Hochzeit der Eltern, 1950
18:48	Bild der Mutter, 1972
19:01	Bild der Stieftochter mit Ehemann, Hinweis auf Filmkarriere der Stieftochter

Anhang B – Richtlinien der Transkription

Die Transkription orientiert sich – bis auf die Abweichungen hinsichtlich der Angaben zum Transkript und der Maskierung – an den Transkriptionsrichtlinien nach Bohnsack / Nentwig-Gesemann / Nohl (2007a., 373f.).

Transkriptionszeichen

⌐	Beginn einer Überlappung bzw. direkter Anschluss beim Sprecherwechsel
⌐	Ende einer Überlappung
(.)	Pause bis zu einer Sekunde
(2)	Anzahl der Sekunden, die eine Pause dauert
<u>nein</u>	betont
nein	laut (in Relation zur üblichen Lautstärke des Sprechers / der Sprecherin)
°nee°	sehr leise (in Relation zur üblichen Lautstärke des Sprechers / der Sprecherin)
.	stark sinkende Intonation
;	schwach sinkende Intonation
?	stark steigende Intonation
,	schwach steigende Intonation
viellei-	Abbruch eines Wortes
oh=nee	Wortverschleifung
nei::n	Dehnung, die Häufigkeit von : entspricht der Länge der Dehnung
(doch)	Unsicherheit bei der Transkription, schwer verständliche Äußerung
( )	unverständliche Äußerung, die Länge der Klammer entspricht etwa der Dauer der unverständlichen Äußerung
((stöhnt))	Kommentar bzw. Anmerkung zu parasprachlichen, nicht-verbalen oder gesprächsexternen Ereignissen; die Länge der Klammer entspricht im Falle der Kommentierung parasprachlicher Äußerungen (z. B. Stöhnen) etwa der Dauer der Äußerung. In vereinfachten Versionen des Transkriptionssystems kann auch Lachen auf diese Weise symbolisiert werden. In komplexeren Versionen wird Lachen wie folgt symbolisiert:
@nein@	lachend gesprochen
@(.)@	kurzes Auflachen
@(3)@	3 Sek. Lachen

für biographische Interviews zusätzlich

//mhm//	Hörersignal des Interviewers, wenn das „mhm" nicht überlappend ist

Groß- und Kleinschreibung

Hauptwörter werden groß geschrieben, und bei Neuansetzen eines Sprechers/einer Sprecherin am Beginn eines ‚Häkchens' wird das erste Wort mit Großbuchstaben begonnen. Nach Satzzeichen wird klein weitergeschrieben, um deutlich zu machen, dass Satzzeichen die Intonation anzeigen und nicht grammatikalisch gesetzt werden.

Zeilennummerierung

Zum Auffinden und Zitieren von Transkriptstellen ist es notwendig, eine durchlaufende Zeilennummerierung zu verwenden. Bei allen Transkripten werden zu Beginn das Thema der Passage und die Dauer der Passage angegeben.

Gemäß der Richtlinien des „Visual History Archive" des Shoah Foundation Institute wird bei allen Transkripten außerdem vermerkt: Archivnummer des Interviews, Datum und Ort des Interviews, Gesamtdauer sowie der Name des Interviewten (siehe dazu unter *Maskierung*). Für das Wiederauffinden der ausgewerteten Passagen werden zusätzlich die Nummern der Videotapes, Zeitangaben und die Segmentnummern angegeben.

Maskierung

Die Nutzungsbedingungen des „Visual History Archive" schreiben keine Anonymisierung der Interviews vor. In der vorliegenden Arbeit wurden jedoch die personenbezogenen Daten der Interviewten anonymisiert. Davon ausgenommen sind solche Angaben, die für den Nachvollzug der individuellen Verfolgungsgeschichte relevant sind (vgl. dazu auch die Ausführungen in Kap. 4.1).

Des Weiteren gilt: Die Interviewer(innen) erhalten den Buchstaben Y. Die Nachnamen der Sprecher(innen) werden mit Großbuchstaben abgekürzt. Die im Text genannten Vornamen (außer denen der Sprechenden) werden durch Phantasienamen ersetzt, die Nachnamen durch große Buchstaben des Alphabets. Auch andere Eigennamen werden durch erdachte Namen ersetzt (vgl. Loos/Schäffer 2001, S. 58).

Dabei wird versucht, die Namen aus dem entsprechenden Kulturkreis zu entnehmen, z.B. könnte „Mehmet" zu „Kamil" werden (siehe dazu Bohnsack/Nentwig-Gesemann/Nohl 2007a).

Anhang C – Formulierende Interpretationen

Susanne T. | Tape 1: ca. 06:53-11:40 Min | Thema der Passage:
Die Deportation (Nr. des Interviews 15998)

OT: Die Beschaffenheit der persönlichen Erinnerungen

UT: 1-10   Früheste Kindheitserinnerungen

Auf die Frage nach ihren frühesten Kindheitserinnerungen antwortet Susanne T., dass sie „die beengten Wohnverhältnisse" (2) und den ständigen Wohnungswechsel in Amsterdam erinnern. Susanne T.s älterer Bruder hat diese Eindrücke bestätigt. Dies hat jedoch auch dazu geführt, dass Susanne T. die eigenen Erinnerungen in Frage gestellt hat, weil sich „die Bilder" (9) von ihrem Bruder „dazwischen geschoben haben" (9f.).

UT: 10-31   Abgrenzung der Erinnerung an „nachhaltige" (27) Erlebnisse

Susanne T. geht auf andere Art der Erinnerungen ein ((„aber die ehm (2) die wirklich:", 10)). Sie fügt an, dass es „keine Sequenzen" (11) sind, an die man sich erinnert, sondern einzelne „Punkte" (ebd.). Und zu diesen Erinnerungen gehört auch die Deportation ins Lager, an die sich Susanne T. „ganz genau" (13) erinnert. Nach einer kurzen Anrede der Interviewerin („wenn Sie das alles so ausführlich hören wollen;" 13f.) berichtet Susanne T. vom Tag der Deportation, den Abholaktionen der Deutschen Wehrmacht in Amsterdam und von den passiven Reaktionen der Holländer („hingen an den Fenstern", 19f.). Susanne T. erinnert sich insbesondere an eine Straßenbahnfahrt zum ‚Sammelplatz', weil es ihnen sonst verboten war die Bahn zu benutzen. Auf die Frage nach dem Datum des Transportes gibt Susanne T. den Mai 1943 an.

OT: Das unkonventionelle Verhalten der Mutter und die Erfahrung des Transportes im Viegwagen

UT: 32-45   Konfrontation mit dem Registrierungspersonal

Als die Interviewerin dazu auffordert „das" (32) weiter zu beschreiben, erzählt Susanne T. von der Registrierung auf dem ‚Sammelplatz' und verweist auf eine ähnliche Szenerie in dem „Schindlerfilm" (35). Als die Familie registriert wurde, gab die Mutter vor – wie sie es bisher bei jeder Registrierung getan hatte – „Arierin" (39) zu sein. Aufgrund ihrer äußeren Erscheinung („so blond und so schön", 40) wirkte diese Behauptung glaubwürdig. Man bot der Mutter an, sie von der Deportation zurückzustellen, wenn sie ihren jüdischen Ehemann dort ließe. Das Verhalten des Registrierungspersonals („diese Art", 43f.) stellte für Susanne T. eine neue Erfahrung dar.

UT: 45-55   Erinnerung an die prekäre Situation im Viehwagen

Nachdem die Behauptung der Mutter „nichts bewirkt" (46) hatte, wurde die Familie mit 68 weiteren Personen in einem Viehwagen deportiert. Unter den Mitdeportierten befanden sich auch prominente Berliner Schauspieler, wie „Kurt Gerron" (49). „Das Allerschlimmste" (51) war für Susanne T. der Eimer in einer Ecke des Waggons, der für die Verrichtung der Notdurft gedacht war. Aus heutiger Sicht erklärt sich Susanne T. ihre damaligen Gefühle damit, dass Kinder im Unterschied zu Erwachsenen gerade erst so etwas wie „Schamgefühl" (54) entwickeln.

UT: 55-65   Erinnerungen an zentrale Momente der Deportation

Susanne T. erinnert sich, wie sich die Insassen während des etwa zweitägigen Transportes bei jedem Halt bemerkbar machten. Nach dem Öffnen der Türen bat die Mutter „in ihrer blonden Schönheit" (59) die Landser um die Erlaubnis Wasser zu holen, was ihr jedes Mal erlaubt wurde. Susanne T. erinnert diese Begebenheit sehr genau, weil der Vater während der Abwesenheit der Mutter in „Pa:nik" (64) geriet.

Susanne T. | Tape 1: ca. 16:28-19:03 Min. | Thema der Passage: Eindrücke aus dem Lager Westerbork (Nr. des Interviews 15998)

OT: Bestandsaufnahme der Erinnerungen an die Zeit im Lager

UT: 66-69   Fehlende Erinnerungen an sachliche Details und Verweis auf die unterschiedlichen Tätigkeiten der Familienmitglieder

Auf die Frage der Interviewerin, was sie im Lager gegessen haben, antwortet Susanne T., dass sie das nicht weiß. Sie kann sich aber an die Arbeit ihres Vaters und des Bruders erinnern, und daran dass die Mutter auf Anweisung der Lagerleitung Theater spielte.

UT: 70-77   Susanne T.s Aktivitäten im Lager

Sie selbst ist, statt sich der jüdischen Schuleinrichtung im Lager anzuschließen, ausgerissen und „frei in diesem Lager rum(.)gestreunt" (73f.). Tatsächlich war die Ausdehnung des Lagers sehr begrenzt, doch als Kind kam es ihr „natürlich riesig vor" (76f.).

OT: Die Privilegien der Familie im Lager

UT: 77-85   Die Erlaubnis, die Lagergrenze zu übertreten

Es ist Susanne T. erlaubt worden, das Lager zu verlassen und das Büro des Lagerkommandanten zu betreten. Grund dafür war vermutlich die „herausragende Stellung" der Mutter „als (1) angebliche Arierin" (79). Susanne T. erinnert sich, wie sie in dem Büro den Hund streicheln durfte und von der Sekretärin Obst bekam. Außerdem gab es eine faszinierende „Musiktruhe" (83). Diese Art der Erinnerungen bezeichnet sie als „Schlaglichter" (85).

UT: 85-100   Weitere erinnerte Episoden

Innerhalb des Lagers hat Susanne T. das Gefängnis besucht und sich mit einem holländischen Polizisten angefreundet. Ein anderes unvergessliches Erlebnis war die Entdeckung in der Lagerküche, die es ihr ermöglichte für die Familie zu stehlen. Auch diese Erinnerungen sind „Schlaglichter" (94). Zudem besuchte Susanne T. die Theaterpremieren der Mutter. Im Publikum befanden sich sowohl SS-Mitglieder als auch die zu den Weiterdeportationen einberufenen Juden. Während dieser Vorstellungen herrschte jedoch eine gelöste Atmosphäre („amüsie:rt?", 98) – ähnlich wie es auch in der Nachkriegszeit in einem Theaterstück („Ghetto", 99) dargestellt wurde.

Helmut S. | Tape 2: ca. 16:09-20:16 Min. | Thema der Passage: Die Deportation (Nr. des Interviews 24724)

OT: Die Lebensumstände der Familie vor der Deportation

UT: 58-70   Die Lebensmittelversorgung der Familie und allgemeine Engpässe

Auf die Frage, wie es die Eltern empfunden haben, der Deportation nicht entgehen können, verweist Helmut S. auf die schwierigen Lebensumstände („es war überhaupt", 60). Den Familienmitgliedern wurden je nach ihrer ‚Einstufung' gemäß der ‚rassischen' Gesetzgebung unterschiedliche Lebensmittelkarten zugeteilt. Während des Krieges galt für alle Lebensmittel eine strenge Reglementierung. Nur über persönliche Kontakte war es möglich zusätzliche Lebensmittel zu erwerben. Da die Versorgung der Soldaten Vorrang hatte, waren die Ressourcen in der „Heimat" (68) knapp und „auch normale Leute (.) die kein J drauf ham" (69) litten Hunger.

UT: 71-78   Die Situation des nichtjüdischen Stiefvaters

Die Interviewerin thematisiert die Reaktion des Stiefvaters auf die bevorstehende Deportation seiner Frau und des Stiefsohnes. Helmut S. macht daraufhin die emotionale Anspannung deutlich („der hätt ein umgebracht", 76). Der Stiefvater war nicht in der Lage seine Frau und den Stiefsohn zum Bahnhof zu begleiten. Am Tag der Deportation wurde er von seiner Frau mit beruhigenden Worten zur Arbeit geschickt.

OT: Der Transport im Viehwagen

UT: 78-91   Der gemeinsame Abtransport von Mutter und Sohn

Helmut S. schildert den Aufbruch zum Bahnhof und die Aufstellung zum Transport. Er vermutet, dass sie sich dort in Begleitung der Schwester befanden. Sie wurden zusammen mit etwa 120 anderen Personen auf die leeren Waggons verteilt. Die Frage nach der Anzahl der Insassen des Waggons kann er nicht beantworten. Auf die erneute Nachfrage der Interviewerin („U:ngefähr;", 89) schätzt Helmut S. eine Zahl „zwischen vierzich un fufzich" (90f.).

UT: 91-98   Die Bewahrung der Orientierung

In einer Ecke des Waggons gelang es Helmut S. mit seinem Taschenmesser ein Astloch aus der Wand herausstoßen. Dank dem Blick nach draußen konnte er erkennen, welche Stationen ihr Transport passierte. Er ließ die anderen Insassen daran teilhaben, indem er die jeweiligen Ortsnamen laut vorlas.

UT: 99-124 Schaffung zentraler Orientierungspunkte im Verlauf der Deportation und Erinnerung an die Mitdeportierten

Der etwa vier oder fünf Tage andauernde Transport wurde oft für mehrere Stunden unterbrochen, ohne dass die Insassen den Grund dafür erfuhren. Helmut S. erinnert sich an die Begegnung mit einem Militärtransport und erläutert die Rangfolge der unterschiedlichen Transporte. Die Interviewerin lässt sich sodann von Helmut S. bestätigen, dass der Transport bis Theresienstadt vier Tage gedauert hat. Hieran schließt sie die Frage, ob die Insassen zwischendurch aus den Waggons gelassen wurden. Helmut S. berichtet vom Öffnen der Waggontüren, der prekären Situation im Inneren der Waggons und der Weiterfahrt Richtung Osten. Auf die Frage nach den Mitinsassen macht er deutlich, dass er keine konkreten Erinnerungen besitzt. Der Transport bestand fast ausschließlich aus älteren Menschen, die körperlich schon sehr schwach waren und ihre enorme Verzweiflung zum Ausdruck brachten (("stu:ndenlang geweint; (1) und (.) gebetet;", 120f.)). Abschließend beschreibt er die Erinnerung an die Deportation als „sehr sehr unangeneh- [...] schon net schön; [...] furchtbar;" (123f.).

Vera T. | Tape 1: ca. 23:57-26:23 Min. | Thema der Passage: Die Deportation (Nr. des Interviews 14568)

OT: Die Erinnerungen an die Abholung der Familie

UT: 1-8   Die Spürbarkeit der wachsenden Anspannung in der Familie

Die Interviewerin nennt die ersten Stationen in Vera T.s früher Kindheit, was die Interviewte mit einem Hörersignal bestätigt. Hieran schließt die Interviewerin die Frage nach den Gründen für das Verlassen der Geburtsstadt Köln. Vera T. verweist auf eine zuvor bereits erwähnte „Unruhe" (6) in ihrer Familie, die mit der Ungewissheit einer bevorstehenden Deportation zu tun hatte.

UT: 8-19   Das Eintreten der Befürchtungen der Familie

Eines Morgens wurde die Familie von zwei uniformierten Männern aus der Wohnung abgeholt. Unter den Frauen brach „eine Panik" (10) aus und es wurden eilig Koffer gepackt. Vera T. trug zu dieser Zeit auf ihren eigenen Wunsch „auch einen Stern" (13). Sie erinnert zudem sehr genau, dass der Großvater beim Verlassen der Wohnung nicht dabei gewesen ist.

OT: Entstehung eines positiven Eindrucks der Polizisten

UT: 19-24   Verweis auf ein „sehr merkwürdig[es – D. W.]" (19) Ereignis

Auf der Straße stellten die Polizisten plötzlich infrage, ob die Tante tatsächlich „mit dazugehört" (21). Vera T. fügt dazu an, dass die Tante eine sehr schöne Frau mit blonden Locken gewesen ist. Ihre Mutter hingegen war dunkelhaarig. Diese Begebenheit blieb folgenlos.

UT: 24-32   Das freundliche Verhalten der Polizisten gegenüber der
            Familie und Verweis auf die Angst der Frauen

Vera T. begann plötzlich zu schreien, weil sie ihre Puppe „Liesel" (24) vergessen hatte. Die Polizisten gaben den Frauen die Erlaubnis, die Puppe aus der Wohnung zu holen. Doch diese gingen aus Angst nicht darauf ein. Vera T. hat die Männer aufgrund ihres freundlichen Verhaltens „irgendwie immer in einer sehr guten (.) Erinnerung behalten" (30f.).

Vera T. | Tape 2: ca. 18:26-20:41 | Thema der Passage: Eindrücke aus dem Sammellager im Jüdischen Krankenhaus in Berlin (Nr. des Interviews 14568)

OT: Die Einschränkungen des Bewegungsspielraums im Krankenhaus durch die Mutter

UT: 94-101 Die Angst der Mutter vor „schlecht[r – D. W.] Gesellschaft" (95) für ihr
Kind und die daraus resultierende Maßnahme des Einsperrens

Zu Beginn der Internierung im Jüdischen Krankenhaus war Vera T. der Kontakt zu anderen
Kindern verboten. Da die Mutter Angst hatte, ihr Kind käme in „schlechte Gesellschaft"
(95), sperrte sie die Tochter tagsüber in das gemeinsame Zimmer ein.

UT: 101-106 Die Lockerung des Kontaktverbots und Auferlegung von Regeln

Nach einer Weile durfte Vera T. das Zimmer dann doch verlassen. Sie musste jedoch das
Versprechen abgeben, das Grundstück nicht zu verlassen und keine Türen zu öffnen.

UT: 106-117 Kinderwelten

Vera T. befreundete sich dann mit „Harald" (107) und „Laura" (109). Dabei zeigten sich zwei
„schon ziemlich verschiedenen Welten" (95): das behütete Leben von Laura mit ihrer Mutter
und Vera T.s eigenständige Unternehmungen mit Harald. Die beiden hatten inzwischen
begriffen, „dass es irgendwie darum ging (.) ehm gegen Nazis zu kämpfen" (116f.).

UT: 117-128 Die gemeinschaftlichen Rituale der Erwachsenen und die eigenständige Handlungspraxis
der Kinder

Das Zimmer der Mutter, in dem sich ein Grammophon befand, einwickelte sich mit der Zeit
zum „Zentrum" (119) der internierten Männer und Frauen, die dort z. B. antifaschistische
Lieder sangen. Dies bestärkte Vera T.s Gefühl, die Internierten müssten sich „gegen
irgendwie die da draußen ehm wehren" (124). In dem Glauben, das Krankenhaus würde
den Nazis gehören, begann sie mit Harald „erheblichen Unfug" (127) anzustellen.

Elisabeth S. | Tape 2: ca. 5:47-11:10 | Thema der Passage: Die Deportation (Nr. des Interviews 32062)

OT: Erfahrungen aus der Zeit vor der Deportation

UT: 1-21   Die Erinnerung an ein zentrales Erlebnis der Kindheit

Auf die Frage, wie alt Elisabeth S. zum Zeitpunkt der Krankenhausaufenthalte gewesen ist, antwortet sie, dass sie sechs Jahre alt war. Dass die Mutter sie damals nach der zweiten Einlieferung allein im Krankenhaus zurückließ, macht das Ereignis aus heutiger Sicht so „prägend" (3). Schließlich kannte sie keine Nonnen und der behandelnde Arzt verfuhr sehr grob mit ihr. Insgesamt hat sie die Nonnen jedoch in sehr guter und Erinnerung behalten („wie die Engeln", 16); u. a. auch, weil sie ihr nicht – wie auf Geheißen der Mutter – die Haare abschnitten.

UT: 21-30   Die Bewahrung von „Anstand" (22) in der Situation des Abtransportes

Der für die Deportation der Wiener Juden Mitverantwortliche „Brunner Zwei hat den Anstand besessen" (21f.) den Deportationstermin der Familie bis zur Entlassung von Elisabeth S. aufzuschieben. So kam Elisabeth S. aus dem „Spital" direkt ins ein Auffanglager. Dort konnten sie sich in angemessener Form („wie es sich gehört", 26) vom Großvater verabschieden konnte. Wenige Tage später erfolgte die Deportation nach Theresienstadt.

OT: Die Haltung der Mutter und das Wissen der Deportierten um die tödliche Bedrohung

UT: 30-39   Der Blick auf die von der Mutter übernommenen Fürsorge für die deportierten Kinder

Die Mutter übernahm während des Transportes in einem Personenzug („Coupé", 32) auf Weisung der jüdischen Kultusgemeinde die Aufsicht über eine Kindergruppe. Die Eltern dieser Kinder waren entweder ausgewandert oder es handelte sich um Waisen; Elisabeth S. weiß es nicht genau. Nach der Ankunft im Lager wurden sie „sofort" (38) von diesen Kindern getrennt.

UT: 39-45   Die Antizipation der Gefahr im weiteren Verlauf der Deportation

Elisabeth S. erinnert sich, wie sie im Zug erneut hohes Fieber bekam und daraufhin ihre schlimmsten Befürchtungen äußerte: „jetzt werden sie uns Bomben reinwerfen weil (.) sie wollen uns ja umbringen;" (42f.). Elisabeth S. wendet sich gegen die Annahme, die Deportierten seien ahnungslos gewesen. Auch als sechsjähriges Kind besaß sie selbst schon eine Vorstellung von dem, was mit den Deportierten passieren werde.

UT: 46-57   Wichtige Aspekte der Haltung der Mutter in der Grenzsituation

Auf die Frage, was die Mutter zu Elisabeth S. gesagt habe, antwortet sie „°Nichts°" (47). Die Interviewerin setzt zu einer Frage nach einem Zeitpunkt an, doch Elisabeth S. unterbricht sie. Sie macht deutlich, dass es die permanente „Angst" (51) der Mutter und ein ausgeprägter „Instinkt" (ebd.) waren, die ihr geholfen haben. ‚Heldenhaftes' Verhalten lag ihr fern, und so hat sie „immer probiert irgendwie durchzukommen" (53). Dabei handelte sie „mit Anstand" (ebd.) und im Einklang mit ihrer „Erziehung" (56). Demzufolge hat sie – im Gegensatz zu ihrer ältesten Tochter – nie etwas gestohlen.

UT: 58-64   Zeitliche Einordnung der Deportation

> Auf die Frage nach dem Datum des Transportes, antwortet Elisabeth S., dass sie sich nicht „haargenau" (61) daran erinnern kann. Da sie ihren siebten Geburtstag bereits in Theresienstadt verbrachte, müsse es sich aber um den 25./26. März 1943 handeln.

Elisabeth S. | Tape 2: ca. 15:13-17:14 | Thema der Passage: Eindrücke von Theresienstadt (Nr. des Interviews 32062)

OT: Erinnerte Episoden in der Baracke

UT: 65-76:   Heimliche Regelüberschreitung

> Im Gedächtnis geblieben sind Elisabeth S. die indiskrete Latrinensituation und sie selbst als „°ein kleines Mäderl° mit einem Nachttopf;" (68). Weil die Mutter den Anblick der Frauen auf der Latrine für ein Kind als unangemessen empfand, musste sie sich mit dem Rücken zu den Frauen auf den Topf setzten. Heimlich hat sie dann doch hingesehen und sich bei diesem „@schaurichen Anblick@ […] ausgemalt" (73f.), dass sie selbst zu klein wäre, um dort zu sitzen.

UT: 76-85   Die Baracke im Lager als ‚Ort der Erziehung'?

> Es gibt eine weitere Erinnerung an den Duschraum neben der Latrine. In diesen Raum wurde Elisabeth S. einmal von ihrer Mutter hineingebracht, weil sie „sehr ungeschickt" (79) die Zuckerration der Familie gestohlen hatte. Der Versuch der Mutter, ihr Kind im Duschraum „zu haun" (81f.) scheiterte, da die Mitinsassinnen dazwischen gingen und die Mutter maßregelten, „hier" (83) würde man kein Kind schlagen. Daraufhin hat die Mutter von ihrem Erziehungsversuch „@abgelassen@" (84).